GOTTESDIENST PRAXIS SERIE A

Arbeitshilfen für die Gestaltung
der Gottesdienste im Kirchenjahr

Herausgegeben von Erhard Domay

Gütersloher Verlagshaus

GOTTESDIENST PRAXIS

III. Perikopenreihe

Band 4: 13. Sonntag nach Trinitatis
bis Ewigkeitssonntag

Gütersloher Verlagshaus

Die Deutsche Bibliothek - CIP-Einheitsaufnahme

Gottesdienstpraxis. - Gütersloh : Gütersloher Verl.-Haus.

Ser. A, Arbeitshilfen für die Gestaltung
der Gottesdienste im Kirchenjahr.
Perikopenreihe 3 / hrsg. von Erhard Domay.

Bd. 4. 13. Sonntag nach Trinitatis bis Ewigkeitssonntag - 1999
ISBN 3-579-02947-9

ISBN 3-579-02947-9

Umschlagentwurf: Franz Wollzenmüller, Oberhaching
Umschlagbild: © Johannes Schreiter, Langen, Fazit 21/1984/FB
Die hier wiedergegebene Reproduktion entspricht dem Original: Ausschnitt aus einem Fenster der Friedenskirche in Wörth a. Rhein.
Satz: Fotosetzerei Steggemann, Herford
Druck und Bindung: Westermann Druck Zwickau GmbH

Gedruckt auf chlorfrei gebleichtem Werkdruckpapier

Printed in Germany

Inhalt

13. Sonntag nach Trinitatis

Annäherungen an den Predigttext
Markus 3,31–35

Sigrid Lunde

Äußerungen eines Gesprächskreises aus Schülerinnen und »Ehemaligen« der Diakonen-Schule Bad Kreuznach – angeregt, mitgeschrieben und gekürzt von Pfarrerin Sigrid Lunde.

– Lange hatte ich mit diesem Text nicht viel im Sinn. Wenn es um Eltern, Familie ging, stand für mich das 4. Gebot, das Ehren und Achten der Eltern, in Vordergrund. Für mich stand auch fest, meine Eltern sollen später nicht in ein Altersheim müssen. Heute ist er für mich ein »Befreiungstext«. Ich denke mal, er steht nicht umsonst da: Man darf sich frei machen vom Diktat der Familie! Über Jesus hat sie auch hart geurteilt: »Er ist von Sinnen!« Eltern mischen sich oft unerträglich ein, wenn erwachsen gewordene Kinder ungewohnte Wege gehen. Ich habe mich jetzt frei gemacht für neue Beziehungen. Meine »Wahlverwandtschaft« steht mir näher!
– Ich brauche im Augenblick keine Befreiung. Ein Bruch mit der Familie bringt auch keine Freiheit. Man bleibt gebunden und sei es an ein schlechtes Gewissen. Ich habe das hinter mir. Ich erlebe zur Zeit die Auseinandersetzungen meines älteren Bruders mit den Eltern mit. Ich ergreife jetzt für die Eltern Partei. Warum steht Jesu Familie »draußen«? Hat sie Jesus vielleicht nicht teilnehmen lassen an seinem Leben, ihr keine Chance gegeben, seiner »Entwicklung« zu folgen? Wie lange sind Eltern einseitig die Gebenden! Jesus tut ihnen weh mit seiner fast arroganten Frage: »Wer ist meine Mutter und meine Brüder?« Außen-vor-sein ist ein elendes Gefühl. Jesus fordert Barmherzigkeit und Liebe und bleibt selbst hinter seiner Forderung zurück.
– Ich denke an die Geschichte vom 12jährigen Jesus im Tempel. Auch noch den erwachsenen Sohn will die Mutter wieder zurückholen! Jesus stößt sie nicht aus Lieblosigkeit vor den Kopf. Er muß der Familie ihre Grenzen zeigen, wo es um seinen »Auftrag« geht! Sie waren »draußen«, waren nicht »in« der Sache drin, hörten gar nicht zu. Ein Prophet gilt nichts in seinem Land, in seiner Familie! Und manchmal muß man hart reden, um überhaupt gehört zu werden. »Laß die Toten ihre Toten begraben ...« »Wer nicht haßt Vater und Mutter ...« »Wer die Hand an den Pflug legt und schaut

zurück, der ist nicht geschickt zum Reich Gottes ...« – es gibt eine ganze Reihe harter Worte Jesu.

– Jesu Konflikt mit der Familie hat damit zu tun, denke ich, daß Phasen im Leben kommen, wo man »Gott mehr gehorchen muß als den Menschen«. (Apg 5,20) Die Familie hat für uns eine lebenswichtige Aufgabe, aber sie hat uns nicht alles zu sagen!

– Man kann mit so einem »Hammer« allerdings viele Gedankenlosigkeiten und Lieblosigkeiten rechtfertigen, mit denen wir uns in der Regel ohne Gott zu gehorchen herumquälen! Ich will die Konflikte auch nicht nur negativ sehen. Sie haben mir viel gebracht. Ich mußte nachdenken, mußte an mir arbeiten.

– Mir tut der Text noch aus einem andere Grund gut. In kirchlichen Kreisen ist man auf die Familie als einzig mögliche Lebensform noch weithin fixiert. Das Wissen um den relativen Wert der Familie hilft, wo einer sich wie ich mit einer gescheiterten Beziehung herumschlägt. Ich stehe manchmal unter einem Erwartungsdruck, der grausam ist. Die Familie wird leicht zum Traumschloß. Das Fehlen der Familie auch zum Sündenbock für eigene Unentschlossenheit und Kraftlosigkeit ... Ich erinnere mich dabei an Gespräche mit einem afrikanischen Studenten, der wie viele Ausländer bei uns ohne die Großfamilie leben muß.

– Ich will noch etwas zu dem Satz Jesu sagen: »Siehe, das sind meine Brüder und Schwestern ...« Ich habe selbst immer wieder so empfunden! Ich glaube, daß Jesus hier eine echte Entdeckung formuliert! Das Haus war riesig voll, heißt es kurz vor unserem Text. Auf Kirchentagen, auf manchen Abenden im Geschwister-Scholl-Haus, in Taizé habe ich so ein volles Haus genossen. Auch auf Urlaubsreisen kommt es zu solchen Erlebnissen, daß man Brüder und Schwestern um sich hat, ohne leibliche Brüder und Schwestern zu haben.

– Es gibt allerdings auch Enttäuschungen in dieser Wahlfamilie! Jesus hat sie auch gehabt! Auch unter den »lieben Brüdern und Schwestern im Glauben« gibt es viel Kleinkariertheit. Sagt Jesus deshalb im vollen Haus einschränkend: »Wer den Willen Gottes tut, der ist mein Bruder ...«? Und bei meiner Arbeit im »Sozialen Brennpunkt« habe ich festgestellt, daß die Familie mehr Stehvermögen hat als die Wahlverwandtschaft. »Die Tür ist immer offen«, »Du kannst jemand umbringen, Du bleibst meine Tochter« – solche Sätze gibt es nur in der Familie. Maria steht schließlich auch unter dem Galgen, dem Kreuz Jesu!

– Wir sollten – so denke ich – die Familie gegen die Wahlverwandtschaft nicht ausspielen. Das Mit-, Gegen- und Ohneeinander ist ein immer unabgeschlossener Prozeß. »Ein Jegliches hat seine Zeit, und alles Vornehmen unter dem Himmel hat seine Stunde« (Pred 3,1) – das ist eines meiner Lieblingsworte, und ich denke, das gibt auch hier viel her!

Zum Gottesdienst

Bernd Ahrens

Exegetisch-homiletische Skizze

Die Versuchung ist groß, Markus 3,20 f. + 31–35 als eine historisch biografische Notiz zu lesen. Doch bei genauer Analyse des Textes fällt schon rein äußerlich auf, daß es sich um eine idealisierte Szene handeln muß: Wie in einer Synagoge sitzen die Menschen um Jesus herum, so daß er sie alle anblicken kann (vgl. V. 34 mit V. 5). Doch anders als in der Synagoge versammelt Jesus die Menschen in einem Privathaus, gerade so, wie sich später die christliche Gemeinde neben der jüdischen in einem Privathaus versammelt hat. Dieser Versammlung ist ein zweimaliges Wirken Jesu in Kapernaum vorangegangen, und dieses Wirken führt bei seinem dritten Auftritt offensichtlich dazu, daß er seine Gemeinde gesammelt hat. Die hier Versammelten werden in unserer Perikope zweimal seine Mutter und Brüder genannt und um die Betonung geradezu überdeutlich hervorzuheben, wird die Reihenfolge beim dritten Mal chiastisch umgedreht. Eine solche Titulierung als Gottesvolk ist im Judentum bekannt; auch dort nennt Gott sein Volk verschiedentlich »Verwandte«, »Brüder« und »Freunde«. All das legt den Schluß nahe, daß der Erzähler die Situation seiner Zeit dieser Perikope zu Grunde gelegt hat: Neben der Synagoge versammelt sich die frühe christliche Gemeinde um ihren auferstandenen Herrn.
Falsch wäre es, die Synagoge als negatives Kontrastprogramm abzuwerten. Jesus grenzt sich ja gegen seine Familie ab, die draußen bleibt. Diese Familie aber repräsentiert noch lange nicht das offizielle Judentum. Dazu wären die Pharisäer und Schriftgelehrten sicherlich besser geeignet gewesen. Und im Mittelpunkt des Geschehens im Hause steht ja auch nicht die Gemeinde, sondern Jesus, zu dem sich seine Gemeinde bekennt und der sich zu seiner Gemeinde bekennt.
Wenn die Angehörigen vor der Tür nun aber nicht das offizielle Judentum repräsentieren, wen dann? Es kann nicht das Interesse des Verfassers gewesen sein, Jesu persönliche Einstellung zu seiner Familie abzuhandeln, da er auch sonst an keiner Stelle Jesus als einen exemplarischen, vorbildlichen Christen schildert. Wenn er von Jesus spricht, dann immer als dem Christus, dem Sohn Gottes. Auch in der vorliegenden Perikope ist der Grundakkord die Christologie und nicht die Ekklesiologie; denn ihr Thema sind die unterschiedlichen Urteile über Christus.
Es geht darum, wer Recht hat: die, die Jesus für verrückt erklären, oder die, die sich als seine Gemeinde um ihn versammeln. Oder noch genauer: Letztlich geht es darum, wer Jesus ist.
Die Angehörigen bleiben nicht etwa draußen, weil das Haus überfüllt ist, denn immerhin gelangt ihr Bote ja hinein. Sie wahren also eine freiwillige

Distanz, aus der heraus sie ihren Anspruch auf Jesus geltend machen. Dabei haben sie sich ihr Urteil bereits gebildet durch das, was sie über ihn gehört haben (V. 21). Und indem sie ihn holen wollen, wollen sie ihn wieder zu dem machen, was er ihrer Meinung nach ist: ein Sohn der Maria, also ein historischer Mensch, der durch seine Biografie eindeutig identifizierbar sein soll. Dagegen steht die Gemeinde, die sich um ihn gesammelt hat, weil sie in ihm den Sohn Gottes erkennt.
Zwei Jesus-Bilder stehen also zur Debatte:
1. Das der Familie, bei dem die historisch-biografische Dimension im Vordergrund steht und
2. das der Gemeinde, für die die christologisch-eschatologische Komponente die entscheidende ist.

Und um diese beiden Jesus-Bilder dauert der Streit bis heute an (siehe etwa die Auseinandersetzung um G. Lüdemann). Auch in meiner Gemeinde bricht diese Auseinandersetzung immer wieder auf, besonders dann, wenn die »Frommen« die »Distanzierten« in die Ecke drängen wollen. Ersteren möchte ich es allerdings mit meiner Predigt nicht zu leicht machen. Dennoch muß ich mir gerade vor dieser Predigt noch einmal ehrlich die Frage stellen, wer Jesus für mich ist:
Das Vorbild eines tugendhaften Lebens? Ein großer Prophet? Ein Lehrer göttlicher Vernunftwahrheiten? Ein Freund der Armen und Ausgebeuteten? Mag sein, daß er all das auch gewesen ist, so wie er der leibliche Sohn der Maria und der Bruder seiner Geschwister war. Ein Versuch, ihn auf diese Definitionen festzulegen, hieße aber, ihn aus dem Haus, in das er sich selber hinein begeben hat, wieder herausholen zu wollen.
Die Wahrheit über Jesus erlangt nur, wer sich auf ihn existentiell einläßt. Gott läßt sich in Christus nun einmal nicht objektiv erkennen. Nichts anderes auch meint V. 35, der immer wieder als eine ethische Erinnerung mißverstanden wird. Das Tun, von dem hier geredet wird, ist nicht nur ein Tun der Hände, sondern der ganzen Existenz. Den Willen Gottes tun heißt hier, sich dem Kreise derer anzuschließen, die Jesus als seine Gemeinde umgeben. Das Tun ist nichts anderes als der gelebte Glaube, und der Glaube selbst ist das entscheidende Kriterium zur Beantwortung der Frage, wer Jesus sei.
Wie gesagt, ich will es den selbstgerechten »Frommen« nicht zu leicht machen, doch ich kann nicht umhin, eine Klarheit in der Entscheidung zu predigen in einer Zeit, in der eine schwüle Toleranz in der Gesellschaft wie in der Kirche die Streitkultur verkümmern ließ.

Vorschläge zur Liturgie

Eingangspsalm
Psalm 73,23–26+28

Sündenbekenntnis
Kyrie eleison – Herr, erbarme dich!
Mir leeren Händen kommen wir, Gott,
Bittende und Angewiesene sind wir,
Anfänger im Glauben und Verstehen:
Erbarm' dich über uns.

Christe eleison – Christe, erbarme dich!
Jesus Christus, Anfänger und Vollender des Glaubens,
der du für uns sprichst in unserer Sprachlosigkeit
und uns aufrichtest aus Niedrigkeit:
Erbarm' dich über uns.

Kyrie eleison – Herr, erbarm' dich über uns!
(ZGP 3/87, LT4)

Gnadenspruch
Wie sich ein Vater über Kinder erbarmt, so erbarmt sich Gott über die, die ihn fürchten. (Psalm 103,13)

Kollektengebet
Wir sind hier beieinander:
Junge und Alte, Männer und Frauen,
Glaubende und Zweifler,
Menschen, denen Gottesdienste fremd,
und Menschen, denen sie vertraut sind.

Gott, wir danken dir dafür;
daß wir nach dir fragen,
daß wir dich suchen und finden können.
Bleib' niemandem von uns fern
und laß' heute
jeden etwas hören und erfahren,
das ihn aufhorchen läßt,
das ihm Mut macht,
das ihm Geborgenheit und Hoffnung schenkt.
(H.-D. Knigge, in: ZGP 3/90, LT3)

Lesung
1. Johannes 4,7–12

Fürbitten
Jesus, Sohn Gottes und Bruder der Menschen,
du bist der Weg, der uns zum Vater führt,
die Wahrheit, die uns befreit,
das Leben, das uns selig macht;

wir kommen zu dir mit unserem Dank
und mit unseren Bitten;
wir bitten dich: Erhöre uns!

Wir bitten dich, einer für den anderen:
Im Gewirr der Stimmen, das uns umgibt,
hilf uns, daß wir dich hören,
daß wir im Leben und im Sterben
dir vertrauen und dir gehorchen, dir allein;
wir bitten dich: Erhöre uns!

Wir bitten dich für uns und alle,
die in dieser Welt gefangen sind,
als ob es Gott nicht gäbe:
Befreie uns durch dein Wort,
daß wir lernen, Gott dankbar zu dienen
an seinen Geschöpfen;
wir bitten dich: Erhöre uns!

Wir bitten dich für unsere Gemeinde,
für unsere Kirche und für die ganze Christenheit:
Sei du unter uns gegenwärtig,
daß wir als begnadigte Sünder
den Menschen die Liebe Gottes bezeugen in Worten und Taten;
wir bitten dich: Erhöre uns!

Wir bitten dich für die unter uns,
die besondere Verantwortung tragen,
daß sie durch ihr Amt nicht von uns getrennt werden,
sondern mit uns verbunden bleiben
im gemeinsamen Dienst,
von uns getragen als Brüder und Schwestern;
wir bitten dich: Erhöre uns!

Wir bitten dich für alle, die in der Welt
für Recht und Frieden sorgen sollen,
daß sie sich erinnern lassen an Gottes Gebot
und ihre Pläne und Entscheidungen,
ihren Umgang mit Macht und Gewalt daran ausrichten;
wir bitten dich: Erhöre uns!

Wir bitten dich für die ganze Menschheit
in ihrer Angst und in ihrer Hoffnung:
Bleibe du bei uns
mit deinem Trost und deiner Weisung,
bewahre und errette uns,
hilf uns beten, wie du gebetet hast:
Vater unser ...
(Nach Chr. Zippert, in: ZGP 1/86, LT8)

Lieder
Eingangslied: EG 440,1-4 (All Morgen ist ganz frisch und neu)
Wochenlied: EG 343,1+4-5 (Ich ruf zu dir, Herr Jesu Christ)
Predigtlied: EG 351,1-3+7 (Ist Gott für mich, so trete)
Segenslied: EG 252,1-5 (Jesu, der du bist allein)

Vorschlag zur Predigt

Ich stelle mir vor, liebe Gemeinde, wir säßen hier in der trauten Runde einer der ganz frühen christlichen Gemeinden. Ich stelle mir ferner vor, mitten unter uns säße jener Markus, den spätere Generationen den Evangelisten nennen würden. Der hat einen Haufen Zettel vor sich auf den Knien, in denen er gedankenverloren blättert. Es sind Teile seines Zettelkastens, den er sich schon vor geraumer Zeit zugelegt hatte, um all das zu sammeln, was hier und anderswo über den Gottessohn, über Christus erzählt wird. Und während er das eine oder andere Blatt herauszieht, es mit einem kurzen Blick überfliegt, um es dann nachdenklich wieder in seinen Packen zurückzustecken, lauscht er mit halbem Ohr einem jungen Mitbruder. Der erzählt uns gerade von den Problemen, die er – als neu getaufter Christ - mit seiner Familie habe:
»Mein Bruder hat mich regelrecht ausgelacht. Auferstanden von den Toten? Sohn Gottes? Ich sei ja wohl nicht ganz bei Trost! Gut, mein Vater hat mich vor ihm in Schutz genommen, hat wenigstens zugehört, wenn ich von Jesus erzählt habe. Sogar ein bißchen neugierig ist er gewesen. Und beeindruckt hat ihn das Leben unseres Herren wohl auch. Mehr allerdings nicht. Was es für mich bedeutet hat, als ich mich habe taufen lassen, dieser Riß in meinem Leben, als ich den alten Menschen hinter mir gelassen habe, das hat er nicht nachvollziehen können.«
Jetzt fallen ihm andere ins Wort, die ähnliches erlebt haben. Auch sie waren davon ausgegangen, daß der Funke der Begeisterung, der sie erfaßt hatte, auf andere überspringen mußte. Doch alle, ausnahmslos alle, mußten da sehr ernüchternde Erfahrungen machen. Bestenfalls stießen sie auf interessiertes Zuhören, schlimmstenfalls ernteten sie Hohn und Spott. Doch bekehren? - bekehren konnten sie niemanden.
Das Gespräch in der Runde stockt. Es entsteht eine kleine Pause, in der die allgemeine Ratlosigkeit und Enttäuschung mit Händen zu greifen ist. Da steht Markus auf, mit einem Zettel in der Hand, auf den er schon eine ganze Weile gestarrt hatte. Den liest er jetzt vor:
Textlese: Markus 3,31–35
Ich stelle mir vor, liebe Gemeinde, ein erleichtertes Aufatmen ist zu hören, nachdem Markus seinen Zettel vorgelesen hat. Er bleibt noch einen Moment stehen, sieht sich in der Runde um und wiederholt mit Nachdruck den einen Satz: »Siehe, das ist meine Mutter und das sind meine Brüder.«

Und damit trifft er mitten in die Gefühle derer, die um ihn herum sitzen. Was hatten die nicht alles aufgegeben, als sie sich zur Taufe entschlossen haben. Einige sind von ihren Familien verstoßen worden, andere mußten ihren Beruf an den Nagel hängen. Und immer wieder mußten sie sich den Vorwurf gefallen lassen, verrückt geworden zu sein. Waren sie es denn nicht auch? Grenzte es nicht an Wahnsinn, sich um eines gekreuzigten Verbrechers willen gesellschaftlicher Isolation und politischer Verfolgung auszusetzen?
Das alles ist doch Außenstehenden nicht mehr vermittelbar! Was Wunder, daß so manche Schwester und so mancher Bruder deshalb auch irre geworden sind an diesem neuen Glauben. Doch die, die hier zusammensitzen, die sich immer und immer wieder zusammenfinden, um Brot und Wein zu teilen, um die Gegenwart des Auferstandenen zu feiern, um sich im gemeinsamen Gebet und im gegenseitigen Zuspruch zu versichern, daß Gott sie berufen hat als seine Kinder, dieses kleine Häuflein, was soll denn aus ihnen werden, wenn sie diese Gewißheit nicht mehr haben: Schwestern und Brüder Christi zu sein, seine wahre Familie, Gottes auserwählte Kinder?

Zum weiteren Verlauf
Nachdem der Sitz im Leben hinreichend deutlich geworden ist, wird die Predigerin bzw. der Prediger einen Vergleich mit der Gemeinde vor Ort nicht umgehen können. Folgende Schritte sind denkbar:

1. Ob Christus sich zur Gemeinde bekennt entscheidet sich daran, zu welchem Christus sich die Gemeinde bekennt (siehe exegetisch-homiletische Skizze).
2. Die Qualität des Christusbekenntnisses der Gemeinde mißt sich unter anderem an dem Stellenwert dieses Bekenntnisses im Leben der Gemeinde.
3. Nun sollte herausgearbeitet werden, was die Gemeinde umtreibt. Wie sehen die Prioritäten aus? Wo hat die Gemeinde ihre Schwerpunkte und wie begründet sie diese? Was ist das Fundament des Gemeindelebens: die Pfarrerin oder der Pfarrer? Das Geld? Eine gute Presse? Oder der lebendige Christus, der ihr auch in Sackgassen immer wieder die Chance zu Neuanfängen eröffnet?
4. Heil all denen, die jetzt aus der jüngsten Erfahrung ein Beispiel präsentieren können für die lebendige Wirklichkeit des Auferstandenen im konkreten Gemeindealltag!

In unserer Gemeinde lebt eine siebzigjährige Kurdin aus dem Irak. Ihr droht die Abschiebung. Hinzu kommt, daß sie auf beiden Augern erblindet ist, durch eine Operation aber einen Teil ihrer Sehkraft zurückerlangen könnte. Die Kostenübernahme für eine solche Operation wurde durch das Sozialamt abgelehnt, da es sich nicht um eine akute Erkrankung handelt. In einer gezielten Aktion konnte ich innerhalb von vier Tagen 5 000,00 DM sammeln, so daß der Operation nun nichts mehr im Wege steht. Es war aufregend zu erleben, welche Gemeindeglieder zu einer Spende bereit waren und welche nicht. Da war die Wirklichkeit des Auferstandenen präsent in einem kurzen Griff zum Geldbeutel.

Schluß
Sind wir, liebe Gemeinde, Jesu wahre Schwestern und Brüder? Ich wage nicht, diese Frage mit Ja zu beatnworten. Denn wenn wir ehrlich sind, ertappen wir uns doch oft genug auf der Seite der Angehörigen Jesu, die draußen vor der Tür stehen bleiben, in der Hoffnung, daß er herauskommt in unser bürgerliches Mittelmaß. Ja, haben wollen wir ihn schon, aber zu unseren Bedingungen bitteschön! Solange er nicht unsere Kreise stört, da wäre er uns schon recht. Doch unter seinen Bedingungen? Wer von uns will das denn wirklich?
Bleiben wir also außen vor? Ausgeschlossen von seiner wahren Familie? Auch da bin ich mir nicht sicher. Denn allzu oft ist mir der Auferstandene in dieser Gemeinde schon begegnet. (Dies gilt es nun vor dem Erfahrungshintergrund der Predigerin bzw. des Predigers zu verifizieren: mit einem Beispiel gelungener Trauerarbeit, durch die ein Mensch über den Glauben zum Leben zurückgefunden hat, oder mit einem Gottesdienst, der die Gemeindearbeit verändert hat. Ich bin sicher, jede und jeder kann hier aus dem Vollen schöpfen).
Es liegt wohl immer daran, wie sensibel wir bleiben für die Erfahrung des lebendigen Christus. Mal bleiben wir außen vor, und dann wieder ist er mitten unter uns. Aber daß er dann doch wieder mitten unter uns ist, das allein schon sollte uns genügen um zu begreifen, wie sehr er an uns hängt.

Kontexte

»Jesus ist nicht familienfeindlich. Er hätte Kurt Tucholsky kaum nachgesprochen: ›Als Gott am sechsten Schöpfungstage alles ansah, was er gemacht hatte, war zwar alles gut, aber dafür war auch die Familie noch nicht da.‹ Jemandem, der ihn nach dem Leben fragte, hat er neben anderen Lebensregeln auch die genannt: ›Ehre Vater und Mutter‹.«
(A. Franke, in: Th. Schlatter (Hrsg.), Nehmet einander an. Stuttgart 1970, Seite 33)

Zum Thema: Christus, der exemplarische Christ:
»Aber das ist das Geringste am Evangelium, wovon es auch noch nicht Evangelium heißen kann; denn damit ist dir Christus nicht mehr nütze als ein anderer Heiliger. Sein Leben bleibt auf ihn beschränkt und hilft dir noch nichts; kurz, auf diese Weise wird keiner zum Christen.«
(M. Luther, Vorwort zur Kirchenpostille 1522)

14. Sonntag nach Trinitatis

Annäherungen an den Predigttext Markus 1,40–45

Birgit Brügge-Lauterjung

Der Predigttext wurde verschiedenen Mitarbeiterinnen und Mitarbeitern der Gemeinde vorgelegt, darunter den beiden Gemeindeschwestern (»Heilungswunder«), mit der Bitte, spontan ihre Eindrücke, Gedanken, Fragen zu äußern. Außerdem war der Text Grundlage eines Bibelgesprächs in der Frauenhilfe.
Da die einzelnen Abschnitte des Textes sehr unterschiedliche Reaktionen hervorgerufen haben, folge ich in meiner Zusammenstellung der Gliederung des Textes.

Heilungsgeschichte (V. 40–42)
Die Berührung der Haut bewirkt etwas: z. B. das Streicheln oder Handhalten bei Schwerkranken. Ist die Berührung eines Menschen für die Heilung notwendig?
Warum ist hier von »reinigen« die Rede und nicht von »heilen«? So wird Krankheit als Unreinheit, als Strafe aufgefaßt.
Der Aussätzige ist einem Menschen vergleichbar, der eine Sünde begangen hat und eine Beichte ablegt. Danach fühlt er sich dann wieder »rein«.
Eigentlich kann doch ein Aussätziger gar nicht mit einem Gesunden in Kontakt kommen. Und woher wußte der Aussätzige, daß Jesus ihn heilen konnte?
Hautkrankheiten können viele Ursachen haben, auch psychische. So weiß man heute nicht genau, welche Ursachen Neurodermitis haben kann.
Es gehört ein starker Glaube dazu, wenn ich auf die Fähigkeit der Kraft eines anderen vertrauen kann. Wie hört ein unheilbar Kranker diesen Bibeltext?
Erst wenn es einem Menschen schlecht geht, findet er zu Gott und bittet um Hilfe. Der Wille Jesu ist der Motor für die Heilung.

Schweigegebot (V. 43–44 a)
Die Drohung Jesu löst Befremden aus. Die gute Tat Jesu einerseits und seine »Ruppigkeit« im Umgang mit dem Geheilten andererseits passen nicht zusammen. Jesus handelt aus Mitleid, ohne sich die Konsequenzen

bewußt zu machen, tut er Gutes – und übt später psychischen Druck aus. Warum? Ist er über sich selbst erschrocken oder unzufrieden mit sich? Auf jeden Fall vollzieht sich hier ein enormer Stimmungswechsel. Welchen Sinn hat ein solches Verbot? Es ist doch eigentlich überflüssig. Das »Reinwerden« kann doch gar nicht geheim bleiben bei Freunden und Bekannten des Aussätzigen. Nach der Ursache gefragt, soll er da etwa lügen?

Einhaltung der Gesetzesvorschrift (V. 44 b)
Warum der Aussätzige zum Priester gehen und für seine Reinigung opfern soll, leuchtet nicht ein.

Durchbrechung des Schweigegebots (V. 45)
Hier entspricht der Text der Lebenserfahrung der meisten:
Wenn man betont, daß nicht darüber gesprochen werden soll, dann passiert es erst recht.
Wes das Herz voll ist, des geht der Mund über.
War Jesus das denn nicht schon vorher klar?
Warum kann er jetzt nicht mehr öffentlich in die Stadt gehen? Hätte er seine Popularität nicht nutzen können? Den Menschen, die auf ihn hoffen, kann er eh nicht ausweichen. Sollen sie doch zu ihm kommen! Muß er sich denn wie ein Verbrecher verstecken?

Die Beurteilung des Predigttextes fällt sehr unterschiedlich aus. Für die einen ist es eine Geschichte, die Hoffnung gibt. Für andere ist die Wirkung eher negativ: Jesus zeichnet sich aus durch Inkonsequenz, Unberechenbarkeit, Unmut.
Eine ganze Reihe von Hintergrundinformationen scheinen jedenfalls nötig zu sein, um die »Ungereimtheiten« des Predigttextes auszuräumen und einen Zugang zu seiner Botschaft zu ermöglichen. Jesu Wirken und seine Verkündigung gehören untrennbar zusammen und bezeugen den Anbruch der Gottesherrschaft. So gesehen bekommt auch diese Wundergeschichte Hoffnungs- bzw. Verheißungscharakter.

Zum Gottesdienst

Günter Berndt

Exegetisch-homiletische Skizze

Bewunderung oder Nachfolge
Wunderheilungen sind zur Zeit Jesu nichts Einmaliges. In der Antike gibt es viele Wundertäter, immer wieder Heilande und auch Scharlatane. Jesus wäre da einer unter vielen. Dietrich Bonhoeffer weist in seiner

Christologievorlesung von 1933 darauf hin. »Der dem Wunder zugeordnete Begriff ist nicht der Gottes, sondern der der Magie. Das Magische bleibt innerweltlich.« (D. Bonhoeffer, Gesammelte Schriften III. Band, Seite 240; Chr. Kaiser Verlag, München 1960). Wir leben nicht mehr in der Antike, in einer magischen Welt. Aber »Unsere Zeit ... ist geneigt, das Wunder dennoch für eine eindeutige Sichtbarmachung des Göttlichen zu halten. Das Wunder bleibt jedoch zweideutig, wenn es geschieht, und es bedarf der Auslegung.« (Bonhoeffer a. a. O., Seite 240). So ist es nicht verwunderlich, wenn auch heute nicht wenige den Glauben gleichsetzen mit Mirakelglauben. Die Eindeutigkeit ist gefragt, bringt Sicherheit und bringt in einer aufgeklärten Welt viel Zulauf für Scharlatane. Von der antiken Welt sind wir wohl doch nicht soweit entfernt. Was also tun mit Jesu Wundern? Einer von vielen Wundertätern? Wenn wir nun noch bedenken, daß neutestamentliche Forschung die Wunder Jesu in die Kategorie der Legende einordnen, geraten wir noch mehr in Verlegenheit. »Der Gottessohn konnte im 1. Jahrhundert irdisch nur als Wundertäter gedacht werden, und die christliche Gemeinde hat diesen ihren Glauben durch eine Fülle von Legenden ausgedrückt und überliefert.« (Käsemann: »Kreuz und heilendes Handeln« in »Kirchliche Konflikte Bd. 1, Seite 180; Vandenhoeck & Ruprecht, Göttingen 1982). Wir scheuen uns, von Legenden zu sprechen. Wir möchten Gemeindeglieder in ihrem Glauben nicht erschüttern, verunsichern. Doch wir können und dürfen uns das Ärgernis Jesu nicht ersparen. Die Geschichte macht es deutlich: was für ein merkwürdiger Wundertäter! Macht keinerlei Reklame für sich; wo bleiben die PR-Leute? Jesus läßt sich nicht vermarkten und verkaufen. Vielmehr wird er zornig und befiehlt zu schweigen.
Das ist der Jesus incognito. Es lohnt sich, hierzu noch einmal Bonhoeffer zu lesen, siehe Christologievorlesung. »Hätte er die an ihn gerichtete Vollmachtsfrage mit einem Wunder sichtbar beantwortet, dann gälte der Satz nicht mehr, daß er ganz Mensch geworden ist wir wir.« (Bonhoeffer a. a. O., Seite 238). Das Incognito Jesu mahnt uns, die Menschwerdung Gottes, den Menschen Jesus in seiner Ärgerlichkeit und Souveränität zu erkennen. Nein, da ist nichts zu bewundern. Hier werden Lebenssituationen von Menschen offenbart als eine Welt, die dem Reiche Gottes und seinem Reich des Friedens und der Gerechtigkeit widersprechen. Änderung ist angesagt. Die unheilvolle Welt und der unheile Mensch sollen heil werden. Nun bleiben wir nicht mehr Zuschauer, die bewundern und Beifall klatschen, sondern werden ermuntert, nachzufolgen, den Weg Jesu zu gehen, den Weg des Heilmachens und des Ärgernisses. Ja, diese aufgeklärte Welt ist doch sehr eingeschränkt in ihrem Horizont und merkwürdig wundersüchtig. Doch eben jene Wunder Jesu, jene Legenden sprengen den Rahmen des Wunderglaubens.

Wunder der Veränderung

Die Wunder sind nun keineswegs abgeschrieben. Natürlich gibt es Wunder zuhauf. Die ganze Geschichte Gottes mit den Menschen ist eine Wundergeschichte, das gilt auch für die Jesusgeschichte. Doch gilt es vom Mirakelglauben zu befreien. Wunder wird meist begriffen als Durchbrechung der Naturgesetze: Der Stein fliegt nach oben und nicht nach unten, alle sperren den Mund auf. Oh! Bewunderung. Doch bei Jesus geht es immer um das Reich Gottes, das nahe herbeigekommen, ja schon unter uns ist. Hier verändern sich die Verhältnisse unter Menschen. Hier wird nun die Geschichte spannend. Es ist die Wundergeschichte der Grenzüberschreitungen - Der 1. Grenzüberschreiter ist der Aussätzige, ein Gesetzesbrecher. Er schreit nicht: Unrein! Unrein! wie es üblich und Vorschrift war. Die Warnung: Ich bin unberührbar. Religiöse Gesetze, Riten, Konventionen, Hygienevorschriften, sie werden mißachtet. Vom Tode gezeichnet nimmt er sich das Recht auf Leben. Von Ablehnung und Verachtung gezeichnet nimmt er sich das Recht auf Achtung und Anerkennung.

Also ein wichtiger Schritt auf Heilung heißt: Sich nicht fügen. Was bedeutet das für Ausgegrenzte heute? Ein weites Feld für Wunder: die Alten, die Trauernden, Aidskranke, Jugend ohne Perspektiven, oft radikalisiert, Fremde, Asylbewerber etc. Unberührbare heute. Für alle: Ermunterung zur Grenzüberschreitung? Der 2. Grenzüberschreiter ist Jesus. Er weist den Aussätzigen nicht zurück, nicht in die Schranken des Gesetzes, in die Zuständigkeiten. Er verweist nicht in die Ferne, hält sich ihn nicht vom Halse, sondern berührt ihn. Rührung und Berührung, Anfassen und Umarmen, menschliche Nähe und Annahme. Der Aussatz ist überwunden. Was bedeutet das für die zahllosen Berührungsängste unter uns? Für Jesus bedeutet es: Er selbst wird Aussätziger, ausgegrenzt, verachtet, hingerichtet. Nun verstehe ich das Schweigeverbot. Jesus ist nicht einzureihen in die Wundertäter und Heilande. Aber das Reich Gottes, hier wird es sichtbar in der Grenzüberschreitung unserer zerfallenen Welt zur zusammengehaltenen Welt, unserer unheilen Welt zur geheilten Welt, unserer ungerechten Welt zur gerechten Welt. Nun gibt es keine Berührungsängste.

Wir in der Geschichte

Wie oft in solchen Geschichten finden wir uns in verschiedenen Situationen und Rollen vor.

Wo erfahren wir uns als Ausgestoßene, Unberührbare? Also: gesellschaftliche Herkunft, alt mit Gebrechen. Politisch diffamiert; politische Ansichten werden oft wie eine ansteckende Krankheit behandelt - Kommunisten waren Unberührbare. Und heute? Hier merken wir: Wir sind vielleicht schon in der anderen Rolle. Wo sind wir dabei, andere auszustoßen, sie als Unberührbare zu behandeln? Wo haben wir unsere Berührungsängste? Hier muß nun entschieden werden: Welche »Krankheit«, welcher »Aussatz« ist in der Gemeinde aktuell? Wer erlebt sich in der Gemeinde als ausgegrenzt? Auch sollte die Predigerin, der Prediger überlegen, ob sie, er sich besonders mit der Problematik unheilbarer Krankheiten befassen sollte. Etwa: Wie hören Angehörige von Todgeweihten eine solche Geschichte? Ich könnte nicht Trost geben mit der Hoffnung auf ein mögliches Wunder der Heilung, das gibt der Text für mich nicht her. Hier würde ich andere Geschichten und Worte wählen als Überlebenstexte angesichts des Todes. Oder sind hier nicht die Totgeweihten, sondern die »Weiterlebenden« - ja auch totgeweiht, weil endlich - angesprochen?

Vorschläge für die Liturgie

Lieder

Lied nach dem Wochenpsalm 146; Mel.: EG 387, Verfasser mir nicht bekannt

1. Halleluja! Lob den Herrn; / meine Seele singe! / Bring dein Loblied, sing ihm gern; / Gott hält Mensch und Dinge. / Wer ihn preist / dessen Geist / ist bei ihm geborgen.
2. Wer auf Fürsten sich verläßt, / muß und wird verlieren. / Keines Menschen Kraft ist fest: / Tod wird triumphieren! / Leib und Sinn / fährt dahin, / Welt und Mensch wird fallen; / Sterben greift nach allen.
3. Wohl den Menschen, die als Kind / ihres Gottes leben. / Wo sie schwach und elend sind, / wird er Hilfe geben. / Dessen Ruf / alles schuf / trägt und will erhalten. / Segen schenkt sein Walten.
4. Gottes Treue, seine Kraft / wird die Seinen weiden. / Wo sein Recht, sein Wille schafft, / endet unser Leiden. / Lahme gehn, / Blinde sehn, / die in Nöten schreien / wird er selbst befreien.
5. Fremde sind in seiner Hut, / Gott liebt die Gerechten. / Witwen, Waisen ist er gut, haßt, die andre knechten. / Gottes Hand / gibt Bestand. / Ehre seinem Namen. Halleluja. Amen.

Ich will von Gottes Wundern singen; Mel.: EG 330, Text: Günter Berndt

1. Ich will von Gottes Wundern singen, / die er an seinen Kindern tut. / Das Lob soll überall erklingen, / weil er zu uns sagt: Du bist gut! / Du bist für mein Reich gerade recht / als Schwester, Bruder, nicht als Knecht.
2. Wenn unser hartes Herz verschlossen / zu keiner Liebe fähig ist: / Gott schließt es auf, und bald verflossen / sind Zorn, Haß, Neid und arge List. /Wir sehn die Menschen nebenan / ganz neu als Gottes Kinder an.
3. Wir lassen uns von Jesus führen / zu Menschen, die im Abseits sind. / Verlieren Angst, sie zu berühren, / denn sie sind wie wir: Gottes Kind. / Ihr Ruf nach Hilfe weckt uns auf, / und Gottes Reich nimmt seinen Lauf.
4. So können wir mit Fremden leben, / und unser Mund ist nicht mehr stumm. / Wir können andren Leben geben, / aufrichten, was gebückt und krumm. / Das Leid schließt Augen nicht mehr zu. / Die Not läßt uns nicht mehr in Ruh.

5. Da können wir von neuem wagen, / das Nein zu sagen gegen Tod. / Auch wenn wir daraufhin ertragen / der Mächt'gen Spott und manche Not: / Kraft, Liebe und Besonnenheit / hält Gottes Geist uns stets bereit.

Wir haben Gottes Spuren festgestellt, B 80 in »Mein Liederbuch«, tvd Verlag Düsseldorf
Ohren gabst du mir, EG 236
Du meine Seele singe, EG 302

Lesungen
Römer 8,14-17; Lukas 17,11-19; Jesaja 53,4-6; Matthäus 11,2-6; Philipper 2,5-11

Psalmgebet
Wochenpsalm 146; Wundergeschichten der Befreiung, Psalm 107; Psalm 98

Kyriegebet
Gott, wir bekennen, daß wir oft unser Herz verschließen vor Menschen mit fremdem Aussehen und anderen Sitten. Wir sehen in ihnen dann nur noch das Fremde, das uns stört und lästig ist.
Gott, wir bekennen, daß wir oft unser Herz verschließen vor Menschen, die nicht in unsere Umgebung passen. Unheilbar Kranke mit Aids oder Krebs, Obdachlose, die nicht gewaschen sind. Wir möchten mit ihnen nicht in Berührung kommen.
Gott, öffne unsere Herzen, rühre uns an, damit wir rührig werden und Hände reichen. Herr, erbarme dich.

Abendmahl
Wenn im Gottesdienst das Abendmahl gefeiert wird, ist der Predigttext eine Herausforderung und Kritik an unseren traditionellen Abendmahlsfeiern, wo wir verbal einladen und praktisch ausgrenzen (siehe Kontexte). Die folgende Einladung zum Abendmahl aus ZGP 3/86 sollte Konsequenzen haben:
Jesus bietet uns seine Freundschaft an. Er will, daß auch wir untereinander Freunde werden. Das Abendmahl ist ein Freundschaftsmahl und setzt die Mahlzeiten Jesu mit den Jüngern, aber auch mit Zöllnern und Sündern fort. Wir teilen Brot und Wein, um einander daran zu erinnern, daß Jesus alles mit uns geteilt hat. Wir teilen Brot und Wein im Glauben, daß er, der Auferstandene auch seine Zukunft mit uns teilen will. Wir teilen Brot und Wein, um einander Mut zu machen, auch materielle und immaterielle Güter miteinander zu teilen. Wir teilen Brot und Wein in der Hoffnung auf das Reich, wo alle einst teilhaben dürfen an der Freundschaft Gottes mit uns Menschen. Niemand ist vom Abendmahl ausgeschlossen, welches auch seine Konfession und sein Alter sei. Gott ist offen; das Abendmahl ist offen für jeden.

Fürbittengebet

Gott, der du weißt, was in uns ist, der du alle Worte verstanden hast und auch verstehst, was niemals gesagt werden kann, höre dieses Gebet.
Wir denken an die Vielfalt der Worte in unserem Ort, ausgesprochene und verschwiegene, Schreien und Flüstern. Worte der Angst, des Fragens und der Hoffnung in Krankenzimmern. Worte der Resignation und des Zorns und der Solidarität an den Arbeitsstätten. Worte des Streites, der Zuneigung und des Verstehens in den Familien. Hilf uns, Gott, zu hören, damit wir redend, schweigend, liebend, mahnend ganz bei denen sind, die nach uns rufen.
Wir stehen mitten im schrillen Klang von Worten in dieser Welt. Schreie und Worte nach Recht und Frieden, nach Rache und Krieg, nach Befreiung und Leben, nach Heilung und Gesundheit.
Hilf uns, Gott, zu hören, damit wir lernen zu unterscheiden und deine Seite wahrnehmen, damit wir wagen, Grenzen zu überschreiten und parteilich zu sein, damit wir für deine Menschen sprechen, für deine Welt, für deinen Frieden.
Wir gehen in die neue Woche und werden vielerlei Worte hören, alte und neue, herausfordernde und beruhigende, laute und leise.
Hilf uns, Gott, zu hören und zu antworten, nicht bitter, sondern mit offenem Herzen, daß unsere Worte den Tag nicht verdunkeln, nichts Böses anrichten und niemanden verletzen; daß wir keinen Lügen nachlaufen, niemanden diffamieren und ausgrenzen; daß wir vielmehr Freude säen, daß unsere Worte und Taten heilende Kraft und Versöhnung schaffen, damit dein Reich komme schon hier unter uns.

Vorschläge für die Predigt

Der Predigttext für den heutigen Sonntag steht im Markusevangelium, im 1. Kapitel. Ich lese jetzt den Text nicht, ich will ihn kommentierend erzählen. Im Mittelpunkt steht ein Mensch, der eigentlich gar nicht mehr richtig Mensch ist. »Erstgeborene des Todes« wurden solche Leute zur Zeit Jesu genannt. Todgeweihte, wie Tote behandelt, wie ein Leichnam, den einer nicht berühren darf. »Grufti« sagen heute manchmal junge Leute. Es ist ein Aussätziger, ein Leprakranker, unheilbar - damals - heute wäre es ein Aidskranker. Kein Schimmer Hoffnung. Das Schlimmste aber war: Die Krankheit war ansteckend. Schreckliche Gestalten sehen wir da, verunstaltet, vom Aussatz langsam aufgefressen. Da verstehen wir den Ausdruck, daß wir einen wie die Pest meiden. Ich bin froh, daß es mir so nicht geht. Ich bin froh, daß Leute mich angucken mögen, keinen großen Bogen um mich machen. Ich bin froh, daß Leute mir die Hand geben und nicht vor mir zurückschrecken, nicht die Nase rümpfen oder zuhalten. Ich möchte nicht einer von diesen sein. So ganz am Rande lebend, mit dem Aussatz, nun ausgesetzt zur jämmerlichen Randfigur. Hier aber steht er im Mittelpunkt. Also im Mittelpunkt eine Randfigur, die ansonsten isoliert. Kein Zeitgenosse wollte mit solchen etwas zu tun haben, geschweige in einem Hause oder gar in einer Wohnung leben. Solche Leute werden abgeschoben und haben sich daran gewöhnt, haben Distanz gelernt. Von weitem schrieen damals Aussätzige, wenn sich ihnen Menschen näherten: Unrein! Unrein! Vorsicht, Ansteckungsgefahr. Er hat es gelernt, wie jeder Aussätzige. Ich gehöre nicht zu den Gesunden, den Kräftigen, den Anerkannten. Ich gehöre nicht dahin, wo sich Leute freundlich begrüßen, auf die Schulter klopfen und in den Arm nehmen. Doch er - im Mittelpunkt unserer Geschichte - gehört zu den Aussätzigen, den Ausgesetzten, hat gar keinen Namen. Vielleicht heißt der Ruben oder Samuel, Wilhelm oder Andreas, Sascha oder Henry, warum nicht Sara oder Margot.

Liebe Gemeinde, mit diesem Hinweis auf mögliche Namen möchte ich diese Geschichte auch in unsere Gegenwart rücken, weil es nicht nur um vergangene Zeiten geht. Gewiß, Lepra ist weitgehend geheilt. Und doch gibt es Aussätzige zuhauf ...

Hier sollte die Predigerin, der Prediger entscheiden, welche Berührungsängste im Lebensbereich seiner Gemeinde eine besondere Rolle spielen. Beispiele: Situation in der Kindertagesstätte: Kinder am Rande, Stinki. Obdachlose auf den Bänken, dreckig, stinken nach Bier und ... Sogenannte Asylanten. Zu bedenken wären die mancherlei Ausgrenzungen in unserer Gesellschaft: Kranke, Alte, Behinderte. Gewiß keine ansteckende Krankheit, doch wie Aussätzige behandelt. Es gibt vielerlei Beispiele für die Berührungsängste im Leben zwischen Menschen, Gruppen, Parteien, Klassen, Völkern und »Weltanschauungen«. Schließen würde ich diesen 1. Teil der Aktualisierung von Abgrenzung, Ausgrenzung und Berührungsängsten mit dem Hinweis, daß wir uns weitgehend an diese »Ordnung« gewöhnt haben, wir entsprechen den Hygienevorschriften bis in den politischen Bereich.

Hier geht die Geschichte anders weiter. Es ist eine Geschichte der Grenzüberschreitung.

Der Aussätzige fügt sich nicht den Gesetzen, Konventionen, Hygienevorschriften. Hier ist der 1. Schritt der Heilung, ehe überhaupt Jesus etwas tut ... Was bedeutet das für alte Menschen, für Trauernde, für Andersdenkende. Mutmachpredigt wäre hier: Heraus aus der Isolation, sich nicht fügen, ja Grenzen durchbrechen.

Nun wäre von Jesus zu reden: So wie sich der Aussätzige mit seiner Situation nicht abfindet, so findet sich Jesus auch nicht ab. Er ist frei von Berührungsängsten, hat keine Angst Aussätziger zu werden. Jesus verhält sich wie der Aussätzige, er durchbricht die Schranken, ein Gesetzesbrecher und Grenzüberschreiter. Hier würde ich vom Wunder reden, das kein Mirakel ist zum Bestaunen, sondern Veränderung von Mensch und Gemeinschaft bedeutet, sehr zum Ärgernis der Ordnungshüter.

Mein Schluß der Predigt
Fürwahr, im Mittelpunkt stehen kranke Menschen, unheilbar krank. Die sind wir, wir einzelnen, hier im Raum, aber eben auch unsere gesamte Welt. Schrecklich krank. Aufgeteilt, eingeteilt, abgegrenzt und ausgegrenzt. Das ist die Welt voller Berührungsängste, überall Menschen, die gar nicht richtig Mensch sein können, dürfen oder wollen: Wir leiden darunter, daß diese Welt unheilbar ist. Und sollen neu erfahren: Wir sind nicht Todgeweihte. Wir sind Geheilte. Befreit von der Angst jedweder Art - die Andersdenkenden, die Fremden, die Kranken. Wir sind befreit zur ansteckenden Gesundheit. Manchmal müssen wir das wortwörtlich praktizieren. Sich in die Arme nehmen, nicht weil wir uns alle so sympathisch sind, sondern weil wir alle Gottes Kinder sind. Überlegen Sie einmal, wen sie in die Arme nehmen müßten, damit er leben kann. Vielleicht hören Sie den Ruf nach Hilfe und Liebe und scheuen Sie sich nicht, selbst zu rufen. Nur so ändert sich die Welt und wir.

Kontexte

Jedoch ist andächtige Frömmigkeit noch nicht ohne weiteres evangelisch. Es liegt doch ein unverkennbarer Widerspruch darin, daß die Gemeinde Jesu sich so viel Gedanken und Mühen um ihre Würdigkeit macht und dann mit Zittern zum Herrenmahl geht, während ihr Meister seine Gäste von den Zäunen und Hecken, aus Samaritern, Heiden, Zöllnern, Huren zusammenholte und sie in Freude statt in die Furcht rief ... An Jesu Tisch sitzen immer nur solche, die es nicht verdienen ... Heutzutage sind unsere Kirchenbezirke so groß geworden, daß man durchaus dazu ermutigen darf, das Herrenmahl mit Familien, Häusern und sogenannten Basisgemeinden zu halten, wie es übrigens in der Urchristenheit geschah. Unaufgebbar bleibt jedoch, daß dann nicht nur Gesinnungsfreunde zusammenkommen. Wo man sich innerlich und äußerlich von denen abgrenzt, welche in anderer Weise als wir als Jünger glauben, denken, handeln, entsteht Sekte ... Das Herrenmahl ist ökumenisch oder nicht mehr Herrenmahl, sondern Sektenfeier, weil der Gekreuzigte alle an seinen Tisch ruft, für die er starb.
Ernst Käsemann: »Gäste des Gekreuzigten« in Kirchliche Konflikte, Band 1, Seite 134–137, Vandenhoeck & Ruprecht, Göttingen 1982

15. Sonntag nach Trinitatis

Annäherungen an den Predigttext
Lukas 18,28–30

Ulrike Schilling

Eine Runde von sieben Frauen im Alter zwischen 38 und 76 Jahren, die sich sonst so nicht begegnen, in unterschiedlichen Gemeinde leben, unterschiedlich engagiert sind, evangelisch und katholisch, miteinander verbunden durch die Suche nach dem, was wesentlich ist.
Zu den ersten Eindrücken – neben der Aufzählung des zu Verlassenden, die an das 9. und 10. Gebot erinnert –, gehört das Erschrecken. Das Erschrekken über die Konsequenz der Nachfolge Jesu. Das Erschrecken über die Radikalität dieser Trennung, die Petrus hier fragen läßt: Wozu? Hat sich das Ganze gelohnt? Was wiegt diesen Verlust auf?
Männer verlassen ihre Familien, beginnen mit einer anderen Partnerin ein neues Leben; Frauen verlassen ihre Männer und gehen neue Bindungen ein.
Ein beruflicher Aufstieg ist mit einem Ortswechsel verbunden; es wird erwartet, daß die Familie mitzieht. Ein Familienvater entscheidet sich für seine Familie gegen die Karriere – ein anderer nimmt den Bruch seiner Ehe, die Trennung von den Kindern in Kauf.
Die Liebe führte eine von Ost nach West über die Grenze in eine vage, kaum vorstellbare Zukunft.
Eine Familie im Aufbruch mit offenem Ziel auf der Suche nach Arbeit – es geht um die Existenz.
Wie finden Mann und Frau miteinander und als Familie mit ihren beruflichen Wünschen und Qualifikationen zu ihren Entscheidungen?
Warum fällt heute so schwer, was früher scheinbar selbstverständlich und unproblematisch war? Zwei der Älteren erzählen von häufigen kriegsbedingten Schulwechseln, ohne daß sie darunter gelitten hätten. Im Gegenteil: Das Neue war jeweils von Reiz und voll neuer Chancen. Oder die regelmäßigen Umzüge von Offiziers- und anderen Beamtenfamilien. Nur wenn man aufbricht, losläßt, bekommt man die Freiheit und die Luft für das Neue, Andere, gerade in dem vagen Bereich zwischen Angst und Hoffnung. Werden fremde Probleme, schwieriger Schulwechsel für die Kinder, abgebrochene Freundschaften vorgeschoben als Ausdruck der eigenen Veränderungsängste?

Was veranlaßt bereits junge Leute dazu, sich fest einzurichten mit möglichst viel Komfort? Ist das ein Gegengewicht gegen die Schnellebigkeit, die Unverbindlichkeit, auch Reizüberflutung unserer Zeit? Alle Informationen lassen sich ins Haus holen. In unserer Runde waren diese Jahre zwischen 20 und 35 von Aufbrüchen, Unterwegssein bestimmt, auch mit der Familie, mit Suche und Warten auf stabilere Lebensverhältnisse, also in etwa vergleichbar dem Lebensalter der Nachfolgenden im Text.
Wir brauchen Kontinuität. Alte Freundschaften, die von der Schulzeit bis heute halten, in denen wir mit unseren Anfängen gekannt werden. Zugleich sind auch später noch spontane, intensive, erfüllende Freundschaften möglich. Vielleicht braucht das Gefühl einer inneren Verläßlichkeit länger.
Jesu Anspruch ist und bleibt heftig. Als ältester Sohn wäre er nach dem Tod des Vaters zuständig gewesen für die Versorgung seiner Mutter - wer hat sich dann darum kümmern müssen, gekümmert? Was bedeutete das Weggehen der Männer für Familien, deren Auskommen bei der damaligen Armut in Palästina ohnehin kaum gesichert war? Die Entfernungen im Land lassen sich mit unseren Entfernungen zwar nicht messen, dafür dauerten die Wege länger. Aber es wird »Nester« gegeben haben, Orte, vielleicht Verwandte, Freunde, bei denen sie Aufnahme fanden, wenn sie es brauchten. Trotzdem: Die Zumutung des Textes läßt sich nur verstehen von einer Größe her, die all das andere aufwiegen, ja überbieten kann, von einer Verheißung, die bei aller Zukünftigkeit in Jesus bereits gegenwärtig zu spüren, zu erleben war: das Reich Gottes. Die Erfahrung eines neuen Miteinanders, auch von Mann und Frau, in neuer Rolle, wohl in einer überschaubaren Gruppe unter einem neuen Vater (vgl. Markus 10,30), der die Sorge, Fürsorge übernimmt (Thema des Sonntags: Sorget nicht). Der Überschuß des Neuen war einfach mitreißend: Es lohnt sich zu glauben, auch wenn das Senfkorn gerade erst aufgeht. Jesus war es wert. Dieser Text an dieser Stelle vor der dritten Leidensankündigung soll auch den JüngerInnen Mut machen, die Passion auszuhalten, zu überstehen.
Jesus ist es wert. Diese Erfahrung ist es, die das Christentum bis heute treibt. Ich bin als Mensch wert vor Gott und vor ihm mit den anderen verbunden. Und: Ich stehe mit unter der Verheißung dieses Lohnes. Um uns dessen immer wieder zu vergewissern, brauchen auch wir heute Rückzüge, Nachdenken, Besinnung, solche Gespräche, die uns den Weg finden lassen, der für uns gangbar ist oder den wir bereits dadurch haben gehen können. Es war in der Runde schwierig auszudrücken, was uns eigentlich treibt - vielleicht klingt das auch so schnell banal -, aber es war deutlich, daß dieser Jesus uns treibt. Und daß die jeweils eigene Geschichte zu unterschiedlichen Entscheidungen führt. Die Vielschichtigkeit dieses Textes, in dem sich Jesu Anfänge ebenso abbilden wie unterschiedliche Stadien von Gemeindebildung bis hin zum mehr hellenistischen Umfeld des Lukas, ermöglicht auch eine Rezeption auf unterschiedlichen Ebenen. Was kön-

nen wir verantwortbar weitergeben, wenn die Kinder uns fragen, und: Wie sieht unsere Hoffnung des ewigen Lebens aus? In den Austausch unserer Bilder und Deutungen mündete das Gespräch.
Exegetisch hilfreich: Wolfgang Stegemann, Wanderradikalismus im Urchristentum? Historische und theologische Auseinandersetzung mit einer interessanten These, in: W. Schottroff, W. Stegemann (Hrsg.), Der Gott der kleinen Leute, München 1979, der sich mit Gerd Theißen, Soziologie der Jesusbewegung, München 1977, auseinandersetzt.

Zum Gottesdienst

Gunnar Sinn

Exegetisch-homiletische Skizze

»Nachfolge war am Anfang konkret. Die Jünger verließen Wohnort und Familie, Besitz und Beruf.« (Theißen, Studien zur Soziologie des Urchristentums, Tübingen, 1979, Seite 106) Wie auch schon in den »Annäherungen« empfunden, gilt es, in der Predigt sich diesem Anspruch zu stellen, wie auch immer damit homiletisch umgegangen wird. Fragen bleiben: Wem gilt also diese Forderung (den Jüngern, den Predigern, allen Christen) und ist sie zu erfüllen? Welche leidvollen Erfahrungen verbinden sich mit diesem Anspruch? Wer denkt an die Zurückgelassenen? Ist in unserer Zeit, die so viele Ausflüchte anbietet, nicht gerade ein ›Plädoyer fürs Bleiben‹ nötig? (So Joachim Schmidt in: Textspuren, hrsg. von Peter Härtling, Stuttgart 1992, Seite 164–65).
Ein synoptischer Vergleich dieses Logions, das wohl in seiner Grundform auf Jesus zurückgeht, lohnt sich ebenso wie die Einbeziehung des Kontexts (›der reiche Jüngling‹). Lukas ersetzt in der markinischen Vorlage ›um meinetwillen und um des Evangeliums willen‹ durch ›um des Gottesreiches willen‹. Will er diese Forderung nur für die Zeit des irdischen Jesus und der Verkündigung des kommenden Äons geltend wissen und die Bedeutung für spätere Generationen ausschließen (so Schweizer, Seite 190) oder gilt die radikale Forderung nur den Verkündigern des Gottesreiches (so Schneider, Seite 371)? Handelt es sich hier also um eine Forderung für Wanderradikale (Theißen) und von ihnen tradiert, die mit der zunehmenden Konsolidisierung der Kirche und der Anpassung an die normale Alltäglichkeit obsolet wurde? Schließlich: Entspricht diese ›asketische‹ Tendenz überhaupt der Gesamtverkündigung Jesu oder repräsentiert sie die Auffassung einer kleinen Gruppe gleich welchen Kolorits (Haenchen, Seite 355)?

Freilich hat die Perikope bald einen ›kirchlichen‹ Sinn erhalten. Die neue Familie ist die Gemeinde, die das Preisgegebene vergilt. Der Lohn, der bereits in dieser Welt zu empfangen ist, bezieht sich »auf ›geistliche‹ Gaben oder auf den Jüngern anvertraute Güter«. (Schneider, Seite 372)
Mit den exegetischen Einsichten verbunden ist ferner die theologische Fragestellung ob ›Nachfolge‹ als christologische Konzeption für unsere Zeit überhaupt durchführbar ist oder allenfalls moderne Jesusbilder in das historische Geschehen projiziert werden. Wir können heute nicht Christus in der gleichen Weise nachfolgen, wie es die Jünger beim irdischen Jesus taten, nicht allein, weil sich Zeit und Umstände geändert haben, sondern vor allem, weil Christus für uns Grund und Gegenstand des Glaubens ist und nicht allein Bote der nahenden Gottesherrschaft.
Wesentlich für die Predigt erscheint mir ferner der Hinweis Schweizers, daß die Jünger von Jesus in die Nachfolge berufen wurden und sich nicht selbst dafür entschieden haben: »Nachfolge«, auch in diesem besonderen Sinn des radikalen Verzichts auf alles, ist also Geschenk.« (Seite 190; ähnlich auch Grundmann, Seite 355) In welcher Weise, wie radikal also auch heute Glaube konkret wird, ist Gnade.
Jesus setzt die ›peregrinatio propter Christum‹ nicht als Bedingung, sondern verheißt denen, denen dieser Weg bestimmt ist, den Lohn, Die asketische Neigung und die Tendenz zur ›Entweltlichung‹, die dem Text gelegentlich beigelegt wird, muß nicht zu seinem Nachteil gereichen. Es kann sehr wohl auch gefragt werden, was der Christ aufzugeben bereit ist um des Glaubens willen, welche Bedeutung irdische Güter und Beziehungen haben (vgl. Luther in den Kontexten). Aber Vorsicht! Wie leicht kann christlicher Glaube auch ›Opium fürs Volk‹ (Marx) werden, wenn er nur auf ›Himmelslohn‹ ausgerichtet ist.
Auch Modelle christlicher Lebensführung aus dem Bereich des Mönchtums in Geschichte und Gegenwart (von den Iro-Schotten bis Franz von Assisi, von Thomas a Kempis bis Bonhoeffer) lassen sich zu diesem Text durchaus zur Diskussion stellen.

Kommentare
Grundmann, Walter: Das Evangelium nach Lukas, Berlin 8.1978
Haenchen, Ernst: Der Weg Jesu, Berlin 2.1968
Schneider, Gerhard: Das Evangelium nach Lukas, Gütersloh, 1977
Schweizer, Eduard: Das Evangelium nach Lukas, Göttingen 1982

Zur Liturgie

Der 15. Sonntag nach Trinitatis ...
Die Urlaubszeit ist vorüber. In wenigen Bundesländern sind noch Ferien. Die Gemeinde sammelt sich nach dem ›Sommerloch‹ erst langsam wieder. Die kirchlichen Energien richten sich auf das bald anstehende Erntedankfest.

›Sorget nicht‹ ist das Thema des Sonntages. Wer den Akzent des Gottesdienstes auf diese Thematik richten möchte, sollte nicht an der musikalischen Auslegung des Wochenspruchs vorbeigehen: All eure Sorgen heute und morgen. (EG Bayern/Thüringen 631) Für diejenigen, die zur Gitarre greifen möchten, gibt es auch eine Vertonung des Evangeliums Mr 6: ›Sorget nicht für euer Leben‹ (Text (Mel.: H. Masuch in: Songs junger Christen, Neuhausen, 5. Aufl. 1973, Nr. 194)
Wer den Akzent stärker auf ›Nachfolge‹ oder ›Hingabe‹ legen möchte, findet unter den Nummern 384–395 etliche Lieder zur Auswahl, insbesondere: ›Lasset uns mit Jesus ziehen‹ (384) und ›Jesu geh voran‹ (392). Ferner: 209 (Ich möcht, daß einer mit mir geht).

Eingangsgebet

Beladen und belastet treten wir vor dich, Gott.
Es ist so vieles, was Herz und Sinne gefangenhält.
Sicher und gut wollen wir leben.
Dazu, meinen wir, helfen uns Besitz und Reichtum.
Wir machen uns abhängig von der Macht des Geldes.
Unser Neid und unsere Gier zerstört Gemeinschaft.
Wir grenzen uns ab und grenzen aus, leben auf Kosten anderer.
Es fällt schwer, all das abzuschütteln
und die richtige Öffnung zu finden,
um zu dir, Gott, zu kommen.
Doch nur du kannst uns die Freiheit schenken,
uns von unseren Bindungen zu lösen,
aufzubrechen in eine Zukunft,
in der unser ganzes Leben durchdrungen ist von deiner Nähe.
Dann wird es uns auch gelingen,
verantwortlich mit dem umzugehen,
was wir unseren ›Besitz‹ nennen.

Reinhard Zincke in: Beratungsstelle für Gestaltung, Zugänge zum Kirchenjahr: Advent bis Pfingsten, Materialheft 77, Frankfurt/M. 1966, Seite 112

oder

Gott, – viele Stimmen haben wir in der Woche,
die hinter uns liegt, gehört.
Stimmen, die sagen wollen, wo es lang geht,
andere, die uns vielleicht in die Irre führten.
Auch in uns sind viele Stimmen wach,
solche, die uns abbringen wollen von dir und solche, die das Vertrauen zu dir suchen.
Heute morgen laß uns nur deine Stimme hören und alles schweige in uns, was gegen dich reden mag.
Wir bitten dich durch Jesus Christus, deinen Sohn.

Fürbitten
Du, Vater im Himmel, wir sind dir dankbar, daß du uns von unseren Sorgen befreien kannst.
Darum bitten wir dich für uns Mühselige, denen jeder Tag eine neue Anstrengung bedeutet. Vater ...
Gemeinde: Sorge für uns
Für uns Beladene, die wir uns fast erdrückt fühlen von der Last der Forderungen. Vater ...
Gemeinde: Sorge für uns
Für uns Kranke, die wir keinen Fortschritt in unserer Heilung sehen. Vater ...
Gemeinde: Sorge für uns
Für uns Junge, die wir oft nicht wissen, wie der Weg in die Zukunft aussieht. Ob es ihn überhaupt geben wird. Vater ...
Gemeinde: Sorge für uns
Für uns Alte, die wir Angst haben, krank oder pflegebedürftig zu werden, alleingelassen, einsam. Vater ...
Gemeinde: Sorge für uns
Für uns Gesunde und Zufriedene, die wir oft hilflos vor dem Elend anderer stehen. Vater ...
Gemeinde: Sorge für uns

Aus: Liturgieentwürfe für das Kirchenjahr, Materialheft 36, Beratungsstelle für Gestaltung von Gottesdiensten und anderen Gemeindeveranstaltungen - Frankfurt, 2. Aufl. 1985, Seite 321

Zur Predigt

Möglicher Einstieg (biblischer Kontext)
Was muß ich tun, um in das Reich Gottes zu kommen? - so hat ein reicher Mann Jesus einmal gefragt. Jesus antwortet:
Verkaufe alles, was du hast, denn leichter kommt ein Kamel durch ein Nadelöhr als ein Reicher in das Reich Gottes.
Wir hören: Reichtum und Besitz können den Weg zu Gott verstellen, wenn sie dem Menschen wichtiger sind als das Wichtigste im Leben.
Heute jedoch bekommen wir es mit einer ähnlichen Frage zu tun, - nur nicht von einem Reichen, sondern von jemandem, der wirklich alles verlassen hat, arm wurde um Jesu willen, ihm bedingungslos folgte auf seinen Ruf.
Verlesung des Predigttextes
Radikaler Verzicht damals und heute - ein Modell für unseren Glauben?
Beispiele aus der Erinnerung, Urlaubsreisen, den Medien lassen sich hier einbringen. Hier eine Möglichkeit:
Weit draußen, 10 Meilen vor der irischen Küste, mitten im Atlantik liegt eine kleine Insel: Skellig Michael. Eigentlich ist sie mehr ein schroffer Fel-

sen, 200 Meter hoch und kaum einen Kilometer lang und breit. Kaum Grün ist darauf zu sehen. Heute leben dort nur noch Vögel und Kaninchen. Vor gut tausend Jahren war das anders. Da wohnten dort acht oder zehn christliche Mönche. In unermüdlicher Arbeit schichteten sie auf dieser Felsnadel im Atlantik eine Treppe aus Steinen auf – 600 Stufen vom Meer zum Gipfel – die geradezu in den Himmel zu führen scheint. Und ganz oben, auf der Spitze des Felsens, errichteten sie eine kleine Kirche, ein paar Wohnhäuser, die aussehen wie Bienenkörbe, einen kleinen Gemüsegarten, ein Haus, in dem nur gebetet wurde, ein Kreuz, einen kleinen Friedhof. Gelebt haben diese Menschen – von denen wir weder Namen noch genau Zahl wissen – von Regenwasser, Gemüse und von Vogeleiern. Zum Festland gibt es im Winter keine Verbindung. Die Wellen des Atlantik sind so hoch, daß selbst heutzutage kein Mensch bei schlechtem Wetter dorthin gelangen kann.
Was hat Menschen dazu bewogen, tagaus tagein hier zu leben? Sommer und Winter an gefährlichen Felsabstürzen, stets von Hunger bedroht? Nur dem Gottesdienst und dem Gebet lebten diese Menschen in ihrer Einsamkeit, und drüben am Horizont, auf dem Festland, das sie noch ahnen konnten, da spielte sich das Leben ab. Haben diese Menschen Sehnsucht gehabt nach dorthin, wo ihre Familien vielleicht lebten, ihre Frauen, die sie gar verlassen hatten, ihr Hof und ihr Besitz? Haben sie noch einen Blick zurück geworfen?
Diese Menschen verließen alles, Familien, Eigentum, Heimat vor wohl 1000 Jahren, nur um für Gott zu leben. Warum? Man erzählt, daß diese Mönche im Gebet ihren Kampf gegen die Mächte des Bösen und die Anfechtungen führten, stellvertretend für die Welt, die sie verlassen haben. Was haben sie wohl erwartet? Haben sie diese Entbehrungen, die Einsamkeit, den Frost und den Hunger auf sich genommen, um dadurch ein besseres Leben nach dem Tod zu erhalten?
Wir wissen es nicht – keiner weiß es – nur die stummen Zeugen aus Stein sind noch erhalten.
Andere Mönche aus diesem Land haben sich zu zwölft, wie die Jünger Jesu, in ein Boot gesetzt und vom Festland abgestoßen – irgendwohin, wo sie Wind und Strömung hintrugen. Wieviel Tausende dabei auf dem offenen Meer ertrunken sind, weiß niemand. Es heißt, manche hätten Amerika schon lange vor Kolumbus entdeckt. Andere haben den Kontinent erreicht und sind die Flüsse entlang gezogen und haben von Gottes Reich gepredigt und zur Umkehr gerufen. Kilian, Emmeran oder Gallus hießen diese Menschen – Orte wie St. Gallen, Würzburg oder Regensburg gehen auf sie zurück. Knorrige, fremde, faszinierende und bizarre Gestalten sollen es nach frühen Schilderungen gewesen sein. Alles ein Werk des Verzichtes auf Heimat, Reichtum und Familie. Alles nur um Gottes Reiches willen.
Eine Form des christlichen Glaubens ist dort zu sehen im Westen Irlands, die heute und hier fern und fremd erscheint.

Doch die Mönche aus Irland oder Schottland haben das, was Jesus im Lukasevangelium sagt, so auf sich bezogen, wie es da steht. Alles verlassen um des Reiches Gottes willen.
Im weiteren Fortgang bieten sich drei Themenbereiche, aus denen ausgewählt werden kann, oder die alle in unterschiedlicher Akzentuierung Eingang finden können:
Radikaler Verzicht ist nicht Gesetz, sondern Evangelium
Es steht nicht im Predigttext: *Wenn* du alles verläßt, *dann* kommst du in den Himmel - einmal verkürzt gesagt - obwohl viele das so verstanden haben. Jesus sagt: Es ist *niemand,* der Haus oder Frau usw. ... verläßt um des Reiches Gottes willen, der es nicht vielfach wieder empfange ...
Es gibt niemand ... der ...
Mit anderen Worten: Es gibt sehr wohl einen Auftrag, das ganze Leben hinter sich zu lassen, aber den kann keiner aus eigenem Willen und mit eigener Kraft erfüllen. Der, der den Auftrag hat, wird auch den Segen empfangen. Nachfolge ist Berufung und Geschenk.
Wenn Jesus bei Lukas sagt: Es ist niemand, der ... so spricht er von einer ganz besonderen Beauftragung, einer Gnade, die einem Menschen zufallen kann, - eben alles verlassen zu sollen und zu können. Und dazu gehört, daß auch die Verlassenen mit in diesen Auftrag einbezogen werden und nicht einfach die Zurückgelassenen bleiben. (Als beeindruckendes Negativbeispiel vgl. die Erinnerungen von Johanna Skriver in den Kontexten)
Als der Schweizer Heilige Nikolaus von Flue, der heilige Klaus, mit 50 Jahren im Jahr 1467 von Gott den Auftrag erhielt, in die Einsamkeit zu gehen, da gab es nach den Berichten über ihn erst lange Gespräche mit seiner Frau Dorothea, bis sie selbst ihr Einverständnis gab und ihm das Einsiedlergewand eigenhändig nähte. (Weiteres bei Walter Neidhart in Predigtstudien III, Stuttgart 1987, Seite 225-226)
Hier hat nicht ein Mensch aus eigenem Willen oder Abenteuerlust andere Menschen verlassen und verletzt, sondern Gottes Auftrag wurde von allen Betroffenen erkannt.
Was kann ich verlassen, wenn ich mich auf Gott verlasse?
Nicht zufällig, liebe Gemeinde, steht unser Predigttext hinter der Geschichte des reichen Menschen, der Jesus fragt, was muß ich tun, daß ich das Reich Gottes erhalte. Und mit seiner Antwort stellt Jesus uns selbst auch in Frage, wie weit nämlich wir zum Verzicht bereit sind, wenn es nötig ist und wie sehr wir an Dingen hängen, die uns doch kein Leben schaffen können.
Das Wort ›verlassen‹ hat ja einen eigentümlichen Doppelsinn. Man kann etwas verlassen und man kann sich auf etwas verlassen. So stellt die Bibel die Frage: Was kann ich loslassen, wenn ich mich auf Gott verlasse? Gibt es da etwas, das wichtiger und bedeutsamer erscheint? Was brauche ich nicht, ja - was hindert mich, zu ihm zu kommen? Ob es heute wie damals diejenigen Personen und Dinge sind, von denen Jesus im Predigttext spricht, - ich

weiß es nicht. Es sind mittlerweile ganz andere und neue Ansprüche an unser Leben herangetreten, die uns noch mehr von Gott abhalten: Ansprüche von außen, wie man sein, handeln und leben, was man haben, können und ablehnen muß ...

Es gibt ein Leben vor dem Tod oder was bringt mir der Glaube?

Zurecht hat man der Kirche und den Christen oft vorgeworfen, sie denken nur an das Leben nach dem Tod, vertrösten auf das Jenseits und sehen zu, wie die Menschen hier hungern. Wie Opium, so sagte Marl Marx, sei so eine Religion, die dem Menschen von einer fernen und schönen Zukunft erzähle, damit er seine elende Gegenwart gar nicht erkenne und ernst nähme oder gar verändere. Wie benebelt seien die Menschen von solchen Träumen, doch das Erwachen lasse nicht lange auf sich warten. Da war und ist gewiß etwas dran. Und nicht wenige Menschen haben Worte wie die unseres Predigttextes so verstanden. Das, was man hier nicht hat, wird einem Gott umso mehr im Himmel geben.

Es ist gut zu wissen, daß dieses Leben hier nicht alles ist, in dem wir stehen. Aber daß Gott seinen Segen nur im Jenseits ausschüttet - davon ist im Predigttext nichts zu lesen. Da heißt es: Es ist niemand, der Haus oder Frau oder Brüder usw. verläßt ... der es nicht vielfach wieder empfange in dieser Zeit ...

Auch in dieser Zeit! Um diese Frage kommen wir nicht herum: Was bringt mir die Hingabe für den Glauben in dieser Zeit - eine Frage, die nicht nur Konfirmanden und Kirchenferne stellen.

(Hier wäre ein Dialog möglich oder ein Gespräch mit Gemeindegliedern vor der Predigt). Stichworte: Gemeinschaft, Orientierung, Ruhe, Trost, Kraft, Sicherheit, Freude.

Möglicher Schluß

Das Licht, liebe Christen, das uns von der Ewigkeit her entgegenleuchtet, muß doch auf unseren Gesichtern und in unserem Leben zu erkennen sein, so wie der Mond leuchtet in der Nacht vom Licht der Sonne, die noch nicht alle sehen können. Jeder Mensch, der sich auf Gott verläßt in diesem Leben, ob er nun alles Sichtbare hinter sich läßt oder nicht, der wird schon mitten im Leben von Gottes Nähe erfahren und nicht erst irgendwann.

Aber wenn Gott einen Menschen segnet, dann muß das nicht aussehen wie im Schlaraffenland, nicht wie in dieser Welt, - dann muß das nicht die Hochrechnung irdischer Vergnügungen im Übermaß sein, sondern es kann auch ganz anders aussehen.

Hier bietet sich das Gebet aus einem New Yorker Krankenhaus an (siehe Kontexte).

Kontexte

»Wenn die heilige Schrift von der Nachfolge spricht, so verkündigt sie damit die Befreiung des Menschen von allen Menschensatzungen, von allem, was belastet, was Sorge und Gewissensqual macht. In der Nachfolge kommen die Menschen aus dem harten Joch ihrer eigenen Gesetze unter das sanfte Joch Jesu Christi ... (zum Text:) Jesus spricht hier zu solchen, die einzelne geworden sind um seinetwillen, die alles verließen, als er rief, die von sich sagen können: Siehe, wir haben alles verlassen und sind dir nachgefolgt. Ihnen wird die Verheißung neuer Gemeinschaft gegeben. Hundertfältig sollen sie nach Jesu Wort schon in dieser Zeit empfangen, was sie verlassen haben. Jesus spricht hier von seiner Gemeinde, die sich in ihm findet. Wer den Vater verließ um Jesu willen, der findet hier gewiß einen Vater wieder, er findet Brüder und Schwestern, ja es sind ihm auch sogar Äcker und Häuser bereitet. Jeder tritt allein in die Nachfolge, aber keiner bleibt allein in der Nachfolge. Dem, der es wagt, einzelner zu werden auf das Wort hin, ist die Gemeinschaft der Gemeinde geschenkt. Er findet sich wieder in einer sichtbaren Bruderschaft, die ihm hundertfältig ersetzt, was er verlor. Hundertfältig eben darin, daß er jetzt alles nur durch Jesus hat, daß er es hat nur durch den Mittler, das bedeutet allerdings ›unter Verfolgungen‹. ›Hundertfältig‹ – ›unter Verfolgungen‹, das ist die Gnade der Gemeinde, die ihrem Herrn unter dem Kreuz nachfolgt. Das also ist die Verheißung für die Nachfolgenden, Glieder der Kreuzgemeinde zu werden, Volk des Mittlers, Volk unter dem Kreuz zu sein.«
aus: Dietrich Bonhoeffer, Chr. Kaiser/Gütersloher Verlagshaus, Gütersloh.

... Nehmen sie den Leib, Gut, Ehr, Kind und Weib,
laß fahren dahin, sie habens kein' Gewinn,
das Reich muß uns doch bleiben.
Martin Luther, EG 362,4

»1898 verließ mein Großvater mit 22 Jahren seine 21jährige Ehefrau und seine vier Kinder, deren jüngstes, mein Vater, gerade zwei Monate alt war – ›um des Reiches Gottes willen‹. Meine Großmutter betrachtete sich als Witwe, die vier Kinder wurden in alle Winde zerstreut; mein Vater hat seine Kindheit (er wurde von Platz zu Platz gescheucht) nie verwunden. Freilich hat er, erwachsen geworden, seinerseits das, was er für das Reich Gottes hielt, über seine familiären Bindungen gestellt. Der Irrtum meiner Väter, Frauen und Kinder für Eigentum zu halten, das man zur Disposition stellen kann wie Haus und Acker, tut immer noch weh, auch nach fünfzig Jahren. Und es ist müßig zu fragen, welchen Lohn sie davon gehabt haben. Mein Großvater, der vermutlich Abenteuerlust mit dem Reich Gottes verwechselt hat, ist in Indochina verschollen; mein Vater hat mir, außer mit Wörtern, nie dartun können, daß Christsein etwas mit ›empfangen‹ zu tun hat. Er war ein ungeduldiger und resignierter Mann.«
Johanna Skriver in: Predigtstudien III, Stuttgart 1993, Seite 219, © bei der Autorin

Mein Herr und mein Gott, nimm alles, was mich hindert zu dir.
Mein Herr und mein Gott, gib alles nur, was mich führt zu dir.
Mein Herr und mein Gott, nimm mich ganz zu eigen dir.
Nikolaus von Flue in: Predigtstudien III, Stuttgart 1987, Seite 226

Im Wartesaal eines New Yorker Krankenhauses
Mein Gott, ich habe dich um Kraft gebeten, um Erfolg zu haben.
Du hast mich schwach werden lassen, daß ich gehorchen lerne.
Ich habe dich um Gesundheit gebeten, um große Dinge zu tun.
Ich habe Krankheit erhalten, um Besseres zu tun.
Ich habe dich um Freundschaft gebeten, um nicht allein zu sein.
Du hast mir ein Herz gegeben, um alle Geschwister zu lieben.
Gott, ich habe nichts gehabt von dem, was ich erbeten habe
und ich habe alles gehabt, was ich erhofft habe.
Fast gegen meinen Willen sind meine ungesagten Gebete erhört worden.
Ich bin der Beschenkteste aller Menschen.
Verfasser/in unbekannt

16. Sonntag nach Trinitatis

Annäherungen an den Predigttext
Klagelieder 3,22.26.31–32

Dieter Schupp

1.
»Um was geht es? Um Klagelieder? Nie gehört!«
Paul, Ulrike, Liz und Frau B. sind sich einig: Es gibt Klagepsalmen, aber keine Klagelieder.
Paul, Ulrike, Liz und Frau B. besuchen auch den Gottesdienst an einem soundsovielten Sonntag nach Trinitatis; nehmen an Seminaren über Glaubensfragen teil und haben sogar ein überregionales, evangelisches Sonntagsblatt abonniert.
»Es geht um die Klagelieder Jeremias.«
»Ach so! Um den Propheten Jeremia geht es! Das hättest du gleich sagen können.«
»Es geht nicht um ihn, nicht um den Propheten!«
»Nicht um ihn?«
»Nein. Die beiden – Jeremia und der unbekannte Verfasser der Klagelieder – haben überhaupt nichts Gemeinsames.«
»Wenn das so ist, dann sind die Klagelieder Jeremias ja auch nicht besonders wichtig? Oder?«
»Das möchte ich gerne von euch wissen ...«

2.
Ulrike mit ernster Stimme: »Noch mal bitte ...!«
»Kapitel drei, die Verse 22, 26, 31 und 32.«
Paul, Ulrike, Liz und Frau B. blättern in der Bibel, suchen lange und beginnen dann zu lesen.
Nach einer Weile einigen sich die vier darauf, das ganze Kapitel 3 zu lesen. Vor allem interessiert man sich für die Verse, die »offenbar nicht predigbar sind«, wie Liz vermutet. Am Ende vermißt Paul den Vers 39, Ulrike möchte über Vers 47 reden, für Frau B. ist in diesem Kapitel zuviel von »Rache« die Rede und Liz kommt über den Vers 65 nicht hinweg. Sie fragt uns: »Ich nehme an, ihr glaubt an den Segen Gottes. Okay! Glaubt ihr dann aber auch, daß es einen Fluch gibt? Daß Gott einen Menschen verfluchen kann?« Zuletzt schaut Liz mich fragend an.

Ich rede mich damit heraus, daß es heute lediglich um die Verse 22, 26, 31 und 32 ginge.
Nach einigem Hin und her konzentrieren wir uns darauf.

3.
Frau B. liest Vers 22 und will wissen: »Wer eigentlich klagt denn hier? Ein Mann, eine Frau?«
Paul: »Das Gefühl kenne ich, von Gott und allen Menschen verlassen zu sein. Das »gar aus sind«, das muß so was sein! Am Boden zerstört und ohne einen Hoffnungsschimmer! Grausam!«
Ulrike: »Aber barmherzig! Mildtätig, mitfühlend und mitleidend. Ein Herz haben. Für mich ist das etwas ganz Wichtiges. Geteiltes Leid und so, da ist wirklich was dran. Hast du das nie erlebt?«
»Noch kein Ende«, dazu hat sich Liz ihre Gedanken gemacht. »Das schreib mal auf«, sagt sie, »Gottes Barmherzigkeit kennt keine Grenzen. Egal ob die Menschen es verdient haben oder nicht, Gott ist rücksichtslos barmherzig.«
Vers 26 liest Paul laut vor.
»Ein köstlich Ding«, sagt er, »soll wohl bedeuten: es ist etwas Wunderbares! Selten schön! Oder?«
Die anderen nicken und Liz fügt hinzu: »In unserer schnellebigen Zeit ist es schwierig geworden, jemandem beizubringen, geduldig zu warten. Ich muß mir da an die eigene Nase greifen.«
Wir reden über die Arbeitslosigkeit, die Wohnungslosigkeit, das Flüchtlingselend und über die Arroganz der Mächtigen.
»Geduldiges Warten verlangt einen starken Glauben«, sagt Paul zum dritten Male hintereinander. Er stimmt aber zu, als Frau B. einwendet: »Ein totales Abwarten ohne jegliches eigenes Zutun ist zu wenig. Es gibt meiner Meinung nach kein Gottvertrauen ohne ein Selbstvertrauen.«
Es folgt eine längere Diskussion.
Die Verse 31 und 32 werden wiederum von Paul laut vorgelesen. Er schaut uns danach der Reihe nach an, doch niemand ist fähig oder bereit, die beiden Verse zu kommentieren.
Endlich sagt Ulrike: »Ich verstehe das so, daß es bei Gott zwar keine ewige Rache gibt, aber eine Strafe schon!«
»Wie kommst du darauf?«
»Einfach, das steht doch da: Er läßt die Menschen auch trübe Stunden und Tage erleben. Fragt mich aber bloß nicht, warum. Dazu ist der Fachmann da!«
Liz, in unser Schweigen hinein: »Also für mich steht fest: Gott verstößt niemanden, sondern er nimmt auch den Sünder an. Den sogar, der vielleicht in unseren Augen die totale Null ist ...«
Frau B. fällt ihr ins Wort: »Es würde sich schon einiges ändern, wenn wir Menschen auch so ›barmherzig‹ sein könnten.«

Ulrike stimmt ihr zu: »Komisch, wir sagen: Gott ist allmächtig und fast jeder von uns möchte so sein wie Gott. Dann aber hören wir: Gott ist barmherzig und niemand von uns möchte so sein wie Gott. Das gibt mir schon zu denken.«

4.
»Sagen Sie, wann predigen Sie über Klgl 3,22+26+31+32?«
»Am 16. Sonntag nach Trinitatis.«
Paul blättert in seinem Kalender. Frau B. greift nach ihrer Handtasche. Ulrike hat noch immer ihre Zweifel. Liz ist sich sicher, mir geholfen zu haben. Mit meinen Notizen allerdings lassen mich die vier allein.

Zum Gottesdienst

Heinz Behrends

Exegetisch-homiletische Skizze

Kein redlicher Leser käme auf die Idee, sieben Verse mitten aus einem Gedicht von Goethe oder Rilke herauszulösen und zu interpretieren, ohne alle 12 Strophen zu kennen. Die Sammlung der fünf Klagelieder im Alten Testament sind Lyrik auf hohem Niveau, Dichtung aus einem Guß. In fünf Liedern klagen Dichter unter dem Eindruck der Ereignisse in Jerusalem im Jahr 589 über die Zerstörung des Tempels und der Stadt. Das anspruchsvollste Lied ist das dritte. Der Dichter spricht neben anderem von sich selbst. »Ich bin der Mann, der Elend sehen muß durch die Rute des Grimmes Gottes. Mich hat er geführt und gehen lassen in die Finsternis und nicht ins Licht.« (Klagelieder 3,1–2). Und dann beschreibt er seinen inneren Weg der Auseinandersetzung mit der Erfahrung der Zerstörung seines geistlichen Zentrums wie ein Psychologe unserer Tage den Umgang mit einer Katastrophe empfehlen würde. Er sagt, was ist und wie es ihm geht. Er hat in Gott einen Adressaten gefunden, so daß er nichts in sich hineinfressen muß. »Er hat meinen Weg vermauert, daß ich nicht heraus kann.« (V. 7) »Wenn ich schreie, stopft er sich die Ohren zu.« (V. 8) »Er hat mir seine Pfeile in die Nieren geschossen.« (V. 13) »Er hat mich auf Kiesel beißen lassen.« (V. 16)
Als der Beter sich ausgeklagt hat, erinnert er sich der erfahrenen Güte Gottes. »Dies nehme ich mir zu Herzen: Die Güte des Herrn ist's, daß wir nicht gar aus sind.« (21–22) Erinnerte Erfahrung begründet seine Hoffnung in der Not. Die individuelle Hoffnung findet ihre Bestätigung und Vergewisserung in der Weisheit seines Volkes, die durch Erfahrung vieler Menschen in der Vergangenheit formuliert worden ist. »Es ist ein köstlich Ding, auf die Hilfe

des Herrn zu hoffen.« (V. 26) Aber die Bewältigung der Not wäre nicht echt, wäre sie hier abgeschlossen. Er sucht nach Gründen für das Geschick. Die Schuldfrage ist zu klären. Gott ist nicht ungerecht. »Wenn er betrübt, dann erbarmt er sich auch wieder.« (V. 31–22) (Luther übersetzt hier ungenau. Betrüben und Erbarmen stehen in einem konditionalen Zusammenhang.) »Wenn man eines Mannes Recht vor dem Allerhöchsten beugt, sollte Gott das nicht sehen?.« (V. 35) Der Dichter sieht kausale Zusammenhänge zwischen der Katastrophe und dem Treiben in der Stadt. »Wir haben gesündigt, darum hast du uns nicht vergeben« (V. 42). Die Erfahrung sucht eine Begründung, um einen Halt zu finden. Warum mußte uns das geschehen? Das Elend überkommt ihn erneut. Neue Klage bricht auf. »Du hast uns zu Kehricht und Unrat gemacht.« (V. 45) Aber der Beter findet neue Gewißheit. »Du erhörtest meine Stimme.« (V. 56) Am Ende ist alles gesagt. Alle Verzweiflung ist durchlebt, die Schuldfrage nicht ausgeklammert, die Gewißheit in der Erinnerung geschenkt. So bleibt am Ende die Aggression nach außen, die Solidarität mit Gott im Kampf gegen alle Widersacher. »Verfolge sie mit Grimm und vertilge sie.« (V. 66)
Der Predigttext wirft den Blick allein auf den Abschnitt des Weges, auf dem er in Erinnerung der Güte Gottes und der Weisheit seines Volkes neue Gewißheit gewinnt. Sie stände völlig beziehungslos vor den Augen des Hörers, wenn nicht das ganze Lied in den Blick genommen würde. Darum wird der Prediger/die Predigerin auf irgendeine Weise den Weg des ganzes Liedes nachzeichnen und ihre Melodie zum Klingen bringen müssen, will er/sie denn redlich bleiben.
In einem nächsten Zugang zum Predigttext schaue ich mir die Wortfelder an. Die Hauptworte: Gottes Güte, Barmherzigkeit, Treue und Hilfe. Meine Seele und mein Teil. Die Substantive lassen den Geist des Textes schauen: Vergewisserung, Nähe und Trost vermitteln die Worte des Beters.
Die Verben, die Königsworte der Sprache: Das Beziehungsfeld zwischen Gott und dem Menschen wird in den Verben deutlich. Während der Beter hofft, harrt und fragt, wird Gott nicht verstoßen, wohl betrüben, aber erbarmen. Vor allem in prädikativen Formen wird das Handeln Gottes beschrieben: ist neu, groß und freundlich. Vom Betenden wird geduldig sein gefordert. Übrigens kann hier die Übersetzung Luthers auf einen anderen Weg als vorgezeichnet führen. »Gut ist es, schweigend zu hoffen auf die Hilfe des Herrn.« Der Beter, der mit den Mitteln der Sprache, mit Worten seiner Klage Ausdruck gibt, drückt seine Hoffnung im Schweigen aus.
Die verunsicherte Offenheit des Beters und die Verläßlichkeit Gottes spricht eindeutig aus den Verben. Sie wird unterstützt durch die zeitlichen Dimensionen, die der Text setzt: Barmherzigkeit ohne Ende, verstoßen nicht ewig. Die Güte wird sich mit der Gewißheit, die der Mensch aus der Schöpfungserfahrung kennt, erweisen: alle Morgen neu.
Ich versuche einen zweiten Zugang zum Predigttext mit der Methode des Schlüsselwortes, die davon ausgeht, daß der Geist des Textes in einem Wort

aufgehoben ist, und mein Verstehen durch konzentrierten Umgang mit diesem Wort vertieft wird. Ich wähle das Wort, das die zeitliche Dimension der Treue Gottes in einem Bildwort aufschließt: der Morgen. Das Bild und die Erfahrung des Morgens wird mir homiletisches Material für die Predigt schaffen. Der Morgen steht für Schöpfung, für Licht und Leben, für Anfang, für Überwindung, für Ende von Chaos und Angst.
Ich verstehe schließlich das Klagelied als einen seelsorgerlichen Text, nicht als zur Dogmatik geronnene allgemeine Verlautbarung. Ein Mensch stellt sich vor Gott in Verzweiflung und Einsamkeit. Nichts wird beschönigt oder verschwiegen. Er erinnert sich und erfährt neue Kraft. Der Grund seiner Klage ist nicht behoben. Die Stadt bleibt weiter zerstört. Aber er hat im Singen eines Liedes schon eine Welt geschaffen, in der sie wieder aufgebaut und belebbar sein wird.
Die Predigt wird den Weg der Klage zur Hoffnung mitgehen müssen. Ich beginne mit dem Bild des Morgens. Eine Predigt muß positiv beginnen. Und: Was ich am Ende sagen will, muß schon am Anfang deutlich sein. Genial wäre, die Predigt wäre selbst ein Klagelied im Sine des Dichters. Das kann überzeugend wohl nur dem gelingen, der sich einer vergleichbaren Situation aus eigenem Erleben erinnert.
Als Hörerinnen und Hörer habe ich eine Stadtteil-Gemeinde vor Augen, in der die Menschen sehr bewußt und gezielt in den Gottesdienst kommen und ungewöhnliche Wege in der Liturgie und in der Auslegung gewohnt sind.

Vorschläge zur Liturgie

Introitus
Da ich im Gottesdienst den ganzen Text des Klageliedes in seinem inneren Spannungsbogen zu Gehör bringen möchte, ist der Introitus der richtige Ort. Ich lasse den Text von jemand vortragen, der oder die gut vorlesen kann.

Kollektengebet
Gott, angewiesen sind wir auf Deine Güte und Liebe. Nichts haben wir von uns selbst zu erwarten, alles aber von Dir. Handle in Gnaden an uns, und sei nicht sparsam mit Deinem Erbarmen. Schenke uns die Kraft Deines eigenen Lebens: Deinen Sohn Jesus Christus, Gnade und Treue, die unser Begreifen übersteigt heute und in alle Tage, die wir leben. Amen.

Gott, was wir auch tun oder lassen, Du findest darin einen Grund zur Barmherzigkeit. Du beharrst nicht auf Deinem Recht, Du sprichst uns frei. Du nimmst uns an – alles ist möglich bei Dir. Gib uns die Kraft des Geistes, Dir nachzufolgen. Mach uns barmherzig einer für den anderen. Dann wird die Welt erfahren, wer Du bist: ganz und gar Liebe, unser Vater, Gott. Amen.
(beide aus: Huub Oosterhuis, ganz nah ist dein Wort)

Fürbittengebet

Wisch weg die Spuren der Nacht, Gott. Verjag den Tod aus mir. Mach mich heller als der heraufgekommene Tag. Laß mich Dich sehen, der selbst erschienen ist, eingehüllt in das Licht des Tages. Laß mich lachen, hebe mein Herz empor, mach mir Freude. Laß mich hier sein, mach mich gegenwärtig. Gib mir Verantwortung für Menschen. Damit ich aufmerksam und barmherzig bleibe. Damit mich Schmerz und Sorgen nicht stumpf machen. Daß mich die Kraft zur Liebe nicht verläßt. Führe den Tag der Gerechtigkeit schneller herbei. Schau nicht länger zu, daß da und da in dieser Welt Menschen nicht gefoltert werden, Kinder getötet, daß wir die Erde schänden und einander das Licht wegnehmen. In unserem Gewissen wecke Zorn und Scham, damit wir umkehren zurück zu Deinem Wort.

(aus: Huub Oosterhuis, Dein Trost ist nah)

Lieder

EG 440 All Morgen ist ganz frisch und neu; EG 450 Morgenglanz der Ewigkeit; EG 452 Er weckt mich alle Morgen; EG 455 Morgenlicht leuchtet; EG 113 Tod, wo ist Dein Stachel nun?

Zwischen Kreuz und Auferstehung

1. Zwischen Kreuz und Auferstehung, / zwischen Finsterwelt und Tag, / zwischen Angst und heller Freiheit / leben wir, leben wir.
2. Zwischen sinnlos Leid und Freude, / zwischen Schmerz und warmem Trost, / zwischen Flut und Regenbogen / leben wir, leben wir.
3. Zwischen Schuldlast und Vergebung, / zwischen Not und helfend Heil, / zwischen Blutgewalt und Frieden / leben wir, leben wir.
4. Zwischen Trostlosnacht und Hoffnung, / zwischen Widersinn und Sinn, / zwischen Kreuz und Auferstehung / leben wir, leben wir.

T.: Kurt Rose; M.: Wolfgang Teichmann; in: Kurt Rose, Fröhlicher Vogel Hoffnung. Lieder und Gedichte, Seite 85

Vorschlag zur Predigt

Möglicher Anfang
»Morning has broken like the first morning.« Der Morgen ist angebrochen wie der erste Morgen der Welt. Ein Schlager in den 70igern war das, von Cat Stevens gesungen. Ich habe ihn als junger Erwachsener mal mit Kraft, mal mit romantischem Gefühl mitgesungen, wenn er im Radio erklang. Später war ich überrascht, als ich ihn im überarbeiteten Evangelischen Gesangbuch wiederfand. »Morgenlicht leuchtet hell wie am Anfang.« Jeder Morgen hat etwas von der Qualität des ersten Morgens der Welt. Etwas kann neu beginnen. Der neue Tag bringt mir neue Möglichkeiten der Gestaltung.
Der Morgen ist dafür ein sichtbares Zeichen. Darum liebe ich persönlich die frühe Morgenstunde. Ich weiß, auch der Abend hat seinen eigenen Reiz, und morgens fällt es vielen schwer, aufzustehen und herauszukommen. Aber wenn man erst mal draußen ist, tut sich einem eine große Welt auf. Deshalb liebe ich die Sonnenaufgänge, gleich wo immer ich auch auf dem Kontinent bin. Da ist es rundherum noch halbdunkel, nur im Osten schimmert der Himmel heller. Ich sehe die Sonne noch nicht, aber ihr Widerschein leuchtet schon. Es ist wie ein Gesetz, auf das ich mich verlassen kann. Sie wird aufgehen. Wenn ich dann sehen kann, wie sie als warmer roter Ball am Horizont erscheint, ist das ein besonderes Glück. Die Sonne geht selbst dann auf, wenn sie ihr Gesicht hinter einem Wolkenschleier verborgen hält. Ihr Licht spendet sie auf jeden Fall. Aber wenn sie das Licht auf die Berge oder auf ein Haus wirft, erscheint mir meine Welt wie verwandelt. Auf einem grauen Haus scheint ein warmes Rot, ein grauer Berg leuchtet weiß oder grün. Meine Welt erscheint für mich wie neu geschaffen. Ich schwärme oft von diesen Bildern. »Du bist wohl ein Morgenmensch«, sagen manche zu mir. Wie sehr ich von dieser Morgenerfahrung lebe, habe ich gespürt, als ich vor Jahren die Krise meines Lebens hatte. Der Blick am Morgen aus dem Fenster hat mich tief betrübt, weil ich nicht mehr weiter

wußte. Die Erinnerung an die belebenden Morgeneindrücke hat meine Traurigkeit noch verstärkt.
Mit dem guten Bild des Morgens, mit den spannenden Gefühlen am Beginn des Tages arbeitet der Dichter des Klageliedes. Aber er fängt nicht damit an, es ist das Ziel seines Trost-Liedes. Er schreibt sein Lied für Menschen, die Unbegreifliches erfahren haben, denen der Boden unter den Füßen weggerissen ist.
Eine Grunderfahrung, wenn plötzlich alles anders ist und nichts mehr geht. Mit dem Bild des Morgens arbeitet der Dichter, aber er fängt nicht damit an. Täte er es, ich fände es unmöglich und wenig überzeugend. Aber er hat Einblick in das Herz eines Menschen und folgt nun mit seinem Text dem Weg der Seele und des Verstandes eines Menschen, dem Böses widerfahren ist.

Zum weiteren Verlauf
(Ich stelle mir die Situation einer kleinen oder großen Katastrophe vor Augen, die mir nahe ist, die ich gesehen habe, folge dem Geschehen, beschreibe strukturell im Sinne des Klageliedes, was geschieht. Ich gehe meditierend den Weg der Betroffenen. Im Hinterkopf habe ich dabei das Erleben der Katastrophe, die über die Familie kam, als das Kind Leukämie bekam.)
So fängt es immer an.
Es ist passiert und erst einmal sagt man gar nichts. Stumm ist man. Schweigen wäre ja noch sehr aktiv, aber nichts geht mehr. Du bist stumm.
Wehe, es kommt jemand und will das klein reden. Wehe, es kommt jemand und hat fromme Sprüche drauf, das sind die Schlimmsten. Weh dem, der immerzu fragt, wie's denn gehe. Gelitten ist nur der, der sich still dazusetzt.
Ein Mensch ist durch das Ereignis überfordert, die Seele ist verletzt.
Ihr ist etwas angetan, ein Unrecht. Sie möchte beschützt werden. Dennoch ist Aktivität nötig, die Dinge des Alltags gehen weiter. Mit dem Schmerz und den Anforderungen wächst die Energie. Da will etwas raus. Schimpfen ist das Beste. Der Klagelieder-Sänger tut das: »Gott hat mir seine Pfeile in die Nieren geschossen.« Warum hast Du, Gott, mir das angetan? Was hast Du Dir dabei eigentlich gedacht?
Es gab Zeiten in der Kirche, da hat man die Kraft der Klage verschüttet. Es galt als Sünde, vor Gott zu klagen und zu schimpfen. »Gib dich zufrieden und sei stille«, war das Motto in der Not. Saft- und kraftlose Menschen hat diese Haltung in der Kirche erzeugt.
Noch viel mehr: Unterdrückte Klage ist gefährlich.
Heinrich von Kleist erzählt von ihren Folgen in seiner Novelle »Das Erdbeben in Chili«. Da wird die Stadt St. Jago in Chili von einem schweren Erdbeben betroffen. Die Überlebenden suchen sich nach dem ersten Schock wieder in den Trümmern zurecht zu finden. Sie sind solidarisch in ihrem Leid, aber auch ratlos, warum ihnen das geschehen ist. Und sehr bald

haben sie die Erklärung: Der Bischof liefert sie in der Predigt des großen Dankgottesdienstes in der halb zerstörten Kathedrale. Grund der Katastrophe ist die Beziehung zwischen dem Hauslehrer Jeronimo und Josepha, der Tochter des Don Asteron. Der Vater hatte dieses nicht standesgemäße Verhältnis zu unterbinden versucht, indem er seine Tochter ins Kloster schickte. Doch die beiden treffen sich wieder, und am Tage der Feiern der Unbefleckten Empfängnis der Jungfrau Maria bricht Josepha auf den Stufen der Kathedrale zusammen. Sie ist schwanger. Jeronimo kommt ins Gefängnis. Josepha soll wegen dieser Tat hingerichtet werden. Eben im Augenblick der Hinrichtung bricht das Erdbeben aus. Gott straft die Unmoral des Paares mit dem Erdbeben für die ganze Stadt, so der Erzbischof. Und dann entsteht ein Inferno, an dessen Ende die beiden Liebenden umkommen.

Erfahrenes Leid sucht eine Erklärung außerhalb seiner selbst. Die Liebe wird dabei geopfert, so Kleist. Hätten alle solidarisch geklagt, hätte man gemeinsam eine Zukunft gehabt.

Der Dichter des Klageliedes kann schimpfen und klagen.

Klage mit einem Schuß Aggression. »Wenn ich auch schreie, so stopft Gott sich doch die Ohren zu.«

Wir können das lernen von der Gebets-Tradition des Alten Testaments und von der Liturgie der jüdischen Gemeinden in unseren Städten um uns herum. Aller Schmerz, alles Unverständnis, alles Betteln wird in die Stimme gelegt und zur Sprache gebracht.

Erst wenn die Seele beginnt, wieder frei zu werden, haben die vertrauten Bilder der Vergangenheit Raum. Das Bild des Morgens zum Beispiel.

Wie durch ein Gesetz kommt nach der Nacht der Morgen. Niemand hält ihn auf.

Jakob steht nach dem Kampf in der Nacht wieder auf ins Leben, wenn auch leicht lädiert. Und die Ostergeschichte qualifiziert den Morgen als Ort der Auferstehungserfahrung.

Ich denke, daß solche Bilder in uns ruhen, solche inneren Bilder, die abrufbar sind.

Aber der Dichter des Klageliedes überspringt keine Stufe.

Die Auferstehung, der Morgen neuer Schöpfung, der das Alte zurückläßt, stellt sich nicht gleich ein.

Die Schuldfrage ist noch nicht geklärt. Sollte das Unglück mit meinen Taten zu tun haben? Jesus würde einen Zusammenhang ablehnen.

Ihm wird diese Frage einmal gestellt, als sie den Gelähmten durchs Dach lassen. Ist er so schwer krank, weil er oder weil seine Eltern gesündigt haben? Niemand von ihnen, sagt er, sondern Gott soll an ihm verherrlicht werden, indem ich ihn heile. Toll, daß er das so klar sagt. Aber die Psychologie bestätigt unsere Seelenerfahrung, daß wir latent immer mit unserer Schuld beschäftigt sind und in der Not bald fragen: Was habe ich falsch gemacht? Der Dichter des Klageliedes läßt diesen Schritt nicht aus. Um so

tiefer wird noch einmal seine Klage. »Wir haben gesündigt, und Du hast uns ohne Erbarmen getötet.«
Am Ende, als alles gesagt ist, hat der Beter sich Gott so sehr genähert, daß er mit ihm solidarisch fühlen kann und sich mit Gott in den Kampf gegen alle Feinde Gottes stürzen kann. (Übrigens, nicht ganz unproblematisch zu sehen!)

Mögliches Ende
Aber der Schlüssel auf seinem Weg, die Tür ins Leben nach den schrecklichen Erfahrungen wieder aufzuschließen, ist das Bild des Morgens. »Die Güte des Herrn ist's, daß wir nicht gar aus sind. Sie ist alle Morgen neu.« Das Bild des Morgens ruht als inneres Bild in unserer Seele. Die Sehnsucht nach Beginn und Anfang, nach erwachendem Leben. Die Sehnsucht nach Zukunft. Unsere Sprache bringt das in seinem Gebrauch des Wortes »morgen« zum Ausdruck. Es bezeichnet den Beginn des Tages, die Gegenwart, aber auch die nächsten Tage, morgen, übermorgen, die Zukunft.
Jeder Morgen, den ich bewußt früh aufstehe, ist mit seinem herabsinkenden Morgentau und seiner aufgehenden Sonne eine Predigt der Botschaft des Klageliedes. Selbst die Vögel haben sie verstanden. Wie oft habe ich beobachtet, daß sie singen, wenn die Sonne am Horizont leicht zu schimmern beginnt, aber noch nicht augegangen ist. Wenn der Morgen da ist, ist es für sie genug, und sie fangen an zu arbeiten und zu leben. Sie schaffen Leben neu wie Gott am ersten Morgen der Welt.

Kontexte

Tenebrae

Nah sind wir, Herr.
Nahe und greifbar.
Gegriffen schon, Herr,
ineinander verkrallt als wär
der Leib eines jeden von uns
dein Leib, Herr.
Bete, Herr,
bete zu uns,
wir sind nah.
Windschief gingen wir hin,
gingen wir hin, uns zu bücken
nach Mulde und Maar.
Zur Tränke gingen wir, Herr.
Es war Blut, es war,
was du vergossen, Herr.
Es glänzte.
Es warf uns dein Bild in die Augen, Herr.

Augen und Mund stehn so offen und leer, Herr.
Wir haben getrunken, Herr.
Das Blut und das Bild, das im Blut war, Herr.
Bete, Herr,
Wir sind nah.
aus: Paul Celan, Sprachgitter, © 1959 S. Fischer Verlag, Frankfurt a. Main

Klage

Schlaf und Tod, die düstern Adler
Umrauschen nachtlang dieses Haupt;
Des Menschen goldnes Bildnis
Verschlänge die eisige Woge der Ewigkeit.
An schaurigen Riffen
Zerschellt der purpurne Leib
Und es klagt die dunkle Stimme
Über dem Meer.
Schwester stürmischer Schwermut
Sieh ein ängstlicher Kahn versinkt
Unter Sternen,
Dem schweigenden Antlitz der Nacht.
Georg Trakl

»Als mein Vater starb, bin ich sechzehn Jahr alt. Nachdem er gestorben ist, fühle ich keinen Schmerz mehr. Ich fühle überhaupt nichts mehr: In mir ist jemand gestorben, und dieser jemand bin ich. Ich habe nicht geweint. Mein Körper war ein einziges Schluchzen, doch ich hatte keine Tränen mehr. Ich habe mich aus meinem Leben zurückgezogen, und Tote weinen nicht. Es war nicht üblich, daß im Lager jemand weinte, als fürchtete man, nie mehr aufhören zu können. Freiheit würde für uns zuallererst bedeuten, weinen zu können.«
(Elie Wiesel, Alle Flüsse fließen ins Meer)

»Die Nacht hoffe aufs Licht, doch es komme nicht, und sie sehe nicht die Wimpern der Morgenröte. Warum bin ich nicht gestorben bei meiner Geburt? Warum bin ich nicht umgekommen, als ich aus dem Mutterleib kam?«
(Hiob 3,9+11)

17. Sonntag nach Trinitatis

Annäherungen an den Predigttext
Markus 9,17-27

Reiner Jansen

Wir beginnen mit dem Anfang der Perikope V. 14.
Eine Geschichte, die sehr vielschichtig ist. Das Gespräch und die Handlung verlaufen auf mehreren Ebenen. Wir tasten uns langsam heran.
Zunächst sieht man eine große Menschenmenge. Zwei Gruppen diskutieren miteinander: die Jünger und die Schriftgelehrten. Unklar ist, worüber sie streiten. Hängt ihr Streitgespräch schon mit dem Mann und seinem besessenen Sohn zusammen? Sind darunter vielleicht Menschen, welche die Krankheit des Sohnes als Strafe für den Vater oder seinen Sohn betrachten? Oder geht es um ein ganz anderes Thema?
Daß die Menschenmenge erschrickt, als Jesus erscheint, überrascht uns. Haben die Menschen Schuldgefühle, ein schlechtes Gewissen (warum?)? Kommen sie sich als Versager vor? Oder wie ist dieses Erschrecken (Luther: sie entsetzten sich) sonst zu deuten? – Der Vater kommt mit seinem Anliegen zu Jesus: »Ich habe meinen Sohn zu dir gebracht.« – Er sieht offenbar Jesus und seine Jünger als Einheit. Und nach der Enttäuschung mit den Jüngern zweifelt er, ob hier Hilfe überhaupt (noch) möglich ist: »Doch wenn du etwas vermagst, so hilf uns ...«
Jesus hilft freilich nicht ganz so schnell, wie die Menge bzw. der Vater es vielleicht erwartet hätten. Zwischen der Bitte und der Dämonen-Austreibung liegen noch verschiedene Interaktionen, die das Ganze verzögern.
1. Da ist der Überdruß Jesu, der nur zu deutlich ausgesprochen wird: »O du ungläubiges Geschlecht ...« Jesus ist vom Gipfel der Verklärung in die Niederungen und Tiefen menschlicher Not zurückgekehrt. Wie manche Propheten klagt er über die glaubenslose Generation. Das Leiden des deprimierten, vielleicht auch resignierten Volkes geht nicht spurlos an ihm vorüber. Was heißt das für unser Bild von Jesus?
2. Wie wenn er es Jesus nicht zu einfach machen wollte, demonstriert der Dämon nun seine Macht. Ein epileptischer Anfall. Jesus greift nicht sofort ein, sondern sucht zuerst das Gespräch mit dem Vater. Was will er erreichen? Was muß noch geschehen, daß Hilfe möglich wird? Will Jesus provozieren, daß der Prozeß des Glaubens beim Vater in Gang kommt nach dessen herber Enttäuschung durch die Jünger?

3. »Alles ist möglich dem, der glaubt.« - Wie leicht kann dieser Satz - aus dem Zusammenhang gerissen - zur Ideologie werden oder zum Dogma! Menschen, die schwer krank sind, müßten einfach mehr glauben, dann würden sie schon wieder gesund. Was machen wir, wenn uns solche Glaubenssätze um die Ohren geschlagen werden? Und könnte bzw. müßte eine Predigt nicht aufzeigen, wo die Grenzen solcher Glaubens-Weisheit liegen?
4. »Ich glaube, hilf meinem Unglauben.« - Hier spricht der Vater gleichsam stellvertretend für die Gemeinde und für uns: Christsein zwischen Ohnmacht und Hoffnung, Anfechtung und Vertrauen.
5. Der Knabe redet nicht. Er ist total passiv, besessen, beherrscht; er agiert nur aus, was eine andere Macht mit ihm macht. Der Vater spricht von einem »stummen« Geist; Jesus spricht ihn als »stummen und tauben Geist« an. Wenn der Geist ihn beherrscht, dann ist der Knabe sprachlos und unansprechbar (taub). Es kommt zu einem Machtkampf zwischen Jesus und dem Dämon. Der Knabe wird starr und gerät in die Nähe des Todes. Wenn Jesus ihn aufrichtet und er aufsteht, ist das auch eine Art von Auferstehung. Beim Abstieg vom Berg der Verklärung hatten die Jünger noch darüber gestritten, was das bedeute: von den Toten auferstehen. (V. 10)
6. Der besessene Knabe steht für Menschen, die nur noch getrieben werden, die nur noch gelebt werden, weil sie im Augenblick nicht die Kraft finden, selber zu leben. Der Glaube gibt Kraft, aus der Erstarrung aufzustehen. Während wir diese Botschaft im übertragenen Sinne nachvollziehen können, fragen wir uns: Was ist, wenn Menschen heute diesen Aufruf zum Glauben ganz wörtlich nehmen und sich bei Epileptikern (oder Geisteskranken) als Exorzisten versuchen? Tun sie das gleiche, was Jesus tat? Und wenn nein, wo liegt der Unterschied?
(Zusammenfassung eines Gespräches in der Gruppe zur Vorbereitung von Gottesdiensten in Frankendorf-Füllinsdorf, Schweiz)

Zum Gottesdienst

Helmut Marschall

Exegetisch-homiletische Skizze

Welch eine unmittelbare Nähe zweier so ausgeprägt verschiedener Geschehnisse! Soeben noch war Jesus auf dem »Gipfel der Verklärung« - ein an Einmaligkeit kaum zu überbietendes Ereignis. Eindeutig tritt die Göttlichkeit Jesu hervor, deutlich erkennen die Jesus begleitenden Jünger, wen sie vor sich haben: Jesus ist der Sohn Gottes, auf den sie hören sollen.

Wenig später dann die »Niederungen und Tiefen menschlicher Not« (s. o. »Annäherungen«) mit all den Möglichkeiten, die die Begegnungen zwischen Jesus und den Menschen bieten können: Unerfüllte Wünsche, Belehrung, Unglaube, Glaube, Wunder, Krankheit, Tod und Leben. Die Einmaligkeit der göttlichen Verklärung ist vorüber, die Vielschichtigkeit der Geschichte des Menschensohnes Jesus unter Menschen greift nach ihm und nach uns.

Es ist exegetisch belegt, daß Markus für diesen starken Kontrast nicht historisch, sondern theologisch gedacht und geschrieben hat. Vermutlich hat er aus einzelnen ihm vorliegenden Erzählungen die dichte uns vorliegende Perikope komponiert. Die Auseinandersetzung mit den Jüngern und die Belehrung des Vaters des kranken Jungen stehen in bewußt engem Zusammenhang mit der ehemals selbständigen Erzählung des Heilungswunders.

Als Grund für die redaktionelle Zusammenstellung der Geschichte in der jetzigen Form ist eine Verunsicherung der nachösterlichen Gemeinde im Blick auf die Macht des Glaubens anzunehmen. In der ausführlich dargestellten Behandlung dieses Themas durch Jesus selbst gegenüber dem Volk, den Jüngern und dem Vater wird deutlich, daß die Frage nach dem Glauben zur Zeit der schriftlichen Niederlegung eng verbunden war mit der Erfahrung, daß sich in der Gemeinde Wunder nicht mehr ereignen wollten.

Die grundsätzliche Frage also lautet: Haben die Jünger, die Jesus Christus Nachfolgenden, die Vollmacht, Wunder wie Jesus vollbringen?

Aus dieser Frage ergeben sich Möglichkeiten, noch weiter zu fragen: Ist der Glaube wirklich eine Kraft, die zu Wundern führt? Jesus konnte Wunder tun; warum können wir es nicht? Ist unser Glaube nicht ausreichend? Kann es sein, daß den Jüngern keine Wunder gelingen, weil sie nicht in der richtigen Form beten oder fasten, wie der nicht der Perikope zugerechnete Vers 29 den Schluß zuläßt?

Mit diesen Fragen entsteht der enge Bezug zur Gegenwart. Wie die Christen in den Gemeinden der frühesten Christenheit machen auch die Christen der Gegenwart die Erfahrung, die in Vers 18 mit den schlichten Worten »und sie konnten's nicht« beschrieben wird: Die Kraft Jesu ist auf seine Jünger nicht generell übergegangen. Es gilt, diese Erfahrung des »nicht können« zu bedenken, die trotz allen Glaubens gegenwärtig ist.

Daher scheint mir der Hinweis aus den »Annäherungen« an dieser Stelle sehr wertvoll, den Satz »Alle Dinge sind möglich dem, der da glaubt« besonders in den Blick zu nehmen. Er birgt für mich ebenfalls die Gefahr, die die »Annäherungen« schon beschreiben: Wer nicht stark genug sei im Glauben, könne auch keine Wunder erwarten. »Du mußt nur ernsthaft beten und glauben, dann geschieht auch etwas«, bekam ich als Jugendlicher in einem Gemeindekreis zur Antwort, als ich leise Zweifel daran zu äußern wagte, daß Gebete um ein Wunder immer in Erfüllung gehen. »Und

wenn doch nicht?« – »Dann betest du nicht richtig und bist nicht gläubig genug.« Diese unseelsorgerliche Antwort hat mich damals für lange Jahre aus dem Gemeindeleben vertrieben.
Eine seelsorgerliche Predigt muß die durch den Predigttext ausgelösten Fragen im Blick haben. Keine Wunder vollbringen zu können darf nicht das Gefühl der Ohnmacht im Glauben auslösen. Die Gemeinde ist vielmehr zu ermutigen, dem eigenen Glauben durchaus zuzutrauen, etwas Wunderbares zu bewirken. Die Frage muß nur lauten: Was erkenne ich als Wunder an? Wie hoch lege ich die Meßlatte für das, was ein Wunder ist?
Es gehört nun einmal auch zu den »Niederungen und Tiefen menschlicher Not«, nicht wie Jesus selbst helfend eingreifen zu können. Der Mensch ist nicht Gott gleich und ist nicht mit der Kraft ausgestattet, die an Jesus sichtbar wurde. Doch der Glaube an Gottes Beistand und Gottes Hilfe steht dem Menschen zur Verfügung – in jeder Situation des Lebens. Gott um seine Hilfe und seinen Beistand zu bitten, um gegen die »Niederungen und Tiefen menschlicher Not« die Kraft des Gebetes und die Macht der Tat einzusetzen – schon das kann in einer hoffnungslos scheinenden Situation Wunder bewirken.
In den handelnden Personen der Perikope sind alle angesprochenen Fragen und Zweifel wiederzufinden, auf die die Geschichte eingeht. Die Jünger sind Stellvertreter derjenigen, die eingestehen müssen, daß ihre Kraft nicht ausreicht, um sofort die Not des Kranken zu beheben. Der Vater steht für alle, die ihre Hoffnung auf die Menschen setzen, die Jesus nachfolgen und enttäuscht werden; sein Glaube macht ihn letztlich bereit, dann selbst zu Jesus zu sprechen und seine Hilfe zu erbitten. Schließlich sehe ich den Kranken, der nicht spricht, vielleicht nicht sprechen kann, der aber von der Hoffnung seines Vaters ebenso getragen wird, wie von den Jüngern, die zwar nicht helfen können, sich jedoch nicht wortlos entfernen, sondern für ihn sprechen und für ihn handeln. Nicht zuletzt ist der Blick auf den Sohn Gottes zu richten, der in einer »Niederung menschlicher Not« sich den Menschen zuwendet und sie nicht allein läßt. Gewiß, er ist unzufrieden mit seinen Jüngern – aber er bleibt der die Menschen liebende Sohn Gottes, der den Glaubenden beisteht.
In der Predigt sollten sie alle in den Blickpunkt kommen, – so, wie sie als Gottesdienstgemeinde an einem schlichten Sonntagmorgen in der Kirche sitzen: In ihrer Hilflosigkeit und ihrem Versagen, in ihrem Glauben und Gottvertrauen, mit ihren Krankheiten und Nöten, mit ihren Erfahrungen von wunderbarer Hilfe und wunderbarem Beistand, mit den Erfahrungen von Erfolgen und Bestätigungen – in ihrem »Christ-sein zwischen Ohnmacht und Hoffnung, Anfechtung und Vertrauen« (Annäherungen). Nehme ich nun noch die Worte Mt 18, Vers 20 Jesu ernst »Wo zwei oder drei in meinem Namen versammelt sind, da bin ich mitten unter ihnen«, dann darf ich glauben, daß letztlich er selbst unter all diesen Menschen auch zugegen sein wird.

Vorschläge zur Liturgie

Das Thema des 17. Sonntag nach Trinitatis sei entweder »Partnerschaft und Ökumene« oder »Der Glaube kommt aus dem Wort« sagt die Perikopenordnung. Der vorliegende Entwurf nimmt beide Themen nicht ausdrücklich auf, sondern betont den seelsorgerlichen und diakonischen Aspekt der Perikope. Der Zusammenhang zwischen Glauben, Hoffnung und Tat soll auch in den liturgischen Elementen zum Tragen kommen.

Eingangswort
Im Namen Gottes, des Vaters und des Sohnes und des Heiligen Geistes, Amen. Unser Glaube ist der Sieg, der die Welt überwunden hat (Wochenspruch, 1. Joh 5,4 c) heißt es im 1. Johannesbrief. Vom Glauben wird heute in allen Liedern und Texten des Gottesdienstes die Rede sein – und davon, daß der Glaube uns Menschen die Kraft gibt, Wunderbares zu bewirken. Wie Jesus Wunder vollbrachte, hören wir im Evangelium des Sonntags und im Predigttext. Daß jedes Wunder in enger Beziehung zum Glauben an das Wort Gottes steht, unterstreicht der Apostel Paulus in der Epistel an die Christinnen und Christen in Rom. Wie es schließlich mit unserer eigenen Kraft und Fähigkeit bestellt ist, als Gemeinschaft der Glaubenden Wunderbares in der Welt zu bewirken, ist Thema der Predigt.

Anstelle des für den Sonntag vorgesehenen *Psalm* 25 sei Psalm 30,2 a.3.5-6.12–13 (= EG 715) vorgeschlagen.

Eingangsgebet
Gott in Ewigkeit, du allein bist unsere Hilfe und unser Heil. Darum kommen wir zu dir und bitten dich: Laß uns nicht fallen in unserem Leben. Laß uns mit der Hilfe deiner Kraft unseren Glauben bewahren, damit wir Hoffnung finden in den schweren Stunden unseres Lebens«
(nach: Gottesdienstbuch, Hrsg.: C. Zippert, 1990, Seite 124)

Alternativ ein *Gebet* nach der Erneuerten Agende, Seite 295, Nr. 185: »Gott der Gnade, du läßt deine Kinder in Kreuz und Leid deine Hilfe erfahren. Gib uns in deiner Barmherzigkeit, daß wir dir die Treue halten und durch dein Wort getröstet werden und Heilung finden in Zeiten der Not. Darum bitten wir dich durch Jesus Christus, deinen Sohn, der mit dir und dem Heiligen Geist in Ewigkeit lebt und regiert.«

Von Joachim Schnell, Werkstatt für Liturgie und Praxis, Heft 8/1995, Seite 318, stammt das folgende *Fürbittengebet,* das gut um aktuelle Gebetsanliegen erweitert werden kann: »Dein Wort heilt Leib und Seele und öffnet unseren Blick für neues Leben. Dafür danken wir dir. Im Namen Jesu bitten wir dich: Löse alles Erstarrte. Gib Mut den Verzagten, Hoffnung den Niedergeschlagenen. Schenke Glauben allen, die sich nach Glauben sehnen.

Unseren Mitmenschen, die krank sind und im Sterben liegen, laß leuchten das Licht deiner Gnade, das neues Leben verheißt.« So bitten wir dich in diesem Gottesdienst ...«

Ausgangswort nach Otto Hausecker in: Themenheft: Beten, Landesjugendpfarramt der Ev.-luth. Landeskirche Hannover, Seite 235: »Gott gebe euch Augen, die erkennen, was andere bewegt. Gott befähige eure Hände aufzugreifen, was anderen guttut. Er begleite eure Füße auf Wegen, die ihr mit anderen geht durch ihre Tiefen und Höhen. Gottes Geist wirke in euch – und durch euch, daß Glaube, Liebe und Hoffnung neu wachsen und ihr Frucht bringt, die bleibt. So geht hin im Frieden Gottes.«

Lieder
Wochenlied EG 346, Such, wer da will, ein ander Ziel; EG 72, O Jesu Christe, wahres Licht; EG 326, Sei Lob und Ehr dem höchsten Gut, besonders Vers 1+4; EG 343, Ich ruf zu dir, Herr Jesu Christ; EG 351, Ist Gott für mich, so trete gleich alles wider mich; EG 383, Herr, du hast mich angerührt.

Vorschlag zur Predigt

Möglicher Anfang
Oberflächlich gesehen könnte man sagen: Die Geschichte, die wir soeben aus dem Evangelium nach Markus gehört haben, dreht sich um Jesus und die Heilung eines sehr kranken Jungen. Darum vermutlich lautet in der Lutherbibel die Überschrift der Geschichte: »Die Heilung eines fallsüchtigen Knaben«. Das hat auch sein Recht, denn das Wunder, das Jesus an dem kranken Jungen vollbringt, wird vermutlich am ehesten in Erinnerung bleiben, wenn man die Geschichte unvorbereitet und unvoreingenommen hört.
Ein zweiter Blick auf die Begebenheit aber zeigt ein deutlich belebteres Bild. Ein zweiter Blick auf die Begebenheit zeigt, daß es um mehr geht, als nur um eine Begegnung zwischen Jesus und einem kranken Jungen und dessen Heilung. Es geht um eine Kette von Begegnungen und deren Auswirkungen auf alle beteiligten Menschen.
Da wird erzählt von einem Vater und seinem kranken Sohn. Es wird erzählt von den Jüngern. Es wird erzählt vom Volk, von einer Menschemenge, bis schließlich Jesus selbst in den Mittelpunkt rückt. Alle haben sie ihre Rolle in der Geschichte, alle haben sie ihr ganz eigenes Anliegen, und alle machen sie ihre eigenen Erfahrungen.
Weil das aber so ist, will ich der Geschichte eine andere Überschrift geben, als sie in meiner Bibel nachzulesen ist. Weil das so ist, beschreibt mir die Überschrift »Die Heilung eines besessenen Knaben« schlicht zu wenig. Ich

überschreibe sie neu, überschreibe sie mit meinen Worten »Die Heilung eines Kranken, die Heilung eines Vaters, die Heilung der Jünger und des Volkes durch Jesus Christus«. Und nun will ich sagen warum.

Zum weiteren Verlauf

Zuerst kommen die Jünger in den Blick. Sie sind mit Jesus gesehen worden, gehören zu dem ihn unmittelbar umgebenden Kreis, sprechen für ihn. Daher dürfen sie sich nicht wundern, wenn Menschen mit ihren Anfragen an sie herantreten. Von ihnen, die Jesus doch so nahe stehen und so viel von ihm wissen, werden Wunder erwartet. Sie müßten doch Dinge vollbringen können, die den Menschen gemeinhin verwehrt sind - wozu halten sie sich denn so nahe zu Jesus?

Gemeindeglieder, die ehrenamtlich oder nebenamtlich eng mit der Kirchengemeinde verbunden sind, kennen diese Sicht der Dinge sowohl als zumeist freundlichen Spott, als auch als sehr ernsthafte Anfrage an ihre Person und ihr Handeln. Von denen, die ihre christliche Einstellung und ihren Glauben offen aussprechen und ihre biblisch-christliche Überzeugung in ethisch-moralischen oder gesellschaftspolitischen Fragen nicht verheimlichen, wird in ihren Alltagsbeziehungen nicht selten eine Stellungnahme erwartet. Da begegnet die Kirchenvorsteherin, die hier dem Kirchenvorstand und dort dem Festausschuß des Schützenvereins angehört, der fröhlichen Aufforderung, während des Schützenfestes für gutes Wetter zu sorgen, weil sie doch einen »so guten Draht nach oben« hat. Vor allem aber in ernst gemeinten Zusammenhängen, in denen Menschen ein glaubwürdiges und hilfreiches Handeln von Mitarbeiterinnen und Mitarbeitern der Kirche erwarten, gehört die Frage nach einer Stellungnahme zum Alltag. Im dörflichen Bereich erleben wir häufig ernsthafte Anfragen an die der Kirche offen zugewandten Gemeindeglieder, die Leben und Tod, Heil und Unheil im persönlichen Bereich betreffen. Meist erreicht eine ehrenamtliche Mitarbeiterin oder einen ehrenamtlichen Mitarbeiter eine existentielle Frage viel früher, als jene die zuständigen Hauptamtlichen erreicht. Wie gut, wenn, wie einst die Jünger, die betreffenden Mitarbeiter/innen nicht ausweichen, sondern standhalten, die Anfrage ernst nehmen und sich um eine Antwort bemühen. Dabei ist es natürlich hilfreich, wenn die Befragten den Mut haben, beim Erkennen der eigenen Grenzen an diejenigen weiter zu verweisen, die helfen könnten - wie einst die Jünger den Vater des kranken Jungen an Jesus verwiesen. Schließlich ist die Kirche keine Gemeinschaft, in der jede/r alles kann; aber es gibt immer jemanden, der bei den vielfältigen Gaben, die in ihr vorhanden sind, genau die Hand reichen kann oder die Worte findet, deren Kraft ausreicht, um zu helfen. Wie heilsam ist es, nicht alles können zu müssen und nicht für alles verantwortlich zu sein - und dennoch wunderbar helfen zu können.

Der Vater wiederum ist derjenige, der seine Anfrage vorbringt und sich dafür die Menschen aussucht, die er um Jesus herum reden hört und han-

deln sieht. Ihnen traut er zu, sich seines Leidens anzunehmen. Es bleibt offen, ob er sich vorher schon an andere gewandt hat, um Hilfe zu finden. Vielleicht sind ja die Menschen um Jesus mit ihrem Gottvertrauen für ihn die letzte Instanz nach vielen schon vergeblichen Anfragen. Entscheidend ist bei solchen Überlegungen, welches Gewicht man in der Predigt dem Ausruf »Hilf meinem Unglauben« (V. 24) zumessen möchte.
Im Gemeindealltag ist es jedenfalls keine Ausnahme, daß Menschen »zur Kirche« kommen, nachdem sie an anderen Stellen bei ihrer Suche nach Rat und Hilfe enttäuscht worden oder an Grenzen gestoßen sind. In den Arbeitszweigen der Diakonie (Schuldnerberatung, Suchtberatung) begegnet uns diese Erfahrung sehr ernsthaft, aber doch noch undramatischer als in der Begleitung von in seelische oder körperliche Not geratenen Menschen. Man kann lange darüber nachsinnen, ob der Glaube die Menschen auf die Kirche zuführt, oder ob durch die Erfahrung von Hilfe und Zuspruch erst Glaube geweckt wird. Maßgeblich ist, daß die von Gott gegründete Kirche mit den in ihr wirkenden Menschen wie einst für den Vater des Jungen bis heute ein Ort ist, an dem man die Erwartung von Hilfe in Wort und Tat knüpft.
Wenn dann gar Hilfe gelingt, ist in der Regel mit Dank zu rechnen. Bedauerlicherweise erfahren wir nicht, wie der Vater des geheilten Jungen reagiert, doch ist anzunehmen, daß nach der Heilung des Jungen auch der Vater von einer großen Sorge und Last befreit und geheilt war.
Der Sohn selbst äußert sich nicht. Stumm läßt er das Geschehen über sich ergehen. Seine Verschlossenheit und die Darstellung des Vaters erinnern mich nicht nur an einen »fallsüchtigen Knaben«, sondern auch an traurige Eltern-Kind-Konflikte. Nicht über »Epilepsie« wäre dann nachzusinnen, sondern über die Ratlosigkeit eines Vaters über sein Kind, dem er helfen will, aber nicht helfen kann. »Mein Sohn ist mir entglitten. Er erpreßt andere Kinder in der Schule, er schlägt sich, er hat gestohlen. Aber ich komme an ihn nicht mehr heran. Er spricht gar nicht mehr mit mir«, klagte eine Mutter. Die Lehrerin bestätigt die Sprachlosigkeit der Situation.
Ich lese aus der Perikope durchaus den diakonischen Auftrag an die Gemeinde, Kindern und ihren Eltern beizustehen. Unter der psychischen Belastung durch pädagogische und familiäre Nöte nach Hilfe und Heilung suchende Menschen anzunehmen ist eine ebenso klare Aufgabe einer Kirchengemeinde, wie die Begleitung der körperlich Kranken und Leidenden.
Schließlich sind da die Menschen, die sehr wohl wahrnehmen, was um Jesus und seine Gefolgschaft herum geschieht. Mit Argusaugen sehen sie auf den Konflikt zwischen Jesus und den Jüngern. »Sie streiten sogar laut in der Kirche«, könnten sie denken. »Warten wir doch mal ab, wie es ausgeht.« Eine Uneinigkeit innerhalb einer Kirchengemeinde läßt sich selten verbergen, wird im Dorf in der Regel feinfühlig registriert. Wenn es gar um Glaubensfragen geht und Gemeindeglieder sich entzweien, ist das

Urteil »die sind auch nicht besser« schnell gesprochen. Dann sind Zeichen der Versöhnung zu setzen. Die Kraft zur Versöhnung aber kommt von Gott, der uns hilft, vermittelnd zu handeln. Darauf dürfen wir vertrauen.
Wir dürfen aber auch darauf vertrauen, daß »das Volk«, »die Menge« eine Kirchengemeinde in unseren Tagen vor allem dann positiv beurteilt, wenn die Worte der Liebe mit den Taten der Liebe so weit wie möglich zusammenwachsen und bestenfalls deckungsgleich werden. Es ist eine sich wiederholende Erfahrung der gegenwärtigen kirchlichen Situation, daß Kirche vor allem dann positiv beurteilt wird, wenn sie für »die Schwachen der Gesellschaft etwas tut«. Dann ist es heilsam für »die Menge«, zu sehen, daß es doch lohnend ist, zu dieser Gemeinschaft zu gehören. Es bleibt für eine Gemeinde unverzichtbar, nach außen ein Bild abzugeben, das sichtbar macht: Hier können Menschen in Not herkommen, hier werden sie aufgenommen, hier finden sie Hilfe und Heilung. Das kann auch eines Tages dir dienen. Bissig kann man sagen: Dann »lohnt es sich« sogar, Kirchensteuer zu zahlen. Dann »bringt es dir was«.
Damit all das Positive aber so sein kann, wie es ist, muß am Ende Jesus selbst in den Blick kommen. Er letztlich ist es, der die Situation im Ganzen übersieht und im Guten auflöst. Er weist die Jünger zurecht und ruft sie zum Glauben, aber er läßt sie nicht in ihrer Not allein. Er hört den Vater an und erfüllt ihm seine Bitte. Er geht auf den Kranken zu und heilt ihn. Er beeindruckt »das Volk« durch seine Worte und seine Tat. Er erweist sich in den »Niederungen und Tiefen menschlicher Not« in der Tat als der Göttliche, als der er sich auf dem »Gipfel der Verklärung« (siehe »Annäherungen«) offenbart hat.

Möglicher Schluß
Eine andere Überschrift, als die Überschrift »Heilung des fallsüchtigen Knaben« hat die Geschichte verdient, habe ich eingangs gesagt. Deswegen, weil sich so viel mehr in der Geschichte ereignet, als nur das Wunder einer Krankenheilung. Sie hat es verdient, weil sie uns durch die handelnden Personen Fingerzeige gibt, wie wir in unserer Zeit eine Wundergeschichte für uns und unsere Mitmenschen fruchtbar machen können.
Natürlich, liebe Gemeinde, es bleibt dabei: Wunder wie einst Jesus sie getan hat, einen kranken Jungen zu heilen, wie Jesus es getan hat, das ist uns so nicht gegeben. Doch auch wir haben unsere Möglichkeiten, Wunder zu vollbringen. Sie sind nicht so spektakulär, doch wir haben die Möglichkeit zum Gebet - allein und mit anderen. Wir haben die Gabe, unsere Hände zu reichen und unsere Kraft einzusetzen für den Mitmenschen - allein und mit anderen. Wir können uns Menschen zuwenden und unseren Glauben und die Kraft, die wir von Christus empfangen, sichtbar machen durch die kleinen Taten der Liebe, wie sie sich um die Geschichte um die Heilung des kranken Jungen herum ranken.

Darum am Ende noch einmal die neue Überschrift: »Die Heilung eines Kranken, die Heilung eines Vaters, die Heilung der Jünger und des Volkes durch Jesus Christus«. Eine neue Überschrift, weil sie letztlich alle ihr Wunder, ihr Heil erfahren. Der Kranke wird geheilt, wird gesund; der Vater findet Hilfe und Glauben; die Jünger erfahren von ihrer durch den Glauben gewachsenen Möglichkeit, zu helfen; die Menschen sehen, was der Glaube an Jesus Christus und Liebe unter Menschen Wunderbares zu vollbringen vermag. Amen.

Kontexte

Viele Menschen fragen, was ist schuld daran?
Warum kommt das Glück nicht zu mir?
Fangen mit dem Leben viel zu wenig an,
dabei steht das Glück schon vor der Tür!
Viele Menschen suchen, jeden Tag auf's neu,
jemand, der sein Herz ihnen gibt,
und wenn sie schon glauben, er kommt nie vorbei,
finden sie den einen, der sie liebt.
Wunder gibt es immer wieder, heute oder morgen können sie gescheh'n,
Wunder gibt es immer wieder, wenn sie dir begegnen, mußt du sie auch seh'n.
Schlagertext (C. Bruhn/G. Loose, United Artists, gesungen von Katja Epstein)

»Was meine Aufgabe im seelsorgerlichen Gespräch ist, weiß ich sehr wohl: zuhören - und nochmals zuhören. Aber meistens stehe ich mir selbst dabei im Wege und rede und rede. Und ich weiß auch, warum ich rede. Ich rede aus Angst. Aus Angst, die Menschen könnten Dinge vor mir ausbreiten, denen ich nicht gewachsen sein könnte. Das ist meine eigentliche Angst: die Angst um ihn. Ihm traue ich nicht genug zu. Darum rede ich. »Ich glaube, lieber Herr, hilf meinem Unglauben!«
Klaus Reblin, Wer aber Gott finden will, Seite 118, Gütersloher Verlagshaus, Gütersloh.

»Das von der Morderne geprägte und durchstimmte Bewußtsein der Menschen ist gegen das Ereignis des Wunders zumindest verengt. Um diese Verengung der existentiellen Aufmerksamkeit des Menschen von heute gleichsam von innen her zu überwinden, muß ihm gezeigt werden, daß der ursprüngliche Ort der Wundererfahrung gar nicht einfach die Erfahrung des Durchbrechens einer »geschlossenen« Naturordnung ist, sondern die Erfahrung der grundsätzlichen und bleibenden offenheit des Menschen für das Singuläre, Unverfügbare, Unerwartete und Überraschende.«
Johann B. Metz, zitiert in: Christsein heute und morgen, Hrsg. Samuel Rotheberg, Konstanz 1981, Seite 260.

Erntedankfest

Annäherungen an den Predigttext Jesaja 58,7-12

Albert Damblon

Einige Mitglieder der Gemeinde versuchen, seit vier Jahren täglich in der Bibel zu lesen. Dabei richten sie sich nach dem Ökumenischen Bibelleseplan. Einmal im Jahr lade ich sie ein, ihre Erfahrungen auszutauschen. Heute abend herrscht Sturm und Regen, deshalb sind nur wenige ins Pfarrheim gekommen. Am Beginn des Gespräches erkläre ich die Aufgabenstellung, die mir Pfarrer Domay gestellt hat. Predigerinnen und Prediger suchen bei Laien Hilfe, um die Bibel möglichst menschennah auszulegen. Aus diesem Grund bitte ich den Kreis, mir seine Meinung zum Predigttext des Erntedankfestes mitzuteilen. Sofort wendet eine Frau ein: Wir Laien legen die Bibel falsch aus. Um die Bibel zu verstehen, brauchen wir den Fachtheologen. Vorsichtig weise ich auf die Lebenserfahrung der Menschen hin, die das wichtigste Auslegungsprinzp für die Bibel sei. Ich dringe mit meiner Meinung nicht durch. Trotzdem lassen sich Teilnehmerinnen und Teilnehmer nach einiger Zeit auf das Bibelgespräch ein.

Also, der Text enthält ein sehr, sehr großes Gottvertrauen, schwärmt eine Frau, er verheißt das Paradies. Nicht einzelne Israeliten sind angesprochen, sondern das ganze Volk, das als Gemeinschaft Hungernde satt machen, Obdachlose aufnehmen und Nackte bekleiden soll. Alle stimmen zu: Es ist richtig, daß alle mitgemeint sind. Eine Frau wird nachdenklich. Ich kann Hungrigen etwas zu essen geben, aber Obdachlose in meine Wohnung aufnehmen, da hört es auf. Sie spricht engagiert auf die anderen ein. Es gibt solche und solche, erwidert eine Teilnehmerin, nicht alle Obdachlosen werden zur Last. Plötzlich taucht eine entscheidende Idee auf. Wiederholen diese Forderungen nicht die Werke der Barmherzigkeit im Neuen Testament? Gibt es Jesu Lehre schon im Alten Testament? Da ich fleißig mitschreibe, antworte ich nicht. Auf jeden Fall berichtet der Text von einer großen Sehnsucht nach Frieden, geht es weiter. Friede, Freude, Eierkuchen, der Kalauer darf nicht fehlen. Einerseits klingt alles zu schön, um wahr zu sein. Andererseits ist das, was gefordert wird, scheinbar nicht zu verwirklichen. Wir Menschen sind und bleiben unvollkommen.

Gott »sagt«: Wenn ihr um Hilfe schreit, hier bin ich. Die Sprechende wiederholt dieses »hier bin ich« mehrmals. Ihr scheint es am Herzen zu liegen.

Gott verspricht seine Gegenwart, er ist allgegenwärtig. Jetzt wird wieder an das Neue Testament erinnert. Was ihr dem geringsten meiner Brüder und Schwestern getan habt, das habt ihr mir getan. Das bin ich gewesen. Die Identifikation Jesu mit den Hungrigen und Obdachlosen überträgt der Kreis auf das Versprechen Gottes, in der Not da zu sein. Einer weist darauf hin, daß es aber im Neuen Testament in einem anderen Zusammenhang steht. Eine andere: Wir denken viel zu lange nach, wir denken auch über die Stelle viel zu lange nach. Sobald ein Obdachloser uns um Unterkunft fragt, überlegen wir, weshalb er wohl keine Wohnung habe. Dabei müsse man nur helfen, Schluß, aus. Nur? Nein, ein Obdachloser kommt nicht in mein Haus. Der rettende Einfall: Es gibt Obdachlosenunterkünfte, die sofort helfen und weitersorgen. Die meisten Teilnehmerinnen und Teilnehmer haben davon gehört, aber sie wissen nicht, wo und wie diese Heime zu finden sind. Wir sitzen doch nicht auf dem Pfarrbüro.
Dann erzählt eine Frau eine böse Geschichte: Sie hat einmal eine obdachlose Ausländerin in ihre Wohnung aufgenommen. Was sich in deren Zimmer alles abgespielt habe, könne sie hier gar nicht wiedergeben. Gott sei dank habe es zum Garten gelegen, so daß ihre Nachbarn das Rotlichtmilieu gar nicht gesehen hätten. Sie war froh, daß nach anderthalb Jahren die Polizei die junge Frau abholte. Sie wurde gesucht. Sofort erzählen andere Gegengeschichten, weil sie positive Erfahrungen mit Obdachlosen gemacht haben. Z.B. An der Essensausgabe für Wohnsitzlose verlangte ein Hungriger einen Besen und verschwand. Nach einiger Zeit schöpfte die Aufsicht Verdacht. Ist er mit unserem Besen abgehauen? Als sie vorne auf der Straße nachschaute, kehrte er den Bürgersteig.
Das Gespräch geht zum Text zurück. Vielleicht müssen wir nicht jede Forderung erfüllen, vielleicht kann sich jeder einen Abschnitt heraussuchen. Dann picke ich mir heraus, wo ich am besten abschneide, heißt es. Vielleicht verbirgt sich hinter dem Text das Gebot der Nächstenliebe. Du sollst deinen Nächsten lieben wie dich selbst. Sofort betont ein Mann: Du mußt aber dich selbst lieben, um dieses Gebot erfüllen zu können. Wenn ihr es schafft, so zu handeln, wie es im Text steht, wird Gott immer dasein, verspricht der Text. Ihr werdet euch besser fühlen, weil ihr es geschafft habt. Eine Frau erzählt von ihrem ehrenamtlichen Krankenhausbesuchsdienst. Sie traf auf eine Patientin, die sie mehrmals unwirsch abblitzen ließ. »Hau ab! Hau ab!« Obwohl sie abgewiesen worden war, ging sie immer wieder auf dieses Krankenzimmer. Vier Wochen hatte sie sich um die Kranke bemüht, nach dieser Zeit ergab sich ein hervorragendes Gespräch. Alles geschah wie bei einer neutestamentlichen Wunderheilung. Uns fallen die Geschichten der Dämonenheilungen ein. Jesus treibt den Ungeist aus dem Besessenen von Gerasa und läßt den Dämon in die Schweineherde fahren. Ausdauer lohnt sich, wenn es darum geht, Menschen zu helfen. Warum helfen wir nicht, wenn wir dazu aufgefordert werden? Hindert uns eine materialistische Weltsicht? Haben wir Angst um unseren Besitz? Wir weisen Obdach-

lose ab, weil wir uns vor Diebstahl fürchten. Unsere Silberleuchter auf der Anrichte sind nicht geschützt, wie schnell kann sie einer mitgehen lassen. Je weniger ein Mensch in seiner Wohnung hat, desto leichter fällt es ihm, Fremde als Gäste aufzunehmen.
Zum Schluß kommt uns ein erlösender Gedanke. Wahrscheinlich ist der Predigttext symbolisch zu verstehen, wie die Begriffe »dunkel« und »hell« andeuten. Symbolik aber entlastet uns von konkreten Handeln. Wer die Stadt wiederaufbaut und die durch den Krieg geschlagenen Lücken in der Stadtmauer auffüllt, macht das Leben wieder möglich und lebenswert. Er schenkt den seelisch Obdachlosen Heimat. Als wir bei der Seele angekommen sind, verabschieden wir uns von dem, was der Leib braucht. Sehr abstrakt beenden wir ein lebhaftes Bibelgespräch.

Zum Gottesdienst

Mechthild Werner

Exegetisch-homiletische Skizze

Exegetisches »Wenn«
Die vorgeschlagene Perikope zum Erntedankfest ist herausgeschnitten aus einem größeren, wenn auch uneinheitlichen Gedankengang in Jesaja 58,1-12. Dieses Kapitel läßt sich am ehesten als »erweiterte Mahnrede« fassen. (Claus Westermann, ATD, 1966). Es beginnt mit einer Aufforderung zu prophetischer Anklage, geht in seiner Mitte in Mahnrede über (V. 5-7) und mündet schließlich in eine doppelgliedrige bedingte Segensverheißung.
»Tritojesaja« behandelt hier »falsches und rechtes Fasten« – eine typisch nachexilische Problematik (siehe etwa Sacharja 7,5.6; 8,18). Zeitlich ist der Text zwischen 538 und 530 v. Chr. einzuordnen, unmittelbar nach der Rückkehr aus dem Exil. (V. 6 und 9 setzen eine gewisse sozial-juristische Ordnung voraus. V. 12 zeigt, daß die Wiederaufbauphase noch nicht abgeschlossen ist.)
Das Fasten, ursprünglich eine Reaktion auf Notlagen wie Krieg oder Hungersnot, war im Exil zur regelmäßigen Bußübung geworden – eine Art verstärktes Gebet. Zurück im Lande allerdings, droht die fromme Übung, leeres Ritual zu werden. Die wirtschaftliche und soziale Lage »daheim« ist längst nicht so gut wie erwartet. Die Rückkehrer ziehen den »Erfolg« ihrer Kasteiungen in Zweifel, fühlen sich verlassen von Gott, fordern und rufen ihn (V. 2).
Hier setzt die Argumentation des »Tritojesaja« an (V. 3 b.4). In alter prophetischer Tradition verklagt er sein Volk, übt Kult- und Sozialkritik (siehe

etwa Amos 2,8). Er bemängelt die Fastenpraxis in Israel: Wo die ursprünglichen Gesetze der Umkehr und des Verzichts mit Geldschneiderei, Ausbeutung, Streit und Gewalt einhergehen, da kann Gott nicht antworten, da wird er sich weder sehen noch hören lassen. In eher weisheitlicher Manier setzt der folgende Gedanke (V. 5) noch eine andere, leicht ironische Polemik hinzu: Die ganze traurige »Sack- und Asche-Angelegenheit« sei ohnehin nichts, was Gott gefallen könnte. Kurz: Nicht nur die Form ist verkommen, das Fasten selbst ist fragwürdig geworden.

Die Fastentradition erscheint dem Propheten als Folklore, wenn sie keine Folgen zeitigt. Wenn alles beim Alten bleibt und niemand umkehrt zu Gott und seiner Gerechtigkeit, dann ist es die falsche fromme Form. Fasten ist nur da recht und richtig, wo es auch zu neuem Recht führt, wo das gemeinsame Büßen und Beten in eine erneuerte, befreite Gemeinschaft übergeht (V. 6). Wenn Bedrückte befreit werden und Unrecht gelöst wird (Gerade hat Israel selbst unter »unrechtem Joch« gelitten), dann ist das ein Fasten, das Gott gefällt. Wer fastet, soll den Blick weniger auf Gott richten als auf seine Mitmenschen.

Der ethische Appell, die Mitte der Mahnrede (V. 6,7), besteht folglich in der Aufforderung zum sozialen Handeln. »Befreiung für die Gefangenen, Brot für die Hungernden, ein Dach für Obdachlose, Kleidung für die Frierenden.« In der Szene vom Weltgericht (Matthäus 23,35 f.) wieder aufgenommen, sind das *die* biblisch-barmherzigen Taten, die Gotteskinder beziehungsweise Christenmenschen auszeichnen. Hilfe den Hilflosen, Recht den Entrechteten, Heimat den Heimatlosen, Zuflucht den Flüchtigen. Das sind keine hohlen politischen Parolen, sondern hohe prophetische Forderungen. Das »Ensemble der Opfer« (Ernst Lange) ist uns anvertraut. Die Schwachen und Ohnmächtigen sind eigen »Fleisch und Blut« dem ich mich – auch ganz persönlich – nicht einziehen kann. Soziales Handeln ist sowohl meine eigene als auch öffentliche Aufgabe. (Ab V. 6 bis V. 12 wechselt die Anrede in die 2. Person singular. Dadurch direkte Ansprache. Dennoch auch pars pro toto für das ganze Volk, die Glaubensgemeinschaft gemeint. V. 12 »durch dich«, also das ganze Volk »soll wieder aufgebaut werden«, macht das »stellvertretende Du« explizit.)

»Wenn« ich und wir uns nicht der Verantwortung entziehen, »dann ...« Auf die Paränese folgt die Prophezeiung. Zweiteilige »bedingte Verheißungen« malen das kommende Heil in eschatologischen Farben aus (V. 7 b und 8; V. 9 b und 10 b jeweils mit »wenn ... dann ...«). »Licht wie die Morgenröte« wird hervorgehoben (siehe auch Jes 60,1 f.), die »Heilung ... voranschreiten«. Heilwerden ist ein Prozeß. Das Wort àrukah bedeutet die neue Hautschicht, die sich über einer Wunde schließt. Die sozial kränkelnde Gemeinschaft wird durch gerechtes Handeln wieder gesund. Die »Gerechtigkeit« wird vor ihr hergehen und »die Herrlichkeit des Herrn den Zug beschließen«. (In Anlehnung an Deuterojesaja K. 52,12. Bei Tritojesaja bereits kultisch geprägte Wendung.)

Eine prunkvolle Prozession: Gott und sein Volk gehen prächtigen Zeiten entgegen. Werden einander nahestehen. So nahe, daß ein Gespräch von neuem möglich wird (anders die Situation in V. 4). Gott hört sein Volk und antwortet: »Siehe, hier bin ich« (V. 9a). Ein ständiger Dialog zwischen Jahwe und Volk, das Hören, Gehorchen und Gehörtwerden ist Bedingung des Heils, des schalom.

Die zweite »bedingte Verheißung« (V. 9a und 10b) verstärkt noch einmal die Forderungen nach Befreiung der Unterdrückten und Sättigung der Hungernden und setzt noch weitere hinzu: Nicht mit Fingern zeigen, nicht übel reden. Verspotten und Verleumden sind kleine, alltägliche Formen der Unterdrückung. Schnelle Urteile, Schuldzuweisungen und Sündenbocksucherei hindern Freiheit und Gerechtigkeit. »Wenn« aber Fingerzeig und üble Nachrede enden, »dann ...« Ein zweiter, langer, bunter Bilderreigen schließt sich hier an, um die kommende Heilszeit zu beschreiben (V. 10b–12).

Wieder taucht das Licht aus dem Dunkel auf (V. 8b und Kap 60), und wieder ein allgegenwärtiger Gott, der führt, sättigt, stärkt wie der gute Hirte aus Psalm 23. Die Symbolik »Dürre und Wasser« erinnert auch an Psalmensprache und zudem an Verheißungen Deuterojesajas. (Siehe Jesaja 41,18; 43,19. Deuterojesaja verbindet allerdings das Bild der bewässerten, fruchtbar gemachten Wüste mit der Rückkehr des Volkes aus dem Exil, einem konkret geschichtlichen Ereignis also, während Tritojesaja einen allgemeinen Zustand des Gesegnetseins im Blick hat, der auch für den einzelnen erfahrbar ist - eine gewisse Individualisierung.)

Der letzte Vers der »erweiterten Mahnrede« rund um die rechte, gerechte Fastenpraxis ist wieder eindeutig auf das gesamte heimgekehrte Volk bezogen. Der Wiederaufbau wird vorangehen (siehe auch Jesaja 61,4). »Wenn« sich Israel nach all diesen göttlichen Forderungen richtet, »dann ...« wird es recht wohnen können im verheißenen Land.

Bei allem »Wenn-Dann« scheint der »Tun-Ergehen-Zusammenhang« nur in diesem Kapitel ungebrochen. Auch »Tritojesaja« kennt einen gnädigen, entgegenkommenen Gott (Siehe Jesaja 57,15–18; 59,15b–17a und 60,1 f.). Eine »evangelische« Perspektive, ohne die eine Erntedankpredigt nicht auskommen kann.

Homiletisches »Dann«

»Wenn« ich Jesaja 58,7–12 auslegen will, »dann« muß ich vor der Predigternte erst einmal den Textacker bestellen. Und der sieht so aus: Die vorgeschlagene Perikope - ermahnend und ermunternd, vielschichtig und bilderreich - schneidet die Ausgangsfrage nach dem Fasten ab und damit auch den Argumentationsstrang. Darum: Was tun mit der Fastenfrage? Was tun, damit die Predigt kein bunter Bilderbogen wird? Was tun, damit Paränese und Prophezeiung, »Brot-Teilen« und »Licht-Worte« gleichzeitig zur Geltung kommen?

Mein Vorschlag: Über die Verse 7–10 predigen. Das Fasten als Teilen und Verzichten nur indirekt ansprechen. Die Verse 11 und 12 weglassen, da sie lediglich weitere Heilszeitbilder hinzusetzen. Weniger ist mehr. Die verbliebenen Aussagen und Bilder wirken stringent. Die Symbole »Brot« und »Licht« sind stark und gut geeignet für einen Erntedank-Gottesdienst. »Friede, Freude, Kürbiskuchen« – das ist meist die Stimmung an diesem Fest. Strahlende Äpfel und Kinder. Ein paar saure Trauben, ein wenig Moral für die Älteren darf auch dabei sein. Der Hinweis auf unseren Überfluß. Und die Aufforderung zum Verzichten und Teilen als Christenpflicht. Das wird erwartet. All das bietet der Text – mit neuen Akzenten. »Brich dein Brot ... entzieh dich nicht ...« Der Verzicht ist sehr stark betont und kann auch sehr konkret werden. Neue Armut, alter Nord-Südkonflikt, Asylanten. Es ist gut, von Menschen in der Nähe zu sprechen und nicht in der Medienferne. Von gelungener, ermutigender Hilfe. »Entzieh dich nicht ...« Ich bin persönlich angesprochen und angefragt, zu helfen, wo und wie ich kann. Barmherzigkeit. Nächstenliebe. Ganz konkret, nicht »abstrakt« oder gar »symbolisch«, wie in den »Annäherungen« gemutmaßt.
Die Verheißung ist ebenso stark ausgemalt und darf auch anrührend werden. »Dann wird dein Licht hervorbrechen wie die Morgenröte.« Mein Licht kann leuchten, weil sein Licht bereits hervorgebrochen ist. Vor dem Anspruch Gottes an mich kommt sein Zuspruch. Barmherzigkeit ist nicht nur Last, auch Lust. Ich will, ich darf teilen und verzichten. Mein Brot brechen, so wie Gott es mit mir bricht.
Erntedank bietet es sich an, den Text in irgendeiner Form symbolisch, sinnlich erfahrbar zu machen, insbesondere, wenn Kinder den Gottesdienst mitgestalten (siehe Vorschläge zur Liturgie). Der Predigtvorschlag selbst ist in seiner Form nicht für einen Familiengottesdienst gedacht.

Vorschläge zur Liturgie

Eingangswort
Genesis 8,22: Solange die Erde steht, soll nicht aufhören Saat und Ernte, Frost und Hitze, Sommer und Winter, Tag und Nacht.
Psalm 145,15: Aller Augen warten auf dich, Herre und du gibst ihnen ihre Speise zur rechten Zeit.
(Dazu evtl. als Altarvers EG 461: Aller Augen warten auf dich.)

Kollektengebet
(entstanden auf einem Konfirmandenelterntag)
Schöpfer Gott. Aus deiner guten Hand empfangen wir unser Leben.
Aus deiner Hand empfangen wir Speise – unser täglich Brot und viel mehr als Brot.
Schöpfer Gott. Wir danken für deine Hände, die uns austeilen, was wir brauchen.

Die uns umfangen und wärmen mit Liebe.
Wir wollen unsere Hände ebenso wie Du liebevoll gebrauchen.
Wollen austeilen und teilen, was wir haben, unser Brot und mehr als Brot.
Und besonders unsere Liebe. Denn dazu sind wir geschaffen, Gott, unser Schöpfer.
Amen

Psalm
Psalm 104,10–15.27–30 (Schöpfungspsalm)
Psalm 96,1.1., 10–13 (Gott als Schöpfer und gerechter Richter – stimmt auf Duktus des Predigttextes ein)

Lesung
Matthäus 14,13–21 (Speisung der 5000)
2 Korinther 9,6–15 (Segen freudigen Gebens)

Lieder
EG 324 Ich singe dir mit Herz und Mund (Wochenlied)
EG 508 Wir pflügen und wir streuen
EG 262 Sonne der Gerechtigkeit
EG 420 Brich mit den Hungrigen dein Brot (Zum Predigttext Jesaja 58)

Zum Abendmahl
EG 418 Brich dem Hungrigen dein Brot (Strophen zu Predigttext und Abenmahl passend)
EG 464 Herr gib uns unser täglich Brot (Bekannte Melodie: Lobt Gott den Herrn der Herrlichkeit)
EG 226 Seht, das Brot, das wir hier teilen

Fürbittengebet
(Verteilte Sprechrollen in Text/Konkretionen/Gemeinderuf)
Schöpfer Gott, du teilst mit uns. Stillst den Hunger nach Brot.
Bruder Christus, du teilst mit uns. Stillst den Hunger nach Leben.
Schwester Geist, du teilst mit uns. Stillst den Hunger nach Gemeinschaft.

Im Brot des Lebens teilst du dich mit, Dreieiniger Gott.
Im Brot, das erst im Austeilen seine Lebenskraft erhält.

So wollen wir aufteilen, was wir haben.
Teilen mit allen, die Hunger haben nach Brot.
(Konkretes, Aktuelles ...)
Laß Du, Gott, alle Hilfe für die Ärmsten fruchtbar sein.
Wir rufen: Christus, erbarme dich.

Wir teilen mit allen, die Hunger haben nach einem würdigen Leben.
(Konkretes, Aktuelles ...)

Laß du, Gott, alle Verlorenen und Geflohenen ein Dach, ein Haus, eine Zuflucht unter uns finden.
Wir rufen: Christus, erbarme dich.

Wir teilen mit allen, die Hunger haben nach Gemeinschaft.
(Konkretes, Aktuelles ...)
Laß du, Gott, alle Verzweifelten und Verlassenen eine Heimat unter uns finden.
Wir rufen: Christus erbarme dich.

Dreieiniger, wo wir dein Lebensbrot teilen
unter Schwestern und Brüdern, da fahren wir neue Ernte ein.
Ernten wir den Geist der Liebe. Amen

Meditation/Gebet zum Abendmahl
(Eventuell zwischen den Zeilen mit eigenen Gedanken versetzen, auch mit Versen aus dem Jesajatext, verteilte Rollen)
Brot und Wein: Früchte der Sonne, der Erde, des Schöpfers.
Und jetzt der Leib, das Blut.
Und jetzt seine Auferstehung.
Und jetzt das Teilen.
Etwas wird möglich, etrwas wie Heimat für alle.
(Nach Kurt Marti in: Geduld und Revolte. O Gott! Lachen, Weinen, Lieben. Ermutigung zum Leben. © 1995 by Radius-Verlag, Stuttgart)

Gottesdienst in anderer Form / Familiengottesdienst

Der Jesajatext 58,7–(10) 12 eröffnet Möglichkeiten, den Gottesdienst mit *symbolischen Elementen* zu gestalten. Segensbrote, vielleicht selbstgebakken, können verteilt und weitergegeben werden. In Verbindung mit Abendmahl, Agape – oder auch einer Erntedankfeier im Anschluß.
Je nach örtlicher Gegebenheit und Phantasie können auch Bilder und Begriffe *sinnlich erfahrbar* gemacht werden. Beisielsweise die Gegensatzpaare »Licht und Dunkel« (Kerzen oder andere Lichtquellen, Verdunklung, Bilder oder Dias von Tag und Nacht) oder »Dürre und Wasserquelle« (Vetrockenete Blätter, Zweige oder Bäumchen. Wasser aus großem Tonkrug oder Taufbecken in kleinere Gefäße ausgießen. Symbolische Aktion einiger oder auch aller. Bilder oder Dias zu Wüste und Oase.)
Das Thema »Nackte«, also »Bedürftige bekleiden«, läßt sich mit einer Kinder- oder Konfirmandengruppe eventuell *szenisch vorbereiten und darstellen.* (Gruppe zum Thema hinführen: Sinn und Zweck der Kleidung – vom Warmhalten und Schützen bis zu Mode und Kult. Probleme der Obdachlosen, Flüchtlinge besprechen. Noch besser: Die Kinder oder Jugendlichen können selbst Betroffene befragen, zu Kleiderkammern gehen, beobachten ... Spielszenen werden sich ergeben.)

Außer szenisch, sinnlich, symbolisch geht es auch *politisch-konkret:* Die Armen »vor der eigenen Kirchentür« werden in den Gottesdienst eingeladen – Obdachlose, Flüchtlinge, Asylanten. Möglichst auch Vertreter/innen der »Helfer- und Betreuerseite« – Diakonie, Caritas, Sozialstation, Besuchsdienst, Bahnhofsmission. Vor, während oder nach dem Gottesdienst kann Gelegenheit sein, Berührungsängste abzubauen, oder zumindest zu erkennen. Informieren, diskutieren, gemeinsame Fürbitten erarbeiten oder auch eine gemeindenahe Hilfsaktion planen – Jesaja kann einiges anstoßen.

Vorschlag zur Predigt

Möglicher Anfang

(ohne vorherige Textverlesung!)

Ein strahlender Morgen (auch wenn die Sonne heute nicht so recht durchdringt). Die Kirche leuchtet in Regenbogenfarben, Schimmert rot, gelb, blau, grün. Äpfel, Birnen, Trauben, Kürbisse, Nüsse – und nicht zu vergessen: die Ähren und das Brot. Quer durch Obstgarten und Gemüsebeet, durch Feld, Wald und Flur. Erntedank. Dank dieser Ernte strotzt und protzt der Altar. Die Kinder strahlen. Und uns Großen ist es auch mehr oder weniger leicht und licht ums Herz.

Erntedank ist auch Grund zum Strahlen. Alle Jahre wieder haben wir Grund genug zu einem Dankeschön. Für unsere Ernte. Dank an uns. Für alles, was wir angebaut und aufgebaut haben ... mitgebaut an Wirtschaft und Wohlstand. Uns sei Dank. Aber gleichzeitig auch »Gott sei Dank«. Dank an den, der alles hat wachsen lassen. Der uns ausgerechnet hierher verpflanzt hat, in ein Wohlstands- und Wachstumsland.

Wir haben heute zu danken. Für Lebensmittel. Für alle die Mittel zum Leben, die uns oft selbstverständlich scheinen: Essen und Trinken, ein Dach über dem Kopf, die Kleider am Leib. Das ist das mindeste, was ein Mensch braucht. Dazu noch andere Menschen – Familie, Freunde – einen gesunden Körper und ein wenig Geld und Gut. Alles Lebensmittel. Für Martin Luther (im Kleinen Katechismus) ist das alles zusammen nichts anderes als »Brot«. Brot ist das Symbol für alles, was ein Mensch braucht. Wir dürfen heute danken für das täglich Brot. Für die Lebensmittel. Und mehr als das. Denn, bezeichnenderweise, haben wir etwa hundert Brotsorten. Leben im Luxus, nicht nur, was Brot betrifft. Selbstverständlich besitzen wir auch Luxusmittel ... Dank auch dafür. Für »Brot« im Überfluß. Wir leben auf der Sonnenseite. In der westlichen Welt. In der »freien, sozialen« Marktwirtschaft. Reiche Ernte für uns. Gott sei Dank.

Doch – Gott sei's geklagt – es gibt auch die, die nichts ernten, die untergepflügt werden in unserer Gesellschaft. Es gibt auch die Schattenseite. Die unsozialen Folgen des Luxus-Lebens. Es gibt auch bei uns die ohne »Brot«. Ohne Essen und Trinken, ohne Dach über dem Kopf, ohne Kleider am

Leib. Obdachlose, Heimatvertriebene, Kriegsflüchtlinge, Armutsflüchtlinge ... Die im Dunkel sieht man nicht. Zumindest nicht gern. Doch es werden deutlich mehr.
Wohin mit den Hungerleidern? Der Predigttext zu Erntedank holt die auf der Schattenseite hierher. Mitten in diese leuchtende Kirche.
»Brich dem Hungrigen dein Brot, und die im Elend, ohne Obdach sind, führe ins Haus! Wenn du einen nackt siehst, so kleide ihn, und entzieh dich nicht deinem Fleisch und Blut!«
Klingt wie eine politische Parole - von Brot für die Welt, Proasyl oder ai - ist aber prophetische Rede. »Brich dem Hungrigen dein Brot«. Dieser Menschenrechtsartikel steht im Kapitel 58 bei Jesaja.

Zum weiteren Verlauf
Damals gab es auch die im *Dunkel.* (Heimatvertreibung, Kriege. Gerade Israel aus eigener großer Katastrophe heraus. Gerade selbst hungrig, heimatlos, gefangen. Doch jetzt zurück im hellen, gelobten Land schon wieder düstere Zustände, Unrecht und Bedrückung.) Das Volk wird erinnert: Brich dem Hungrigen dein Brot ... entzieh dich nicht. Sei Mensch und mitmenschlich. Nächstenliebe. Barmherzigkeit. (Anliegen Gottes und seiner Propheten. Jesus erinnert auch immer wieder daran. Siehe »Weltgericht« als Erkennungszeichen der Christenmenschen.)
Göttlicher Wille und menschliche Sehnsucht damals wie heute: *Gerechtigkeit.* Im Teilen die Welt heller und lichter machen. Also: brich dem Hungrigen ... entzieh dich nicht. Doch Einwände: »Ja, wenn ... was könnte ich denn tun, den Armen vor meiner Haustür Suppe kochen, Asylanten bei mir wohnen lassen, meine Kleider verschenken? Selbst wenn ich das könnte und wollte und dann? Was würde es ändern?«
Dann, meint der Prophet: *»Dann wird dein Licht hervorbrechen wie die Morgenröte, und deine Heilung wird schnell voranschreiten, und deine Gerechtigkeit wird vor dir hergehen, und die Herrlichkeit des Herrn wird deinen Zug beschließen.«*
Dann ist der Weg frei in eine strahlende Zukunft. Wenn Du und ich »Brot« teilen ... dann gehen wir die ersten Schritte in eine heile, helle Welt. Wie in einer feierlichen Prozession - Licht, Gerechtigkeit und Gott mit uns. *Reiche Ernte für alle.* Meint der Gottesmann aus alter Zeit.
»Ja, wenn das so einfach wäre ...« Die Welt-Probleme heute sind doch viel komplexer geworden. (Konkretes, möglichst »nahes« Beispiel zu Armuts-Flüchtlingsproblematik) Wir reden von den »herrschenden Verhältnissen«. Trauen uns zu, sie zu beschreiben. Nicht aber, sie zu verändern. »Die einen fahren reiche Ernte ein und andere gehen leer aus. So ist das eben.« Wir sind *gefangen* von dieser düsteren Wirklichkeit.
Der Prophet dagegen mutet uns zu, etwas zu ändern. Macht Mut dazu mit hellem Ausblick. Fordert auf: Sei so frei anzufangen! Du siehst in eine lichte Zukunft. *»Wenn du in deiner Mitte niemand unterjochst, nicht mit Fingern zeigst und nicht übel redest, sondern den Hungrigen dein Herz finden läßt und den*

Elenden sättigst, dann wird dein Licht in der Finsternis aufgehen, und dein Dunkel wird sein wie der Mittag.«

Noch ein Wenn. Wenn ich mich *freimache* davon, bei anderen die Schuld zu suchen für ungerechte »herrschende Verhältnisse«, dann ... (Möglichst anknüpfen an obiges gewähltes Beispiel. Etwa: Übel reden über Asylanten, die Arbeit wegnehmen - oder mit Fingern zeigen auf Arbeitslose oder Obdachlose, die im Sozialstaat »schmarotzen«)

Wenn ich nicht verkrampft nach Ungerechtigkeiten bei anderen suchen muß, bin ich so frei, bei mir selbst anzufangen. Kann selbst versuchen, zu teilen, zu verzichten. (Vielleicht noch einmal anknüpfen an bereits erwähntes Problem. Etwa kleine Schritte machen - Hilfe im Obdachlosenheim, Kleider sammeln für Asylanten o. ä.)

Meine ganz persönliche Hilfe ist gefragt. »Entzieh dich nicht.« (Heißt aber auch, wenn ich nicht direkt eingreifen kann, dann doch indirekt. Information, Meinung bilden, Partei ergreifen für die »ohne Brot«, engagieren in und für Demokratie und soziale (!) Marktwirtschaft.)

Also wenn *»ich den Hungrigen mein Herz finden lasse, dann wird mein Licht hervorbrechen ...*? Sicher kann ich erleben, daß ich strahle, wo ich helfen kann ... daß andere mich anstrahlen und ich selbst etwas ausstrahle. Dennoch - auf der ganzen Welt wird es dadurch nicht hell. *Reiche Ernte für alle?*

Dahin ist es noch weit. Und es ist oft zum Verzweifeln, daß sich trotz aller unserer Bemühungen scheinbar so wenig ändert. Daß die Aussichten dennoch so düster sind. Daß alle Ernte immer noch so ungerecht verteilt ist. Zum Schreien ungerecht. Es ist noch weit in eine helle, heile Welt. Doch wenn wir schreien auf dem Weg zu mehr Gerechtigkeit, dann werden wir spüren, daß da einer ist, der antwortet. *»Dann wirst du rufen und der Herr wird antworten. Wenn du schreist, wird er sagen: Siehe, hier bin ich.«*

Gerechtigkeit. *Reiche Ernte für alle.* Brot für die Hungrigen. Das »geht« nur mit diesem Gott. Er geht mit uns. Er erwartet nicht, daß wir allein Licht in die Welt bringen. Das weiß schon dieser Prophet bei Jesaja. Nur zwei Kapitel nach unserem Text heißt es: *»Mache dich auf und werde Licht, denn dein Licht kommt. Und die Herrlichkeit des Herrn geht auf über dir ...«* Mein Licht leuchtet, weil sein Licht kommt. Seine Gerechtigkeit ist versprochen und wir können ihr entsprechen handeln. Gott sei dank.

Möglicher Schluß

Erntedank ist ein Grund zum Strahlen. Zum Danken für unsere reiche Ernte, für alles »Brot«, das wir haben. Danken auch dafür, daß wir »Brot« brechen dürfen, teilen mit denen, die sonst untergepflügt werden und leer ausgehen. Und besonders danken für den, der sagt: »Siehe, ich bin da.« Bin zu sehen in den Äpfeln, Birnen, Trauben ... Und: Ich bin das Brot. Wo ihr es untereinander teilt in meinem Namen, da bin ich. Wo ihr teilt mit den Hungernden, Nackten und Verfolgten, da bin ich. Gott ist da, um unseren

Hunger zu stillen nach »Brot«, nach Gerechtigkeit und Menschlichkeit. Wenn das kein Grund zum Danken und zum Strahlen ist.

Kontexte

Wie du mir, so ich dir
Mann mit zugeknöpften Taschen, Dir tut niemand was zulieb:
Hand wird nur von Hand gewaschen;
Wenn du nehmen willst, so gib!
Johann Wolfgang von Goethe

Das ist gut
Keinen verderben zu lassen, auch nicht sich selber
Jeden mit Glück zu erfüllen, auch sich, das
Ist gut.
Bertolt Brecht aus: Gesammelte Werke, Die Gedichte, © Suhrkamp Verlag Frankfurt am Main 1967

Prolog
Ihr, die ihr eben vom Essen kommt
Erlaubt, daß wir euch vortragen unser
Unablässiges Bemühen um Essen, wie ihr habt
Auch Bescheideneres genügte uns schon.

Wir bitten euch: seht uns
In unablässiger Suche nach Arbeit!
Leider über essen und Arbeit
Stehen unverrückbare Gesetze
Unbekannte.

Immerfort fallen aber
Nach unten
Durch die Gitter im Asphalt
Allerlei Menschen ohne Merkmal
Oder Zeichnung nach unten

Plötzlich, lautlos, schnell nach unten
Neben uns gehende, fröhliche nach unten
Mitten aus dem Menschenstrom nach
Ungenauer Auswahl
Sechs von sieben nach unten, aber der siebente
Geht in den Eßraum.

Wer ist es? Welcher
Ist bestimmt zur Rettung?
Welcher gezeichnet?
Wo ist das Gitter das nächste?
Unbekannt.
Bertolt Brecht (in: Die Gedichte von B. B. in einem Band, Frankfurt 1988, 5. Aufl.)

Sprichworte
Einer hat Brot, der andere den Hunger.

Ach, wenn's Brot wäre, sagte der Hungrige, als er eine Perle fand.

19. Sonntag nach Trinitatis

Annäherungen an den Predigttext
Markus 1,32-39

Helga Trösken

Die Gruppe - sieben Frauen, die ehrenamtlich in ihrer Kirchengemeinde mitarbeiten - freut sich auf die Bibelarbeit und ist engagiert am Text. Drei Themenkreise werden besprochen:
- Böse Geister und Besessene
- Alle kommen, er hilft nur vielen
- Auch Jesus muß sich ausruhen

»Böse Geister« ist ein Begriff, der erläutert werden muß. Uns fällt dazu ein:
- Pfarrer, die wegen Teufelsaustreibungen verurteilt wurden
- Sexualverbrecher und Mörder
- gewöhnlicher Exorzismus: mit bloßen Füßen nach Lourdes pilgern
- Teufelsglaube in der Jugendszene bei Punks und Grufties, Druidenfuß, Pentagramme
- Hardrock als »Sprache des Teufels«
- Satanische Botschaften, die beim Rückwärtshören von Schallplatten überkommen
- In Südafrika werden »Hexen« und deren Familien verfolgt und geächtet.
- Besessenheit in »zivilisierten« Formen: vom Garten besessen, von der Arbeit, der Familie, vom sportlichen Ehrgeiz ... Besessenheit kann negativ und positiv sein.

»Böse Geister« lassen sich auch heute sehr konkret benennen. Übrigens brauchen Psychiater stundenweise Sitzungen dazu!
»Böse Geister« zeigen sich auch in Krankheiten der Gesellschaft. So wäre Ausländerfeindlichkeit z. B. oder Leistungsdruck (Alltag als Tretmühle) als »böser Geist« anzusehen.
Als Frage bleibt: Kann der ausgetriebene Geist wieder zurückkehren?
Jesus heilt nicht alle. Es werden alle gebracht, aber er wählt offenbar aus. Für heute könnte man sich in unserer Gesellschaft keine spektakulären Heilungen vorstellen (z.B. in einer Messehalle), aber Erfahrungen aus anderen Kulturen zeigen: Es ist viel dran an den biblischen Berichten. Ein Beispiel aus Chile: Eine alte Frau hat Heilerfolge und sagt dazu: »Ich gucke mir die Menschen genau an und mache es nicht bei jedem.«

In Guatemala heißt es: Räucherstäbchen treiben böse Geister aus. Hat Weihrauch bei uns dieselbe Funktion?
Für uns gilt: Nur wenn ich Vertrauen zu einem Arzt, einer Ärztin habe, nützen auch die Medikamente oder die Ratschläge. Nur wenn jemand gesund werden will und mitmacht, kommt Heilung in Gang. Insofern hat die »Christliche Wissenschaft« recht, die Heilerfolge durch »Ausüberinnen« propagiert. Wer fest daran glaubt, daß der Mensch gut und schön ist und deshalb nicht krank sein kann, wird vermutlich weniger anfällig sein. M. a. W.: Wir haben viele Beispiele vor Augen, daß Heilung und Heil, Krankheit und psychische Verfassung eng miteinander verknüpft sind.
Es kommen alle Kranken zu Jesus, aber er heilt nur viele. Er wählt aus. Er ist kein Automat, der auf Knopfdruck funktioniert. Das müßten auch die Jünger verstehen, die ihm nachgehen und ihn fordern. Er entzieht sich den Allmachtsprojektionen. Er heilt und predigt. Tat und Wort gehören zusammen.
Für uns ist wichtig Vers 35: Jesus zieht sich zurück. Jesus schafft sich Abstand. Beten hilft für die neuen Taten. Kontemplation und Aktion gehören zusammen. Er kann nur geben, weil er etwas bekommt. Rastlosigkeit, Gehetze, wie es heute üblich ist, kann keine bösen Geister vertreiben.
Wir fassen zusammen:
Aus dem Text kommt uns Hoffnung entgegen. Jesus hilft, die bösen Geister zu benennen und sie auszutreiben. Auch heute haben diese Geister Namen, auch heute können sie ausgetrieben werden. Dazu brauchen wir Geduld und viele Hände, Gebet und Predigt und die Gewißheit, daß Jesus »in die nächsten Städte geht, um auch dort zu predigen«.

Zum Gottesdienst

Klaus Guhl

Exegetisch-homiletische Skizze

Meine Überschrift zu dieser Perikope heißt: Jesus hilft. Wunderbar!
In einem knappen Sammelbericht wird in den ersten drei Versen die Behandlung kranker Menschen mit unterschiedlichen Leiden geschildert. Details der Handlung werden nicht genannt. Spektakuläre Heilungswunder an Menschenmassen scheinen nicht das Zentrum dieser Erzählung zu sein. Sie konzentriert sich ganz auf Jesus. Sein beginnendes öffentliches Auftreten und Handeln, sein Rückzug und Beten, seine Antwort an die Jünger und der folgende Aufbruch bestimmen die acht Verse. Unsere Perikope läßt sich gut untergliedern. Auffallend sind die polaren Elemente:

öffentliches Auftreten - persönlicher Rückzug, handeln - beten, aktiv - passiv, geben - empfangen, reden - hören. Doch gleichen sich die Unterschiede nicht aus. Es kommt zu keiner ausgewogenen Harmonie der Zustände, sondern die Geschichte steigert sich. Jesus und die Jünger brechen auf, um in anderen Städten zu predigen. Sie ziehen weiter, neuen Aufgaben und Risiken entgegen. Dies ist typisch für den dynamischen Erzählvorgang der ersten Kapitel des Markusevangeliums. Die Handlung bleibt nicht stehen, sie geht zügig voran und steigert sich von Episode zu Episode.

Unsere Perikope läßt sich deshalb in drei Sequenzen untergliedern:

1. Jesus hilft Verse 32–34
2. Jesus betet Verse 35–37
3. Jesus zieht weiter Verse 38–39

In der Forschung ist diskutiert worden, ob es sich bei diesem Abschnitt um eine eigenständige redaktionelle Bildung des Markus handelt oder ob hier ein Traditionsstück vorlag. Beide Meinungen wurden vertreten.

Hilfreiche Anregung gaben mir die »Annäherungen an den Predigttext« der Frankfurter Frauengruppe. Auch wenn ich manchmal anderer Meinung bin, habe ich doch wichtige Impulse von ihnen erhalten. Wo ich die »Annäherungen« aufgreife, hoffe ich, daß meine Gedanken als Weiterentwicklung dieser Impulse verstanden werden, und daß mir der von E. Domay gewünschte »demokratische Dialog ohne Belehrung« gelungen ist.

1. Sequenz: Jesus hilft

1.1. Hilft Jesus allen oder vielen?

Mit dem Untergang der Sonne geht der Sabbat zu Ende. Nun ist es erlaubt, die Kranken zu Jesus zu bringen. Doch wird allen (παντας) oder lediglich vielen (πολλους) geholfen? Den Annäherungen merkt man an, daß dies in der Frankfurter Frauengruppe engagiert diskutiert wurde. Sie stellen fest: »Es kommen alle Kranken zu Jesus, aber er heilt nur viele. Er wählt aus. Er ist kein Automat, der auf Knopfdruck funktioniert.« Das - scheint mir - macht Jesus sympathischer, weil er in dieser Begrenztheit seiner Möglichkeiten uns ähnlich ist. Auch wir wollen keine Automaten sein. Jedoch schmälert diese moderne Sichtweise. Warum sollte Jesus denn nicht allen Kranken in Kapernaum mit seinen ca. 1 700 Einwohnern[1] geholfen haben? Es blieben andernorts doch immer noch genügend Kranke, die auf Heilung warteten (vgl. V. 39). Es stellt sich die Frage, nach welchen Kriterien Jesus in Kapernaum ausgewählt haben sollte. Ein Jesus, der wie die chilenische Heilerin aus den »Annäherungen« nach intuitiven Kriterien Menschen von Heilung ausgeschlossen haben könnte, befremdet mich.

1 Jonathan Reed, »The Population of Capernaum«, 1922, zitiert bei Eric M. Meyers, »Jesus und seine galiläische Umwelt« in: Zeitschrift für Neues Testament (ZNT) 1/98, Seite 30

Markus legt auf diese Einzelheiten keinen besonderen Wert. Wunder waren dem antiken Menschen vertraut. Sie »gehören zum gesamtantiken Wirklichkeitsverständnis ... Dabei ist nicht das moderne, alltagssprachliche Verständnis einzutragen, Wunder seien eine Durchbrechung der Naturgesetze«.[2] Die Meinung darüber, wievielen Kranken geholfen wurde, ist nicht einhellig. Es sei Semitismus und ohne tiefgründigere Bedeutung[3] (vgl. Matthäus 8,16), sagen die einen, die anderen sagen, der Unterschied in der Wortwahl muß »wohl beachtet werden. Es bleiben Ungeheilte zurück. Aber darauf kommt es nicht an«.[4] In der Tat wohl nicht. Markus geht es eher darum, in einem dynamischen Erzählverlauf zu zeigen, daß Jesus, nachdem er zunächst einzelne - einen Besessenen in der Synagoge und die fieberkranke Mutter des Petrus - geheilt hatte, nun seine Tätigkeit steigert, indem er einer großen Gruppe von physisch *und* psychisch Kranken hilft.

1.2. Jesus hilft psychisch erkrankten Menschen

Die bösen Geister werden von Jesus ausgetrieben und kommen nicht zu Wort. Ganz anders noch Markus 1,24. Dort schreit der Dämon laut auf und wird von Jesus bedroht. An beiden Stellen hat Jesus die Macht, die Dämonen auszutreiben und unschädlich zu machen. In den Annäherungen wird ein breites Spektrum von Assoziationen zum Stichwort »Böse Geister« angeboten. Viel Zeitgeist fließt mit ein. Aufgefallen ist mir, daß der »Dämon Alkohol« nicht genannt wird. Wie fremde (Wein-)Geister einen Menschen in den Griff nehmen können, das scheint mir eine passende Analogie zu sein, die zunächst ferne damalige Vorstellung von Dämonen in die heutige Vorstellungswelt zu übertragen. Auch scheint mir die Alkohol- und Tablettenabhängigkeit konkreter und gemeindenäher als obskure Botschaften auf Schallplatten, die rückwärts abgespielt werden. Wer tut denn so etwas schon? So überkommt mich ein leicht gruseliger Schauer angesichts der sogenannten modernen »bösen Geister«. »Besessenheit kann negativ und positiv sein«, heißt es in den Annäherungen. Ein positives Beispiel für Besessenheit wird aber leider nicht genannt. Schade.

Die Dinge damals lagen konkreter. Seelische Erkrankungen wurden damit erklärt, daß andere und dem Menschen fremde Mächte einen Menschen in Besitz genommen und die Regie für sein Handeln übernommen haben. Eine passable Erklärung, wenn man bedenkt, daß selbst heute die Wissenschaft keine umfassende Erklärung für die Entstehung von Depression, Schizophrenie und Psychosen geben kann. Man rätselt. Frühkindliche Störungen, biologische Faktoren, Gene als »böse Geister«?

Nun, nachdem die Dämonen von Jesus vertrieben sind, ist der Mensch wieder Herr im eigenen Haus. Indem Jesus die bösen Geister vertrieb, hat er

2 Annette März, »Jesus als Wundertäter: Konturen, Perspektiven, Deutungen«, ZNT 1/98, Seite 40

3 Gottfried Voigt, »Die geliebte Welt«, Seite 417, Berlin 1986, 2. Auflage

4 Joachim Gnilka, »Das Evangelium nach Markus«, EKK II/I, Seite 87

die wirren Gedanken ausgerichtet und gereinigt. Er hat Barrieren überwunden und der Menschen wahren Kern entdeckt. Weiter würde ich die Gedanken nicht ausführen, denn die Gefahr, sich bei der Übertragung in heutige Vorstellungen weltanschaulich im Beliebigen zu verlieren, scheint mir groß. Ganz anders als der Psychiater/Analytiker läßt Jesus die dunklen Mächte eben nicht zu Wort kommen. Es kommt nicht zu einem Erinnern - Wiederholen - Durcharbeiten. Fremde Mächte werden vertrieben. Allenfalls zu überlegen wäre, ob eine Analogie mit der fremden, römischen Besatzungsmacht zulässig ist, ob also hier am einzelnen zeichenhaft etwas geschieht, was am ganzen Volk Israel geschehen sollte. Im übrigen möchte ich - so faszinierend das zunächst auch ist - den Blick nicht lediglich auf die Besessenen begrenzen. Jesus hilft beiden, den körperlich und den seelisch erkrankten Menschen. Einen sensiblen Hinweis auf das diffizile Zusammenspiel von Psyche und Physis gibt der Wochenpsalm wieder. Er beschreibt, wie Schuld quälen, lähmen und krank machen kann und beschreibt, wie Heilung durch Vergebung geschehen kann.

1.3. Wie hilft Jesus?

Über die Einzelheiten des heilsamen Wirkens Jesu schreibt Markus an dieser Stelle nichts. Kein Wort von Erde und Speichel, Hand auflegen oder segnen. Waren die Heiligungen Massenerfolge als Resonanz auf eine wortgewaltige Predigt oder Einzelerfolge im vertrauten Dialog Jesu mit dem Kranken? Wir wissen es nicht.

Nachdenklich gemacht hat mich die Frage in den Annäherungen: »Kann der ausgetriebene Geist wieder zurückkehren?«, im erweiterten Sinn die bange Frage danach, wie umfassend und anhaltend Heilung geschehen ist. Hält das, schützt das wirklich auch in Zukunft? Oft ist heutzutage die Rede vom Ideal eines »ganzen Menschen«, der die Entfremdung hinter sich gelassen hat und seine Schattenseiten in einer authentischen Persönlichkeit integriert hat. Hat Jesus durch sein Wirken solche Heilung gewirkt oder wie haben wir uns das vorzustellen? Hilfreich war für mich der Blick ins Wörterbuch und die Feststellung, daß von Heilung in diesem Text so eigentlich gar nicht die Rede ist. Θεραπειω meint neben »heilen« auch »behandeln, dienen, gesund machen«[5] oder auch »pflegen«[6]. Der Begriff der Therapie fällt einem dazu ein. Jesus behandelt, Jesus therapiert viele Kranke. Der 84er Luthertext übersetzt mit »Und er half vielen Kranken«, die ansonsten gut einsetzbare »Gute Nachricht Bibel« von 1997 entscheidet sich für »heilen«. Mir liegt die vorsichtigere Übertragung mit »helfen« mehr. »Helfen« scheint mir weniger eindeutig zu sein als »heilen«. Es ist nicht so absolut, läßt Raum für die vielen, feinen Zwischentöne zwischen den Extremen Krankheit und Gesundheit. Geholfen wird einem immer nur

5 Erwin Preuschen, »Griechisch-deutsches Taschenwörterbuch zum Neuen Testament«, Seite 93, 6. Auflage

6 Grund- und Aufbauwortschatz Griechisch, Seite 40, Stuttgart 1973

ein Stück weit, geheilt ist man voll und ganz. Die Macht zu helfen teile ich mit Jesus, die Macht zu heilen nicht. Ich kann mir eher vorstellen, daß Jesus den Menschen »nur« geholfen hat, als daß er einigen seine Hilfe verwehrt hätte. Eine qualitative Einschränkung scheint mir – wenn überhaupt – plausibler als eine quantitative. Ohne Zweifel, Jesus hatte die Macht zu heilen. Davon berichtet die Bibel. Die Frage der Einschätzung dieser Berichte hängt ab von unseren Erfahrungen. »Für heute könnte man sich in unserer Gesellschaft keine spektakulären Heilungen vorstellen«, aber auch »es ist viel dran an den biblischen Berichten«, so unterschiedlich in den »Annäherungen«.

1.4. Warum hilft Jesus?

Die entscheidende Frage, zunächst wirkt sie schlicht. Die Antwort scheint auf der Hand zu liegen. Jesus hilft, damit die Menschen wieder gesund werden! Ein verständlicher, sehnsüchtiger, oft unerfüllter Wunsch vieler Menschen in der Gemeinde. Doch Jesus wäre lediglich einer von vielen Heilern, von denen die Antike zu berichten weiß[7], wenn es ihm ausschließlich um die Gesundheit von Menschen gegangen wäre. Die Zeit wäre über ihn hinweggegangen wie über diese. Gesundheit allein kann es also nicht sein. Wäre Jesus nur ein Heiler und wäre nur Gesundheit sein Ziel, dann bliebe die schmerzliche Frage, warum er heute so wenig heilt. Denn auch Christen erkranken, verunglücken, leiden. Auch »wer fest daran glaubt, daß der Mensch gut und schön ist und deshalb nicht krank sein kann« (»Annäherungen«), kann sich täuschen und erkranken. Auch dafür gibt es ausreichend Beispiele. Ein (Selbst-)Heilen kraft eines irgendwie gearteten positiven Denkens verkennt, daß das Heil extra nos liegt. Wenn Heilung dann mißlingt, dann hat der Leidende selber schuld. Eine moderne säkulare Variante des Tat-Ergehen-Zusammenhangs. (Wer zuviel ißt, wird dick. Wer zuviel trinkt, bekommt Leberschäden. Wer falsch fühlt und denkt, bekommt Krebs. Das ist zynisch, leidensverhöhnend und menschenverachtend!)
Ein Glaube, der von Heil spricht und Jesus als den Heiland bekennt, der muß sich mit den Motiven jesuanischer Heilungen differenzierter auseinandersetzen. Ansonsten gehören die Heilungsgeschichten in den Bereich der Ammenmärchen. Der Gefahr durch euphorisches Behaupten jesuanischer Heilkraft die Sehnsucht nach Wunderheilern zu schüren, sollte christlicher Glaube widerstehen können. Kaum zufällig reihen die »Annäherungen« die Wallfahrten nach Lourdes in den Bereich der bösen Geister ein. Jesus geht es um mehr als individuelle Gesundheit, soviel ist klar. Der oft übersehene zweite Aspekt von Heilung ist die Wiedereingliederung des Kranken in seine soziale Umgebung.[8] Hauterkrankungen aller Art, von Pocken bis Neurodermitis und Schuppenflechte, verbannten die Aus-

7 siehe E.W. Stegemann und W. Stegemann, »Urchristliche Sozialgeschichte«, Seite 149f., 2. Auflage 1997

8 zum Folgenden vgl. Annette Merz, a.a.O., Seite 43f.

sätzigen vor die Tore der Stadt. Besessene und Kranke wurden vom Kult ausgeschlossen, Lahme und Blinde fristeten ihr Leben als Bettler am Rande der Gesellschaft. Der Geheilte wurde als vollwertiges Mitglied in die Gemeinschaft reintegriert! Wenn Jesus hilft, dann verhilft er den Ausgeschlossenen zur Rückkehr in die bergende und schützende Gemeinschaft. Vielleicht ist es da gar nicht so von Bedeutung, daß Lahme plötzlich gehen und springen können und Blinde gegen alle Evidenz klar gucken; vielleicht geht es aber um eine Integration von Behinderten in eine Gesellschaft. Hierin scheint mir der aktuelle Bezug des Textes zu liegen. So wie Jesus Menschen angenommen hat, so können wir Christen Menschen annehmen. In der Nachfolge Jesu helfen wir in unserer alltäglichen Welt, die unsichtbaren Mauern zu überwinden und zur Integration von Menschen mit Behinderungen beizutragen. Eine gesunde Gesellschaft ist nicht eine Gesellschaft ohne Kranke, sondern eine Gesellschaft, die ihre Kranken und Behinderten in ihre schützende Mitte nimmt.

Jesus hilft zu einem neuen Verhältnis zu sich selbst (Gesundheit), zu einem neuen Verhältnis zu anderen (Reintegration) und zu einem neuen Verhältnis zu Gott (eschatologische, messianische Dimension).

1.5. Jesus hilft zu einem neuen Verhältnis zu Gott

Besessenheit wurde als Besessenheit durch Dämonen erlebt und Krankheit galt als Strafe Gottes. In beiden Fällen galt, die Beziehung zu Gott war entfremdet. Jesus vermittelte die heilsame Nähe Gottes und stellte die Kultfähigkeit wieder her. Der Gesunde durfte im Tempel wieder Gottes Nähe spüren. Die eschatologische Perspektive: Wunderheilungen bestätigen Jesu Vollmacht (Markus 1,27). Wenn Jesus Dämonen austreibt, dann ist das Reich Gottes da. Dämonenaustreibungen waren in gewisser Weise ein Reinigungsprozeß. Mit jedem Geheilten, der wieder zu sich, in die Gemeinschaft und zu Gott gefunden hat, gewinnt das Reich Gottes hinzu. Sehnsüchtig wurde die endzeitliche Aufrichtung des Reiches Gottes von Jesu Zeitgenossen erwartet. Die Heilungen müssen in eschatologischer Perspektive gedeutet werden. Mit jedem Geheilten wächst das Reich Gottes und kommt so näher heran. Mit jedem Geheilten wächst die Opposition gegen die heidnischen, römischen Besatzer.

2. Jesus betet

Wer die ersten Kapitel des Markusevangeliums liest, der spürt, wie schnell sich die Erzählungen aneinanderreihen, mit welchem Tempo die Geschichte vorangeht. Doch immer wieder zieht Jesus sich zurück, um dann um so entschiedener aufzutreten.

Ein abrupter Szenenwechsel. Eben noch inmitten ihn bedrängender Menschenmasse zieht sich Jesus nun am frühen Morgen zum Gebet zurück. Da die anderen noch schlafen, scheint es sich nicht um das typische Morgen-

gebet nach jüdischer Sitte zu handeln. Jesus, der Helfer, braucht die heilsame Nähe Gottes. Die »Annäherungen« sagen es eindeutig: Kontemplation und Aktion gehören zusammen. »Mystik und Widerstand« titelt Dorothee Sölle ihr Buch, »Kampf und Kontemplation« heißt es in Taizé. Zwei Seiten einer Medaille, untrennbar miteinander verbunden. Alles dies könnte der Schwerpunkt einer ganzen Predigt sein. Mir scheint allerdings – im Gegensatz zu den »Annäherungen« – weniger, daß Jesus sich Abstand zur Menge, sondern mehr, daß er sich Nähe zu Gott verschafft.
Die Anrede der Jünger läßt sich unterschiedlich verstehen. Entweder vorwurfsvoll: Jedermann sucht dich. Du wirst gebraucht. Kannst dich doch nicht verstecken! Oder euphorisch: Wir feiern alle und danken, komm, sei mit dabei! In beiden Fällen wollen die Jünger in die Stadt zurückkehren und nicht neu aufbrechen. Sie wollen verharren.

3. Jesus zieht weiter
Jesus jedoch will nicht zurückkehren; weder um eventuell zu heilen, noch um sich verehren zu lassen, er will weiter ziehen, neuen Aufgaben und neuen Risiken entgegen. Der Erzählverlauf des Markus ist dynamisch und entwickelt ein sich steigerndes Tempo. Ging es zunächst um die Heilung einzelner Menschen und dann um die Heilung aller Kranken einer Stadt, so sind jetzt die benachbarten Ortschaften und ganz Galiläa das Ziel. Deutlich wird der Verkündigungsauftrag als zentrale Aufgabe benannt, nicht magische Heilungen. Daß Dämonen allein durch die Predigt ausgetrieben werden, legt der Schluß der Geschichte nahe. Wenn Menschen von Demagogen manipuliert werden können, dann kann Predigt auch zu mehr Klarheit verhelfen.

Vorschläge zur Liturgie

Lieder
EG 236 »Ohren gabst du mir«
EG 353 »Jesus nimmt die Sünder an«
EG 380 »Ja, ich will euch tragen«
EG 295 »Wohl denen, die da wandeln«;
EG 320 »Nun laßt uns Gott dem Herren« (Wochenlied)

Psalm 32 (Vielleicht in der Übertragung der »Gute Nachricht Bibel« von 1997, deren Sprache zugänglicher ist und z. B. Konfirmandinnen und Konfirmanden das Verstehen biblischer Texte wesentlich erleichtert.)

Kollektengebet
Gott, du bist freundlich gegenüber allem Lebendigen.
Wir danken dir, daß wir leben. Laß uns in diesem Gottesdienst auf dein Wort hören, deinen Willen erfahren und deine Liebe spüren im Vertrauen

auf Jesus Christus, deinen Sohn, unseren Bruder, der mit dir und dem Heiligen Geist lebt und regiert von Ewigkeit zu Ewigkeit.

Fürbittengebet
Gott der Güte,
du hast uns das Gewissen gegeben, das sich meldet, wenn wir nicht so leben, wie wir es für richtig halten. Wir danken dir dafür, daß wir die Last unseres falschen Denkens und Tuns und unserer Schuld immer wieder dir anvertrauen dürfen, damit du sie uns abnimmst. Gib, daß unser Gewissen wach und ehrlich ist, mach uns aber auch deiner Vergebung gewiß. Wir bitten dich: Hilf uns, all denen zu vergeben, die uns benachteiligt oder verletzt haben. In diesem Sinne beten wir in der Stille.
Gott, schenke uns deinen Geist, damit unser Gedächtnis nicht vor allem die belastenden Erfahrungen mit anderen Menschen bewahrt, sondern die guten. Hilf uns, in unserem Umgang miteinander auf diesen guten Erlebnissen aufzubauen. Wir bitten dich für alle Menschen, die von ihrer Vergangenheit bedrückt werden: Zeige ihnen die Möglichkeit, durch Gespräche und Vergebung von dieser Last befreit zu werden. Wir bitten dich für alle psychisch Kranken: Gib, daß sie in ihrer Umgebung Verständnis und Hilfe finden. (Konkretion: z. B. Seelsorge in der Gemeinde und anderswo)
Du willst Leben und Frieden. Dafür danken wir.
Nach Christoph von Lowtzow, »Konkret beten«, J. F. Steinkopf Verlag 1996, Seite 68

Vorschlag zur Predigt

Jesus hilft. Wunderbar! Eine plastische Geschichte in drei Szenen, wie im Kino. Man kann sich die erste Szene gut vorstellen. Alle Menschen der Stadt Kapernaum, die ca. 1 500 Einwohner hatte, waren auf den Beinen. Sie kamen am Abend und brachten ihre kranken Brüder und Schwestern, Väter und Mütter, ihre Freunde, die blinden und lahmen, aber auch die verwirrten, verängstigten und abgrundtief traurigen, die Stimmen hörten oder schon lange kein klares Wort mehr gesagt hatten. Sie brachten die Leidenden mit den vereiterten Hautausschlägen, die sich nachts blutig scheuerten. Sie brachten alle ihre körperlich und seelisch Kranken zu Jesus. Er sollte helfen.
Damals erklärte man sich Depression, Schizophrenie, die Erkrankungen der Seele damit, daß man diese Menschen von fremden Mächten, von Dämonen in Besitz genommen glaubte. Die sind besessen, sagte man. Körperliche Erkrankungen verstand man vielfach als Resultat eigenen Verschuldens, als Strafe Gottes. Als Konsequenz einer falschen Lebenshaltung. Heute meinen einige, die Ursachen von Krankheiten in einer falschen Lebenshaltung finden zu können. Entweder ißt man falsch oder man empfindet falsch. Krankheit, gedeutet als Resultat eigenen Fehlverhaltens,

ist aus dieser Sicht nicht einfach Schicksal, das einen treffen kann oder nicht. Wer krank ist, hat selber schuld. Zuende gedacht ein zynischer, Menschen und Leiden verachtender Gedanke.
Ob nun körperlich oder seelisch erkrankt, Krankheit machte damals einen Menschen unrein. Er gehörte nicht mehr dazu. Durfte nicht mehr in den Tempel, mußte außerhalb der Stadtmauern leben oder (wenn es diese nicht gab) »Unrein, unrein!« laut vor sich herrufen, um die andere Menschen vor sich zu warnen.
Diese also kommen zu Jesus oder werden zu ihm gebracht. Jesus hilft ihnen. Wunderbar! Die Freude wird groß gewesen sein. Menschen, die außen vor standen, gehören wieder in die Mitte, nehmen wieder teil an Gottesdienst und Gemeinschaft in der Nachbarschaft, der Arbeitsstelle.
Und dann plötzlich nach dieser bewegten Szene der Bruch. Stille. Schnitt. Szenenwechsel. Jesus zieht sich zurück. Die Jünger finden ihn betend. Es gibt wohl zwei Möglichkeiten, den Satz der Jünger »Jedermann sucht dich.« zu deuten. Jedermann sucht dich. Ein Vorwurf. Du wirst gebraucht und versteckst, entziehst dich. Oder: Man will dir danken, dich ehren. Komm!
Es folgt die 3. Szene, der Aufbruch. Jesus sagt deutlich, daß er zum Predigen gekommen ist, also nicht zum Heilen, und doch heilt die Predigt und treibt die bösen Geister aus. Jesus will nicht bleiben, nicht verharren, sondern weiter neuen Aufgaben, aber auch neuen Risiken entgegengehen.
Jesus heilt mit Worten, berührt Menschen, dringt in abgeschlossene Bereiche der Persönlichkeit vor und holt Menschen aus ihrem inneren Gefängnis. Doch immer wieder bleiben Menschen zurück, die nicht das Glück hatten, Jesus zu treffen. Manch einer setzt heute große Hoffnungen auf Heilung und vertraut Wunderheilern, doch oft ist es eine schmerzliche Erfahrung, daß Geld genommen und Heilung nur versprochen wird. Selbst unsere hochmoderne Medizin praktiziert im Sinne des Hippokrates, der meinte: Ein Arzt tröstet viel, lindert manchmal, heilt selten. Immer wieder ist es eine schmerzliche Erfahrung, daß wir nicht in einer Welt laufender Wunder leben.
Unsere Geschichte spricht, genau gelesen, nicht von Wundern. Ich scheue mich zu sagen: Jesus heilt. Das klingt so endgültig. Das klingt nach entweder – oder, schwarz oder weiß, ja oder nein, gesund oder krank. Doch so einfach ist das doch nicht.
Jesus hilft, vielleicht sollte ich sagen: Jesus therapiert. So steht es im griechischen Text. Übersetzt heißt es dann: Kranke behandeln, pflegen, heilen, gesund machen und auch dienen. Das klingt schon besser. Denn irgendwie stellt sich doch die Frage: Wie auch immer man die Geschehnisse in Kapernaum begreift, Jesus hat nicht alle Menschen geheilt. Vielleicht alle in der Stadt, warum auch nicht, aber nicht alle in Israel. Und er heilt auch nicht alle heutigen Christen. Es gibt kranke Christen an Leib

und Seele. Auch die damals geheilten Menschen wurden irgendwann schwach und starben. Heilung ist noch keine Erlösung.
Jesus hilft. Wunderbar. Jesus hilft damals und er hilft heute. Wir müssen uns das »Warum« näher betrachten. Wer krank war, gehörte (aus eigenem Verschulden) nicht zum reinen Volk Israel und wurde ausgegrenzt. Jesus hilft, und die Menschen werden wieder gesellschaftsfähig, sie gehören wieder zu den Kindern Gottes, zum Heiligen Volk. Jesus bereitet dem Reich Gottes den Weg, indem er Kranke in das geheiligte Volk zurückführt und so das Volk Israel mehrt. Wenn Jesus heilt, dann tut er mehr als lediglich gesund zu machen, dann bestimmt er, wer zu Gott gehört. Gleichzeitig mehrt er die Opposition gegen die fremde politische Besatzung, die Römer. Jesus hilft in einer zeichenhaften, symbolischen Handlung.
Das scheint mir der Schwerpunkt unserer Geschichte zu sein. Jesus hilft zu einem neuen Verhältnis zu sich selbst (Gesundheit), zu anderen und zu Gott. Wäre Jesus bloß ein Wunderheiler, wie so manche Männer seiner Zeit, dann wäre er wie diese längst vergessen. Es geht also nicht in erster Linie darum, ob ein Gehbehinderter durch ein Wunder wieder laufen und springen kann, sondern daß er nicht mehr außerhalb der Gemeinschaft steht. Es geht für uns heute um keinen Hokuspokus, sondern um die Integration von Menschen mit Behinderungen. Erzähle mir niemand, daß unsere Gesellschaft dieses Problem im Griff hätte. Das hat sie nicht. Behinderte leben zwar nicht mehr isoliert außerhalb der Stadtmauern, doch die Wälle, die man um sie gezogen hat, sind zwar unsichtbar, aber fast undurchdringlich. Da braucht es Menschen, die ein gutes Wort haben. Da braucht es Menschen, die nicht apathisch weggucken, sondern sympathisch hingehen. Menschen, die signalisieren, daß behinderte Menschen dazu gehören und nicht außen vor stehen. Da braucht es Menschen, die nicht sagen: »Selber schuld, nun sieh zu, wie du mit deinem Schicksal fertig wirst«, sondern Menschen, die wissen, wie dünn das Eis ist, auf dem wir stehen, die vielleicht sagen: »Brauchst du Hilfe, sag es mir.« All das macht nicht heil, ganz (wer ist das schon?), doch es hilft.
Diese Menschen, die es braucht, können Christen sein und die Gemeinschaft kann die Nachbarschaft, die Kollegen, die Gemeinde sein. Das Tätigkeitsfeld kann der schlichte Alltag sein und statt großer Worte und Parolen hilft ein freundlicher Blick, die stützende Hand, der Einkauf, das freundliche Wort und, von mir aus, daß man im Bus aufsteht. Nur irgend etwas, das die kühle Gleichgültigkeit durchbricht.
Moral: Eine gesunde Gesellschaft/Gemeinschaft ist nicht die, die keine Kranken hat (oder diese ausklammert), sondern die ihre Kranken mit hinein nimmt. Eine gesunde Gesellschaft ist eine Gesellschaft mit und nicht ohne Kranke. In der Nachfolge Christi, als Mitarbeiter am Reich Gottes, können Christen zur Gesundung der Gesellschaft beitragen. Amen

Kontexte

Die großen Lehrer der Meditation und des geistlichen Lebens weisen uns immer wieder auf die erste Morgenstunde hin und sagen: Nimm den Anfang des Tages wahr, er ist die Stelle, an der du die Ewigkeit berührst. In der Tat wäre uns in vielen Nöten und Krankheiten des Leibes und der Seele geholfen, wenn es uns gelänge, die erste Morgenröte von Eile, von Lärm und Ärger freizuhalten. Der Lauf des Tages hängt im allgemeinen nicht von unseren persönlichen Vorstellungen ab. Er wird uns aufgezwungen. Aber der Anfang sollte uns gehören.
Jörg Zink, EG (Ausgabe für Bayern) 841, Seite 1443

Das Leben ist tatsächlich voller Wunder. Mehr noch, es ist wunderbar und jeder, der es nicht länger als selbstverständlich hinnimmt, wird das sofort bestätigen. (s. o.)

Bald nach dem Zweiten Weltkrieg ging in christlichen Kreisen in Deutschland die Redeweise um, man sei nun im Dritten Reich leibhaftigen Dämonen begegnet. Barth nahm Anstoß an der darin steckenden stillen Selbstbewunderung, einem solchen Schicksal ausgesetzt gewesen zu sein, und Anstoß an dem allzu großen Tiefsinn, den man dem Bösen beilegte, das zuvor allerdings ausgebrochen war und gewütet hatte.
Er sagte damals, Christen dürften nun im Blick auf dieses Böse nicht sagen: Da waren Dämonen am Werk, sondern: Wir, wir, wir sind in die Irre gegangen, als wir ihnen folgten. Nicht einem Schicksal und Verhängnis waren wir ausgeliefert, wir sind und waren verantwortlich. Nicht Dämonen haben uns verführt, wir haben uns durch falsches Reden und falsches Schweigen schuldig gemacht. Dahinter stand übrigens eine bestimmte Erkenntnis des Unterschieds zwischen Gott und »Dämonen«: Gott lebt auch dann und stirbt nicht, wenn wir ihn leugnen. Hingegen leben die finsteren Mächte, die »Dämonen«, geradezu von ihrer Anerkennung. Ebendarum lassen sich die eigene Verantwortung und die eigene Schuld nicht auf sie abwälzen. Das alles hat Barth mit einer überraschenden Entgegnung in einem Satz zusammengefaßt: Als jemand – es handelte sich gar um einen renommierten Theologen – wiederholt erklärte: »Wir haben in der Hitlerzeit den Dämonen in die Augen gesehen«, antwortete Barth kurz und bündig: »Das scheint aber den Dämonen gar keinen Eindruck gemacht zu haben.«
Glaubensheiterkeit, Karl Barth, Erfahrungen und Begegnungen, erzählt von Eberhard Busch, Neukirchener Verlag, Neukirchen-Vluyn, 2. Aufl. 1986

Menschen, die das Risiko scheuen, gehen das größere Risiko ein.
George Kennan in »Wege entdecken«, Seite 10, Stuttgart 1980

Man sagt mir
er soll keinen vater haben
er macht gesund ohne rezepte
aber er überliefert auf für wie lange
Ein krankenhaus gegen den aussatz
mit labor
ist mehr wert
als seine liebenswürdigen anfänge

und die neue sorte weizen
die unempfindlich dem sande trotzt
ist sie nicht eine schönere geschichte
als die von zwei fischen
für fünftausend

was ist besonderes an ihm
was zeichnet ihn aus
und wer

Dorothee Sölle in ». . . und alle wurden satt – Biblische Texte verfremdet«, Band 7, hrsg. von Sigrid und Horst Klaus Berg, Seite 21, München 1987

20. Sonntag nach Trinitatis

Annäherungen an den Predigttext 1. Mose 8,18–22

Arno Schmitt

»Annäherung« an einen Klassiker also! Oder kennt sie jemand nicht, die Geschichte von Noah und dem Sintflut-Kahn, aus dem es drängelte und wuselte, flog und kroch und fusselte, pärchenweise und nach quälend langer Zeit, kaum daß die Taube »Land in Sicht« vermeldet und die Fluten sich gelegt hatten? (Übrigens: Die sich da auf »Annäherungs«-Kurs begaben, waren TeilnehmerInnen einer Gesprächs-Runde, 30 bis 60 Jahre alt, dreiviertel weiblich, der parochialkirchlichen Normalität gegenüber distanziert, doch mit Lust dabei, einander um Kamin oder an den Tisch einzuladen, biblischen Erzähltraditionen nachzugehen, deren Hintergründe zu erforschen und tüchtig miteinander zu dialogisieren.)

Als stiege ich in meine Kinderjahre zurück ... Ja, so kann's kommen: Da lese ich eine Geschichte, und schon fügt sich in mir die Treppe zusammen, die ich längst hinter mir meinte. Und ich steige hinunter – in die Kindheit meiner Kinder – und noch ein Stückchen weiter, in meine eigene: Das große Wasser – der große Regen – hoch über dem Berg der schwimmende »Kasten« – und dann, in Reih' und Glied, die Tiere: zwei Löwen, zwei Giraffen, zwei Pferde, zwei Schwäne, zwei Affen, zwei Enten, zwei Igel, zwei Käfer – und über allem der »Regenbogen«, im bedrohlich finsterem Gewölk die sieben Farben des Lichts ... (Eigenartig, so fällt es einigen in der Runde auf: Der Regenbogen? Es gibt ihn ja gar nicht in dieser Geschichte, erst im nächsten Kapitel, dort unter deutlich anderen Umständen ... Also doch kein »richtiger« Bund, den Gott mit den Geretteten schließt!?)
Nun – dem Eindruck, es mit wunderbarem Überleben und Rettung in höchster Not zu tun zu haben, tut's keinen Abbruch. Aber Achtung, es ist da noch eine andere Seite: Deinen Augen verborgen spielt sich unter den Planken deines Sintflut-Kahns in entsetzlichen Szenarien der Untergang ungezählter Kreaturen ab. Einige erinnern sich an die »Boats-Peoples« vor den Küsten Südost-Asiens, Floridas und Süditaliens: Menschen auf der Flucht vor Hunger, Terror, Krieg – alles noch gar nicht so lange her – und in immer neuen Inkarnationen immer neu und immer prefekter präsent(iert) – es wird dem Wolf des Menschen doch bitteschön keiner verweh-

ren wollen, Voyeur des von ihm selbst herbeigeführten Infernos zu sein!? Risikofaktor Mensch: Was, lieber Gott, hast du dir bei der Konstruktion dieses homo sapiens eigentlich gedacht!?
Ich stelle mir vor, wie es zuging in der Arche, phantasiert einer weiter: Gedränge, Geflatter, der Lärm der Stimmen, die Angst, der penetrante Stallgeruch. Und etwas anderes noch: Da saßen sie eines Abends beieinander, der alte Noah, seine Frau, seine Söhne, ganz in ihrer Nähe die Luke, die den Blick nach draußen freigab, und beratschlagten, was zu tun sei, wenn sie das alles einmal überstanden und festen Boden unter den Füßen hätten. Und wie dann einer der Söhne den Vater zu fragen begann: Hast du nicht gesagt, die Flut sei gekommen, weil die Menschen böse waren und die Bosheit auf der Erde überhand genommen hat – und nun wolle Gott eine neue Menschheit schaffen? Aber sag': Wo ist es geblieben, das Böse? Ist's zurückgeblieben? Ist's untergegangen? Oder schwimmt's mit: in mir, in dir, in uns allen hier in diesem »Kasten«? Sei ruhig und kümmere dich nicht um Dinge, die du nicht verstehst, konzentrier' dich auf deine Arbeit, von der's bald abhängen wird ... könnte der Vater solche Rede unterbrochen haben. Und die Brüder könnten erwidert haben: Zumindest einige seien am Leben geblieben durch ihre Aktion, er solle das nicht kleinreden ... Und die Mutter? Ist gut, mein Junge, vergiß es und sei dankbar, daß du lebst!

Ich hab' von einem alten Gedicht gehört ... Es handelt von einer Stadt am Ufer des Euphrat, Surippak oder so, wirft eine Gesprächs-Teilnehmerin ein. Das Gilgamesch-Epos. Ur-Epos der alten mesopotamischen Völker, tausend Jahre älter als die Bibel. Auffällig die Übereinstimmungen dort und hier! (Vielleicht läßt sich darüber noch Genaueres erfahren, liebe Frau Theologin/lieber Herr Theologe!? Das mit der Erde als »schwimmender Nußschale im Welten-Ozean« würde uns interessieren. Die Frage vor allem, ob den Göttern des Gilgamesch daran lag, vom Leben zumindest ein Quentchen dem Chaos zu entreißen, oder ob sie's ganz anders interessierte, so vielleicht nur: die eigene Haut zu retten.)
Rätselhaft, auf's neue, der Gott, von dem die Sintflut-Geschichte erzählt: Weit aus dem Fenster hat er sich gelehnt – doch sein Experiment, der Mensch scheitert – nicht als des Schöpfers »Ebenbild«, eigenverantwortliche(r) und verläßliche(r) Partner(in) im Kampf gegen die Todes-Mächte hat er/sie sich erwiesen, sondern umgekehrt: zunehmend als derjenige/diejenige, der/die es vorzog, mit der Gegenseite zu paktieren und so nicht nur sich selbst, sondern allem, was lebt, die Wurzel zu nehmen, die es trägt. Doch Gott? Nicht ins Private, Zeitenlose zieht er sich zurück, und »schon immer gewußt« hat er's auch nicht. Gott steht zum Menschen – tritt neben ihn – steht zu seiner »großen Liebe« und gibt sie frei zu einem neuen Anfang. (Einwurf eines Industrieingenieurs: Ein bißchen wie im modernen Management. Nicht die ist die gute Arbeitsgruppe, die über die Fehler schweigt, sondern die, die über sie spricht und aus ihnen lernt ...)

»Und baute dem Herrn einen Altar . . .« Und ist es nicht ein verheißungsvoller Anfang, daß sich Noah und die Seinen nicht gleich an die Maloche machen, sondern Steine sammeln und einen Altar bauen – ganz ihrer Erfahrung Raum gebend: Das Entscheidende im Leben verdiene ich mir nicht, das Entscheidende wird mir vom Leben geschenkt? Eine Gesprächs-Teilnehmerin hat ein paar Verszeilen in der Tasche: (Jörg Zink) »Ich stehe am Ufer, Gott / Und die Stille ist voll deiner Gegenwart / Ich warte / Warte auf dein Zeichen, dein Wort für mich / Ich weiß, daß du mich siehst und öffne dir mein Herz / Unter so vielem war ich allein / Nun bin ich in dir / Ich war gefangen in mir selbst, nun bin ich frei / Ich atme den Wind, ich atme die Weite, ich atme dich / Was will ich mehr!?« (Als wir so zusammensaßen und über Noahs erste Land-Schritte nachdachten, waren die Fernsehprogramme und Zeitungsüberschriften voll von »Ludwig Erhard und das deutsche Wirtschaftswunder« – es hat uns mächtig zu denken gegeben, wie wenig davon zu hören war, daß unter »Ärmel-Hoch« und »Ellenbogen-Heraus« so manches, was das Leben seinen Geretteten hätte schenken können, auf immer zu kurz gekommen ist.) »Es war ein lauer Sommertag im Bochumer Stadtgarten . . .« so eine Gesprächsteilnehmerin aus der Lebensgeschichte des gelähmten Ulrich Bach: »Mein Bruder hatte mich mit meinem Rollstuhl hingefahren, dann hatte er einige Besorgungen zu machen. So saß ich allein neben der leeren Parkbank. Aber nicht lange. Ein junger Mann, wir hatten uns noch nie gesehen, fragte, ob er Platz nehmen dürfe. Ja, natürlich! Und schon kam seine Frage: Was haben Sie? Ich berichtete ihm kurz. Darauf sein Urteil: An Ihrer Stelle hätte ich schon längst Schluß gemacht . . . Dieser Tag liegt jetzt schon ein Vierteljahrhundert zurück, aber er läßt mich noch immer nicht los. Dabei interessiert mich überhaupt nicht, daß er gewiß recht taktos gesagt ist. Weit mehr rührt mich die Angst, die aus ihm spricht. Dieser junge Mann, offen, klug, mit guter Bildung, zukunftsbereit – er hatte ein Bild von seinem Leben, in das das Schicksal so manches einzeichnen mochte, doch bestimmte Dinge mußten unter allen Umständen ausgeschlossen bleiben. Noch keine 25 Jahre alt und für immer im Rollstuhl – das darf es einfach nicht geben! Ich entdeckte: Hier konnte einer nicht gesund sein, hier mußte einer gesund sein . . .«

»Und der Herr roch den lieblichen Geruch . . .« Seltsam, diese Sprache: Da ist von Gott die Rede, als hätt' er Nase und Mund und Gaumen und Magen und könne riechen und schmecken und freue sich wie du und ich an Gekochtem und Gebratenem und 'nem guten Schluck!
Vielleicht ist es gut, ein paar Takte davon zu hören, daß in frühen biblischen Zeiten von Gott in der Tat gesprochen werden konnte »als wär's ein Stück von mir«. Derweil (durchaus nicht einstimmig) behelfen wir uns so: Nein, der Schöpfer des neuen Anfangs verschließt nicht die Augen, dem gegenüber schon gar nicht, dessen Abgründe er kennengelernt hat. Doch liegt ihm auch daran nicht, den Menschen zu amputieren. Seine Emotiona-

lität und Kreativität, seine Feiern, seine Rituale: Gott hat seine Lust daran. Seine Liebe ist weder auf dem einen noch auf dem anderen Auge blind. Ganz soll sie sein, die Kommunikation zwischen Geschöpfen, Mitgeschöpfen und Schöpfer. »Mit Herzen, Mund und Händen«: the heaven like it. (Gut zu hören! Vielleicht säh's in unseren Kirchen freundlicher aus und unsere Gottesdienste wären keine trögen Schulstunden mehr, vermutet einer aus der Runde und zitiert: »Die Kirche des Geistes sind unsere Körper, so Paulus, der Epileptiker, in seinem Brief einst nach Korinth. Die Folge? Umarmungen, Küsse, heilige Mähler. Erst später: Kirchen aus Stein ...« Ich vermute: Kurt Marti.)

»Ich will hinfort nicht mehr die Erde verfluchen ...« Mit der Handvoll, die sich zu Höherem berufen fühlen, »gefangen« - mit der Handvoll, die nun zu bezahlen haben, »gehangen«: Toll, lieber Gott! Ist dir, als du ans Werk gingst, denn wirklich nichts Besseres eingefallen? Haben denn Tiere keine eigene Würde, kein eigenes Recht auf Leben!? Der sich selbst ans Leder geht, wie - der darf alle anderen mit in den Abgrund reißen - und du läßt das zu!? Tolle Gerechtigkeit ... Übrigens: Wenn du »Erde« sagst, scheint's dir ausschließlich um die Passagiere des »Kastens« zu gehen. Doch sag: Wie steht's mit den anderen, deinen Erst-Geschöpfen, Erde, Pflanzen, Blumen, Bäume - erinnerst du dich? Warum sitzen die nicht mit im Boot, die unter der Katastrophe am stärksten zu leiden hatten!?
Doch - du hast gelernt - auch du bist nicht fertig und wandelst dich. (Wie, so der heftige Einspruch in diesem Augenblick von einigen aus der Runde: Gott »lernt dazu«? Was bleibt denn von Gott, der »dazulernt wie ein kleiner Junge«? Moment mal, so von der anderen Seite: Was ist es denn für einer, der lernt und lernfähig ist? Ist es nicht einer, der sich mit der Wirklichkeit, wie sie ist und wie sie sich wandelt, ernsthaft auseinandersetzt - und es ablehnt, sich in seiner Eigenwelt einzurichten und unerreichbar zu werden? Ich muß schon sagen: Einen Gott, der sich aus dem Leben abmeldet, möchte ich mir ersparen.) Gott lernt. Es taugt nicht, so seine Entdeckung, sich vom Menschen ein Bild zu machen. In ihn hineinzuprojizieren, überfordert und gefährdet ihn. (Fast alle doch, verstehst du, haben wir Kinder und können unsere Liedchen davon singen.)
Und ich vermute, daß dir auch das aufgegangen ist, lieber Gott: Daß du möglicherweise viel zu lange viel zu intensiv mit diesem einen deiner Werke beschäftigt warst - dich viel zu sehr mit ihm identifiziert und die Schönheit und die Fülle des Ganzen darüber viel zu sehr ins Ermessen des Menschen gestellt hast. Und ich höre dich versprechen: In Zukunft sollen sie mich gerechter und wachsamer erleben, die außermenschlichen Geschöpfe - ihre Fülle, ihre Geheimnisse, ihre Schönheit, sie sollen nicht länger im Schatten des Menschen stehen - überhaupt soll es ein Ende damit haben, daß sich die einen als Herren fühlen und die anderen zu Domestiken machen, deren Schicksal es ist, nichts für sich selbst zu sein.

»Solange die Erde steht, soll nicht aufhören Saat und Ernte ...« Einer hatte Jörg Zinks »Sieh nach den Sternen ...« (Erinnerungen, 1992) dabei: Gerade noch hatten wir unser Flugzeug an der südfranzösischen Küste auf den Boden gebracht ... »da sah ich den Himmel meines Lebens, unsagbar klar über der Glaskuppel, unter der ich saß, unvorstellbar groß und weit und voll majestätischer Ruhe. Und wir, die gerade noch einmal davongekommen waren, gehörten dazu. Der Krieg war unendlich fern in diesem Augenblick. Ich fühlte mich als ein Teil des Kosmos, eingefügt in die Gesetze des Himmelraums ... Ich wußte mich eingebettet in einen Zusammenhang, der wichtiger und wahrer erschien als Krieg und Kriegsgeschrei ... Noch lange stand ich vor der Unterkunft im Freien. Was hatte ich in dieser Nacht erlebt? ... Es wird Zeit, daß wir erkennen, daß wir Menschen nicht der Mittelpunkt der Welt sind, daß weder die Schöpfung um unseretwillen geschah, noch auch das Reich Gottes als ein Reich der Menschen gedacht werden kann, sondern daß wir von Anfang an und über unser Ende hinaus eingebunden sind in die Gemeinschaft alles Geschaffenen. Ich sehe und befühle die Stoffe, aus denen die Dinge bestehen und weiß: In all dem ist Gott. Ich empfinde oder messe die Kräfte, die sie bewegen und weiß: Es ist Gottes Kraft. Ich lerne Gesetze und Zusammenhänge und weiß: Es sind Gottes Gedanken ...«
Vielleicht ist sie das, die Chance des neuen Anfangs: Leben? Nein, nicht dort droben - nicht dort hinten - nicht dort draußen - mit den Dingen - für die Dinge - in den Dingen - in den großen und in den kleinen - und am liebsten in den kleinsten und am tiefsten im Ganzen. »Dächte der Wind wie wir, er glaubte, die Bäume trügen ihr Laub nur für ihn. Dächte das Laub wie wir, es glaubte, der Wind wehe nur seinetwegen. Der Wind aber ist klüger und das Laub weiß es besser ...« Such ihn auf, homo sapiens, den Rhythmus dieses Ganzen - kehre heim in ihn: Noch hältst du dich fest an deinem »alten Adam«, der dich dem Rhythmus entrissen, dich zum Himmelsstürmer gemacht, aber Wurzeln, neue, lebensstarke nicht hat finden lassen. Noch traust du dich nicht - die Angst, dir auf verlorenem Posten vorzukommen hier im Rhythmus des Lebens, ich weiß, ist groß. Doch schau deiner Angst in die Augen und versuch, ihn mitzuswingen, den Tanz der neuen Chance, Schritt für Schritt - du wirst deine Angst überwinden und dich auf Erfahrungen gefaßt machen können, die du dir (und dem Lebens insgesamt) bis heute nur immer verweigert hast.

Zum Gottesdienst

Christian Fuhrmann

Exegetisch-homiletische Skizze

Wahrlich ein Klassiker, weil klassische Fragen gläubiger Lebensexistenz innerhalb von nur 5 Versen und ihrem Kontext bewegt werden. Klassiker bergen allerdings die Gefahr, daß wir ihnen den Mantel des Musealen überhängen, und schon manche Predigt über diese mythenbeladenen Verse hat sich mehr an gelehrten religionsgeschichtlichen Vorlesungen als am Leben orientiert. Denn die klassischen Fragen hier sind aktuelle Lebensfragen, unter denen wir in der Predigtarbeit in der uns je bewegenden Situation auswählen müssen.

1. Vers 22 gibt der Welt als eigener Größe ein Lebensrecht. Erde ist mehr als Garten, als Lebensraum oder gar Futter- und Kleiderkammer für Mensch und Tier. Welt ist nicht nur der Menschen Welt. In der polytheistischen Umwelt der biblischen Urgeschichte wurde in mannigfachen kultischen Riten versucht, die Mächte der Welt zu beeinflussen. Mit der Entgötterung der Welt und der grundsätzlichen Einsicht in ihre schöpfungsmäßigen Gesetzmäßigkeiten wird die Welt selbständig. Damit verliert unsere Umwelt den Objektcharakter und wird neben uns Menschen gestellt. Die unumgänglichen Fragen des Zeitalters geklonter Schafe und unzähliger genetischer Datenbanken bekommen hier keine Antworten, aber unsere mühseligen Antwortversuche auf die Legitimationsfragen neuester Techniken, mit denen wir die Welt zu beeinflussen suchen, geraten in den urgeschichtlichen Horizont, der der Welt die Würde des Subjektes zuerkennt.

Die in der Welt erkennbaren Gesetzmäßigkeiten – ob wir sie rational-naturwissenschaftlich oder mythologisch begreifen – gehören zu Gottes »Gesetztem«, in der Ordnung kann der Ordner erkannt werden. In der Ordnung wird die Zielsetzung der Schöpfung erkennbar – es geht immer um Leben!

2. Die Sintflut ist von ihrem Beginn an Leiden der Schöpfung aufgrund der Bosheit der Menschen. Weil den Menschen für seine Boshaftigkeit die Todesstrafe trifft, leidet die Schöpfung die Katastrophe mit. Mit 8,22 wird diese Verquickung von Menschengeschichte und Erdengeschichte aufgelöst. Ich höre diese Verse auf dem Hintergrund meiner Sorge, mit welcher gequälten Erde unsere Enkel und Urenkel mal leben werden, auch als Trost. Der Rhythmus des Jahres und des Tages wird nicht aufhören – jedenfalls nicht aufgrund menschlicher Boshaftigkeit. Dies höre ich nicht als Anlaß zur Gleichgültigkeit gegenüber der Umwelt, sondern als Ermutigung zum Gehen der kleinen Schritte.

Und gerade deswegen: Schöpfung und Leben bleiben gefährdet.

Das Grundgefühl der Menschen war schon immer von der Furcht vor den unvermeidbaren Katastrophen bestimmt. »Sintflut« haben tausende Menschen im Sommer '97 in Mitteleuropa am eigenen Leib und Hab und Gut erfahren müssen. Die Wasser vernichten in diesen Tagen jegliche Lebensgrundlage von zigmillionen Menschen in China und Tausende haben die Fluten in den Tod gerissen. Natürlich ist diese Katastrophe auch Folge von menschlichem Raubbau an der Natur und der Hybris, die Gewalten im Griff zu haben - doch den einzelnen Menschen trifft's als Wirken von gnadenlosen Mächten der Schöpfung.
Die Filmindustrie Hollywoods macht Millionen Reingewinn mit neuzeitlichen Sintflutgeschichten. Retter ist hier meist der Beraterstab des US-Präsidenten oder die NASA, immer in Zusammenarbeit mit dem Pentagon. Da kommen außerirdische Riesenraumschiffe, um die Welt systematisch zu zerstören (Independence day), ein Riesenmeteorid schlägt auf der Erde ein, und ein Bunker für auserwählte Menschen wird zur rettenden Arche (Twister), oder durch Heldenmut und Opferbereitschaft einzelner Männer wird die mörderische Atombombe zur segensreichen Retterkraft, als ein Asteroid von der Größe des Bundesstaates Texas kurz vor dem Aufprall auf die Erde in zwei Teile gesprengt wird (Armageddon - Das jüngste Gericht).
3. Die Sintflutgeschichte ist die Erzählung rasanten Wechsels - vom Leben - zur Katastrophe - zurück zum Leben. Was bleibt, ist allein die Boshaftigkeit des Menschen. Übrigens wird hier nicht gesagt, daß der Mensch immer ein schlechter Mensch ist, gesagt wird, daß mit dem Menschen immer auch seine Boshaftigkeit als eine Möglichkeit des Umgangs mit Schöpfung und Mitmensch gegeben ist. An vielen Stellen der Urgeschichte wird immer wieder eindringlich darauf eingegangen, daß Leben wesensmäßig immer Leben in Gemeinschaft ist. Der prozessionshafte Auszug aus der Arche geschieht sozusagen familienweise, alle treten mit ihresgleichen in den Neuanfang, keiner bleibt zurück, um erst einmal in dem Schutzraum abzuwarten, ob das Leben da draußen wieder gelingt, Leben ist eine Gemeinschaftsaufgabe.
4. Die Sintflutgeschichte ist eine Lerngeschichte Gottes. Gott lernt, daß der Mensch nicht so lernt, daß er sich grundsätzlich ändert. Gott wandelt sich von dem strafenden zum gnädigen Gott. Gott schenkt dem Menschen die Chance, nicht für alle Schuld gerade stehen zu müssen, und so bekommt die Welt die Chance, nicht wegen der Menschen leiden zu müssen. So höre ich diese Erzählung als die spannende Veränderung Gottes zum barmherzigen Gott. Nutznießer dieser Entwicklung sind wir Menschen und die gesamte Schöpfung. Schon die Urgeschichte kennt den griechischen unbeweglichen Gott nicht. Gott ist ein lebendiger Gott. Spätestens mit dem 8. Kapitel der Bibel können jüdische und christliche Gemeinden von Gott immer nur auch als dem langmütigen und geduldigen Gott sprechen. Gott trägt die Boshaftigkeit von uns Menschen (vgl. Matth 5,45)

5. Damit aber gewinnt der Mensch zweierlei. Er gewinnt einmal die Würde und die Aufgabe, sich zwischen gut und böse entscheiden zu müssen. Die Barmherzigkeit ist die Chance, die wir zum Leben bekommen. Zu einem Leben, zu dem immer auch die Freiheit der Entscheidung zur Boshaftigkeit gehört. Zum zweiten aber gewinnen wir die existentielle Frage dazu, warum Gott das zuläßt, daß Menschen untereinander zu reißenden Wölfen werden, daß das Recht der Armen durch das Unrecht der Reichen gebrochen wird, daß es überhaupt Unrecht und Leiden gibt. Eine Frage, die im Neuen Testament genauso steht wie im Alten.
6. Menschliches Leben ist Geschenk - Noah bedankt sich im Opfer nach der Katastrophe für das Geschenk des Neuanfangs bei dem Lebensspender. Er durchlebt die katastrophalen Wassermassen als Neuanfang. Die Arche entschwebt nicht der Gefahr, sondern sie schwimmt auf ein neues Leben zu. Das Neue in diesem Leben ist nicht ein neuer Mensch, sondern ein neuer Umgang Gottes mit uns Menschen. Erst durch die Gnade und Barmherzigkeit Gottes sind wir Menschen überhaupt über-lebensfähig.
7. Immer haben wir es auch hier mit Glaubensaussagen, nicht mit Erfahrungsberichten zu tun. Gott ist keine Lebensversicherung oder allein wirksamer Katastrophenschutz. Doch Gott ist der, an den der Glaubende sich auch noch im Sterben wenden kann, und der, von dem der Glaube auch im Tod noch Bewahrung erwartet.
Christlicher Glaube hält auch heute angesichts »wahnsinniger menschlicher Möglichkeiten« daran fest:
Gott will, daß unsere Erde Ort des Lebens ist, solange sie besteht (V. 22). Gott will, daß nach dieser Welt etwas Neues wird, nicht von Menschenhand, sondern aus Gottes Schöpferkraft. Das Opfer dazu hat Gott mit seinem Sohn schon für uns Menschen gebracht. Gottes neues Reich ist damit schon nahe herbeigekommen. Als Christ höre ich dies wiederum beruhigend und motivierend. Denn es hat Sinn, sich gegen die zerstörenden »boshaften« Kräfte in uns Menschen zu wenden - denn um unserer Boshaftigkeit willen ist auch Jesus Christus am Kreuz gestorben.
»Also hat Gott die Welt geliebt, daß er ...«.
8. Dieser Abschnitt aus 1. Mose bietet sich m. E. an, einmal über diese fundamentale Furchterfahrung von uns Menschen nachzudenken. So sehr wir auch durch Forschung und Wissenschaft die Gesetze der Welt entdecken, diese Furcht bleibt unstillbar, weil die Schöpfung so mächtig bleibt. Herbststürme und plötzliche Wintereinbrüche zeigen uns dies immer wieder ganz alltäglich und unspektakulär gerade im derzeitigen Jahresabschnitt.
Freilich zeigt der Entwurf aus GOTTESDIENST-PRAXIS 1993 auch sehr eindrucksvoll, wie dieser Abschnitt Anleitung geben kann für den Umgang mit ganz eigenen lebensgeschichtlichen Sintfluterlebnissen und dem Umgang mit der Erfahrung der Bewahrung. Weil dieser Entwurf mich sehr überzeugt hat, sei darauf ausdrücklich als eine Alternative hingewiesen.

Vorschläge zur Liturgie

Liedvorschläge

Gott des Himmels und der Erden (EG 445,1.2.4)
Jeder Teil dieser Erde ... (Kanon 635)
Die güldne Sonne (EG 449,1–4.8)
Vertraut den neuen Wegen (EG 395)
Laß die Wurzel unseres Handelns Liebe sein (EG 417)
Bewahre uns Gott (EG 171)

Hinführung zum Kyrie und Gloria

Du bist Gott, bist Schöpfer unserer Welt!
Deine Welt ist bedroht durch Menschenhand.
Wir wissen von Kriegen in ...
Wir lesen von der Zerstörung der Schutzschicht unserer Erde.
Wir erkennen, wir Menschen haben deiner Schöpfung Schaden zugefügt.
    Dies alles sehen wir und sind dabei ratlos.
Deswegen rufen wir zu Christus, unserem Herrn. (EG 178.10)

Du bist Gott, hast der Welt eine Ordnung gegeben.
Mit dem Wechsel von Tag und Nacht, Sonne und Regen,
Hitze und Kälte machst du Leben möglich und erhältst es.
Trotzdem fürchten wir uns davor, daß deine Ordnung zerbricht und wollen sie verbessern.
Wir erkennen, wir Menschen trauen deiner Schöpfung zu wenig zu.
    Dies alles sehen wir und sind dabei ratlos.
Deswegen rufen wir zu Christus, unserem Herrn. (EG 178.10)

Du bist Gott, hast unserem Leben einen Sinn gegeben.
Mit Zurückhaltung und Vorsicht sollen wir deiner Schöpfung und dem Leben begegnen.
Mit Liebe können wir dem Leben Raum und Luft schenken.
Mit zuversichtlicher Gelassenheit darauf trauen, daß du uns trägst.
Wir erkennen, wir Menschen sind oft eigenwillig und wollen lieber unserer Kraft statt dir vertrauen.
    Dies alles sehen wir und sind dabei ratlos.
Deswegen rufen wir zu Christus, unserem Herrn. (EG 178.10)

Aber wir wollen daran festhalten:
Du willst deine Welt bewahren.
Du willst, daß wir in einer lebensfreundlichen Umwelt leben.
Du hast uns mit Jesus Christus ein Angeld für deine neue Welt geschenkt.
Das macht uns froh. Das schenkt uns Zuversicht.
Dich wollen wir loben: (EG 180.2)

Kollektengebet:
Gott des Lebens, vieles gibt es, wovon wir uns bedroht fühlen. Manches erfüllt uns mit Angst und Sorgen. Wir sind beunruhigt über die Zerstörung und Gefährdung deiner Schöpfung.
Angst haben wir vor den mächtigen Gewalten der Natur.
Wir bitten dich: Hilf uns aus unserem Kleinglauben, in dem wir so schnell vergessen auch in der Furcht mit deiner Nähe zu rechnen. Laß uns aus der Unruhe heraus in dem Vertrauen auf dich Ruhe und Besinnung finden. Hilf uns, dein Wort zu hören, das uns stärkt und Orientierung schenkt, das uns hilft im Tun und Lassen.

Fürbittengebet
Gott und Vater! Du hast uns die Welt gegeben und die Menschen neben uns. Du willst, daß gerechte Verhältnisse herrschen im Großen wie im Kleinen. Wir sind dankbar dafür, daß du mit uns Frieden willst. Für uns bleibt vieles zu tun in unserem Lebensumfeld, dem Ort, dem Land und der ganzen Welt. Gib uns Mut, schenke uns Phantasie, damit wir bewahren und nicht zerstören, lieben statt hassen, helfen statt auszunutzen.
Wir bitten dich: Herr, erhöre uns!

Herr Jesus Christus! Du hast uns Liebe und Frieden vorgelebt. In deinem Sinne zu leben müßte heißen: Leiden in der Welt zu mindern, dem Mitmenschen entgegenzugehen, in Hoffnung auf Besserung dem Schrecklichen ins Auge zu sehen.
Gib uns die Kraft, daß Menschen in unserer Umgebung spüren: Du bist unser Leben. Laß uns dasein, wo wir gebraucht werden.
Wir bitten dich: Herr, erhöre uns!

Gott, Heiliger Geist! Du schenkst Orientierung und Halt auf Gottes neue Zukunft hin.
Wir hängen mehr an alten Zöpfen. Gewohnheit zählt mehr als deine Anregung, weil wir so unsicher und klein im Glauben sind.
Schenke uns Zuversicht für einen neuen Lebensstil, damit wir nicht weiter im Wege stehen in unserer Kirche, in unserer Umwelt, im persönlichen Leben.
Mache uns freimütig und offen, lehre uns bescheiden zu leben und die Kleinlichkeiten geduldig zu tragen. Lehre uns lieben und vergeben.
Wir bitten dich: Herr, erhöre uns!
(Nach: Gebete für die Gemeinde. Gebrauchstexte für die Gemeindearbeit, hrsg. von Fr. Heydenreich, 2. Aufl. Berlin 1986, Seite 102 f.)

Vorschlag zur Predigt

Möglicher Anfang:
Sintflutgeschichten haben Hochkonjunktur. »Solange die Erde steht« haben wir Menschen Furcht vor dem unabwendbaren Ende unserer Welt und unseres Lebens. Wir Menschen erleben unsere Welt seit jeher genauso als Lebensraum und Lebensspender wie als Lebensbedrohung. Und diese Angst hat auch uns Menschen des ausgehenden 20. Jahrhunderts nicht verlassen. Weil das so ist, verdient die Filmindustrie Hollywoods Millionen, indem sie immer wieder diesen Angstnerv kitzelt. Da kommen Außerirdische Wesen und zerstören durch wahnsinnige magnetische Kräfte wie Parasiten unsere Welt und unser Leben. Meteoriten und Asteroiden drohen die Welt in Schutt und Asche zu legen. Im Film »Twister« wird ein Atombunker zur rettenden Arche einer millionen Menschen, in dem Film, mit den Namen »Armageddon« wird ausgerechent eine Atombombe zum Retter der gesamten Menschheit, nachdem der Hauptheld den Zünder bedient und damit sein Leben opfert für das Leben der vielen Menschen auf der Erde.
Im Mittelpunkt dieser Filme stehen immer die menschlichen Helden, die zum Teil ihr Leben opfern. Die Furcht vor Chaosmächten ist die alte geblieben wie zur Zeit der Sintflutgeschichte. Aber die Hoffnung auf Rettung hat sich kollossal gewandelt. Menschen retten den Menschen.

Mögliche Gedanken im Mittelteil
In dem Verhältnis von uns Menschen zu den Gewalten dieser Erde und des Kosmos spielt heute offenbar Gott keine Rolle mehr. In einigen Blicken auf die modernen Sintflutgeschichten wird dies überdeutlich.
Gott – so wird im ersten Mosebuch erzählt – hatte die Lust an seiner Welt verloren, weil der Mensch so war wie er ist. Das war die Ursache der Wasserkatastrophe. Gott ist der Verursacher. In dem Filmen heutiger Tage ist es immer eine außer Rand und Band geratene Welt. Bösartige Außerirdische oder aus der Bahn geratene Himmelskörper bedrohen den unschuldigen Menschen. Der Mensch hat mit dem Chaos nichts zu tun, außer daß es ihn bedroht und er es abwenden muß. Wo Gott nicht mehr in Verbindung mit der Ursache des Chaos geglaubt wird, taucht er auch als Retter offenbar nicht mehr auf.
Rettung geschieht in der Sintflutgeschichte, weil Gott eine neue lebensspendende Ordnung setzt und seine Hand über die chaotischen Mächte der Welt wie über den Menschen hält. Nach heutigen Vorstellungen müssen und können wir Menschen heilsam in die außer Rand und Band geratene Welt eingreifen. Auf Gottes gesetzte Ordnung wird kein Vertrauen gesetzt – das zeigt schon die große Resonanz dieser Stories. Menschen müssen eingreifen und die Ordnung wieder zur Ordnung werden lassen.

Der Auszug aus der Arche geschieht, nachdem Gott Noah dies befohlen hat. Am Anfang des neuen Lebens steht dann das erste biblisch bezeugte Opfer des Urvaters Noah, mit dem er Gott dankt und gleichzeitig Gott um Bewahrung in diesem neuen Leben bittet.
Die neuen Sintflutgeschichten enden mit der Feier der Helden. Gedankt wird denen, die überlebt haben genauso wie den sich opfernden Helden. Der Mensch ist als Retter an die Stelle Gottes getreten.
Sicher, wir werden uns alle darüber einig sein, daß diese Filmstories natürlich auch gewinnbringend die Träume der Menschen nach übermenschlichen Leistungen ansprechen.
Gleichzeitig aber leben wir doch in einer Zeit, in der wir Menschen immer mehr Angst vor den Folgen unseres eigenen Handeln bekommen oder diese Folgen sogar an Leib und Leben spüren. Wir erleben, daß wir als Menschen die von Gott gesetzte Ordnung der Welt stören können – und wir stören sie kräftig. Sintflutkatastrophen heutiger Jahre, in denen auch 1998 wieder tausende Menschen getötet werden, sind allzuoft durch die Chaosmacht Mensch verursacht:
Wenn Menschen durch die Fluten von Flüssen Hab und Gut verlieren und sogar getötet werden, dann haben wir Menschen zuvor vergessen, daß es Jahrhunderte als Wahnsinn galt, in den natürlichen Überflutungszonen der Flüsse zu siedeln. Wenn Schlammassen bei Erdrutschen ganze Dörfer und ihre Bewohner unter sich begraben, dann haben wir Menschen zuvor vergessen, daß Skiabfahrtspisten die Erdrutsche praktisch fördern. Wenn Wirbelstürme überall auf der Welt zunehmen, dann haben wir Menschen zuvor die Erdatmosphäre durch Brandrodungen und alltägliche Umweltverschmutzung ordentlich aufgeheizt. Und wenn das Sonnenbaden neben der schönen Hautbräune auch noch Hautkrebs beschert, dann haben wir Menschen zuvor die das UV-Licht filternde Ozonschicht kaputt gemacht. Und wenn die Pole weiterhin abschmelzen, dann tun sie das deswegen, weil wir Menschen ihnen weiterhin kräftig einheizen.
Wir alle wissen auch dies zu genau, das ist die Kehrseite unseres Könnens. Wir können stolz darauf sein, daß wir heilsam mit technischen Mitteln und Möglichkeiten in dieser Welt wirken können – aber ebenso zerstören wir.
Das Ende der Sintflutgeschichte, höre ich als einen Hinweis darauf, wo wir Menschen den Ausweg aus diesem Dilemma finden.
Dieser Ausweg liegt einmal in zurückgewonnener Bescheidenheit von uns Menschen. Wir sind nicht Herren der Weltordnung, sondern bleiben immer der Weltordnung unterlegen. So sehr wir auch forschen und suchen – die Gesetze des Lebens bleiben, solange das Leben bleibt. Wer dies übersieht, sägt an dem Ast, auf dem er sitzt. Aber diese Bescheidenheit kann man nicht einfach einfordern, sie braucht ein tragfähiges Fundament.
Und dieses Fundament setzen Religion, setzt unser christlicher Glaube. Da, wo der Mensch nicht an Gottes Stelle treten will, nur da, wo der

Mensch sein Geschöpfsein anerkennt und Gott als Schöpfer und Erhalter des Lebens erkennt, nur da wird die Boshaftigkeit des Menschen so in Grenzen gehalten, daß das Leben und die Schöpfung nicht als Ganzes gefährdet wird.
Gott als Herr des Lebens zeigt in diesem Abschnitt des 1. Mosebuches, daß er ein lernfähiger Gott ist. Er erkennt, daß der Mensch in seiner Boshaftigkeit unbelehrbar ist. Noah geht aus der Arche, weil er glaubt, daß diese Katastrophe einzigartig bleibt.

Möglicher Schluß
Und so beginnt ganz am Anfang der Bibel die Liebesgeschichte Gottes mit uns Menschen. Freilich eine oft sehr einseitig geschenkte Liebe und einseitig gegebenes Vertrauen. Und diese Geschichte zieht sich durch die Bibel hindurch, durch die Geschichte der Propheten bis hin zu Jesus von Nazareth, bis hin zu seinem Lebensopfer. Mit Jesus nämlich wird deutlich, daß auch dieser Satz »Solange die Erde steht, soll nicht aufhören ...« keinesfalls eine neue Androhung einer noch ausstehenden Katastrophe ist, sondern die Ermutigung angesichts des unvermeidlichen eigenen Lebensendes und irgendwann wohl auch des Endes dieser unserer Erde nicht in Resignation zu verfallen, denn dieses Ende ist keinesfalls das Ende mit dem Gott, der uns diese Welt geschenkt hat, damit wir sie pflegen, nutzen und bewahren. Niemals gibt es ein Umsonst aller unserer kleinen Versuche, ein wenig von dieser Welt zu bewahren. Denn Gott ist mit uns noch lange nicht am Ende, wenn es für uns ans Ende geht. Und deswegen lohnt es sich schon, daß ein jeder von uns trotz beeindruckender Glimmerwelt aus Hollywood, trotz großer in Filmen vorgespielter menschlicher Träume von selbstlosen Rettern und »segensreichen« Atombomben sich entscheidet, von wem er sich mehr begeistern lassen möchte.
Von den ach so menschlichen Träumen von der Übemenschlichkeit unserer Leistungsfähigkeit für eine Welt, die irgendwann dem Steuermann Mensch unterworfen ist, oder von der stillen Einsicht, daß es sich lohnt, vor Gott unserem Schöpfer verantwortlich all das zu tun und zu unterlassen, was mir am Ende keine Sorgen zu bereiten braucht.

Kontexte

»Einst war es die Religion, die uns mit dem Richterspruch am Ende der Tage drohte. Heute ist es unser gequälter Planet selbst, der die Ankunft dieses Tages voraussagt. Diese letzte Offenbarung kommt nicht vom Berg Sinai, nicht von jenem Berg der Predigt, auch nicht vom Bo-Baum Buddhas – es ist die Anklage der stummen Kreatur, die uns mahnt, unsere ehrgeizige Allmacht zu zähmen, damit wir nicht allesamt zu Grunde gehen in einer Wüste, die sich einst als Schöpfung präsentierte.«
(Jonas, Hans; zitiert nach Dönhoff, Marion Gräfin: Zivilisiert den Kapitalismus, Stuttgart 1997, Seite 199 f.)

»Nach übereinstimmendem jüdisch-christlichen Glaubenszeugnis sind die Natur und der Kosmos Schöpfungstat Gottes. Mit diesem Bekenntnis beginnt die hebräische Bibel, das Alte Testament. Aus dem Neuen Testament ist zu diesem Thema wenig zu entnehmen. Aber daß die Nächstenliebe auch eine vertikale Dimension in die Zukunft hat und die Verantwortung für die kommenden Generationen miteinbezieht, ergibt sich aus dem politischen Auftrag der Botschaft Jesu, die Welt zum Guten zu verändern. ... Die Botschaft Christi würde in diesem Zusammenhang sicher lauten: Ihr dürft die Interessen der Gegenwart nicht höher bewerten als die Interessen der Zukunft. Dies müßte Christen, die daran glauben, daß das Leben mit dem Tod nicht zu Ende ist, plausibel sein und sie dazu bringen, über ihren Tod hinaus Verantwortung für diejenigen zu übernehmen, die nach ihnen kommen.«
(Geißler, Heiner: Das nicht gehaltene Versprechen, Seite 163 f., © 1997 by Verlag Kiepenheuer & Witsch, Köln)

»Liebet die ganze Schöpfung Gottes! Sowohl den ganzen Erdball, wie auch das kleinste Sandkorn. Jedes Blättchen liebet, und jeden Sonnenstrahl! Liebet alle Dinge! Wenn ihr das tut, so werden sich euch in ihnen die Geheimnisse Gottes offenbaren.«
(Fjodor M. Dostojewski; Fundort ist mir nicht mehr bekannt.)

»Mir geht allerdings die bei manchen Naturfreunden verbreitete Verabsolutierung des Naturschutzgedankens ziemlich auf den Wecker. Auch ökologischer Fundamentalismus ist mir zuwider. Der Mensch taucht dabei lediglich als Verursacher von Umweltzerstörungen auf, als wenn es das Beste wäre, er zöge sich von diesem Erdball zurück. Natürlich kommen Pflanzen, Tiere, Luft und Wasser ohne Menschen aus. Umgekehrt gilt das nicht. Also muß ich mir doch – um der Menschen willen! – Gedanken um umweltverträgliches Wirtschaften machen.«
(Heidi Simonis: Kein Blatt vorm Mund, Hamburg 1997, Seite 96 f.)

Ein weiterer Kontext, gefunden in: Fundamente. Christsein heute, 5. Aufl. 1995, Neukirchen-Vluyn 1991, Seite 53.

21. Sonntag nach Trinitatis

Annäherungen an den Predigttext Matthäus 10,34–39

Hans Hermann Blettgen

Vorbemerkung
Die folgenden Notizen gehen auf Gespräche zurück, die in einem Kreis von LehrerInnen, Wirtschaftlern, Erzieherinnen u. a. geführt wurden.
Die Gespräche bewegten sich – entsprechend dem redaktionellen Aufbau von Matthäus 10,34–39 – am Text entlang.
Der Gesprächskreis trifft sich regelmäßig. Der Umgang mit der Bibel ist ihm vertraut.

Vers 34:
... Also nicht »Schwerter zu Pflugscharen«, sondern Pflugscharen zu Schwertern? ... Nein! Jedenfalls nicht generell. Nur im Kriegsfall bzw. in der Verteidigungssituation schmiedeten die Israeliten ihre Pflugscharen zu Schwerter um. – Eisen war Mangelware. – Abgesehen von der Landnahme hat Israel seinen Nachbarn das Schwert nicht »gebracht«. Kriege wurden ihm – wie in jüngerer Zeit – meist aufgezwungen. War die Gefahr gebannt, schmiedete man die Schwerter wieder zu Pflugscharen um ... Ich bin der Ansicht, daß auch Jesus v. N. den Konflikt nicht suchte, ihm aber nicht auswich, wenn er sich in ihn hineingezogen sah. Allerdings bevorzugte er zivile Lösungen. Daher möchte ich das Wort »Schwert« symbolisch verstehen ... Vergessen wir nicht, daß das Schwert als Kriegsinstrument zur Zeit Jesu alltägliche Realität war! Ist es denn so abwegig anzunehmen, daß der Nazarener den blutigen Alltag von Kampf und Krieg nüchtern als gegeben und – wenigstens zeitweise – als berechtigt anerkannt haben könnte? Ist es denn ausgemacht, daß Jesus zu den weltentrückten Pazifisten gehörte? Er kam immerhin aus Galiläa. Galiläa war traditionell eine Hochburg des Widerstandes gegen Rom. – Und was die Realität des »Schwertes« heute betrifft: Wie sollen Politiker aus christlicher Verantwortung heraus entscheiden, wenn sich alle politischen Vereinbarungen zwischen Kriegsparteien und alle Rechtsmittel, sie durchzusetzen, als wirkungslos erweisen? Sollen sie etwa bedauernd mit den Schultern zucken, wenn auf unserer einen Erde Männer verjagt oder abgeschlachtet, Frauen vergewaltigt und selbst Kinder getötet werden? Das alles können wir doch nicht mit gutem

Gewissen als innere Angelegenheit autonomer Staaten abtun. Hier Bereiche aus unserer Verantwortung vor Gott aussondern, heißt sündig werden. Hier das »Schwert« nicht »bringen«, heißt vor unserem Schöpfer an unseren Mitgeschöpfen schuldig werden ...
In der christlichen Ikonographie ist das »Schwert« Symbol für den glatten Schnitt, für die klare »Unterscheidung der Geister«. Jesus v. N. bringt ja keinen konfliktlosen Heilszustand. Im Gegenteil! An seiner Person scheiden sich die »Geister«, d. h. zeigen sich die wahren Einstellungen, die wahren Charaktere; Gegensätze brechen auf; wahre Verhältnisse werden erkennbar ... Und doch zeigt sich der Nazarener in den Evangelien zugleich als »Friedensbringer«! Wie geht das zusammen? ... Ich schlage vor, den Frieden, der er »bringt«, prozeßhaft zu verstehen: Zunächst die Phase des »Schwertes«, d. h. der klaren Unterscheidung der Positionen, damit wir uns nicht vorschnell mit der Illusion eines faulen Friedens beruhigen; dann die Phase der Friedensstiftung im engeren Sinn, d. h. des Bemühens, die Vertreter der unterschiedlichen Positionen zu einem für alle erträglichen Zusammenleben zu bewegen ...

Verse 35–37:
Das Wort »Feinde« bezogen auf Familienmitglieder stört mich. Widerstand – ja! Trennung – um des »lieben Friedens« will – ja! Aber Feindschaft – nein!
... Jesus wußte, wovon er redete. Seine Familie hielt ihn für verrückt. Sie lebte getrennt von ihm. Sie sah in ihm jemanden, der geltende Lebensordnungen »verrückte«, der Unfrieden brachte, indem er die natürlichen Beziehungen zu Vater, Mutter, Bruder, Schwester infrage stellte. Biologische Verwandtschaft bedeutete ihm weit weniger als der gemeinsame Glaube. Glaubensverwandtschaft ersetzte in seinen Augen Blutsverwandtschaft ...
Ich komme auf das Wort »Feinde« zurück. Es ist ja nicht gesagt, daß es bei der Feindschaft z. B. zwischen Mutter und Tochter bleiben muß. Wenn Friedenstiften prozeßhaft verläuft, dann ist doch Verfeindung innerhalb der Familie nicht mehr als eine Übergangsphase im Klärungsprozeß auf wahren Familienfrieden hin. Warum sollte mein heute mir noch »feindlich« gesonnener leiblicher Bruder nicht morgen mein Glaubens-»Bruder« werden können? Und: Ist er nicht schon heute daraufhin anzusehen und zu behandeln? »Liebet eure Feinde!« ... Friede ist der Zustand, auf den alles Zusammenleben abzielt ... Die biblischen Friedensvisionen richten unseren Blick auf das Fernziel des weltumspannenden Gottesfriedens und versetzen uns dadurch in die Lage, heutige Grenzen als nur vorläufig anzusehen und sie zu überschreiten. Grenzüberschreitungen von der Feindschaft zur Freundschaft, vom Nichtverstehen zum Verstehen, vom Haß zur Liebe, gehören zum notorischen Verhaltensrepertoire derer, die sich in ihrem Denken und Tun dem Nazarener anschließen ...

Ich frage mich, was »mehr liebt« bedeuten könnte ... Haben nicht die Jünger das »Mehr« vorgelebt? Sie verließen Haus und Hof ... und ließen Frauen und Kinder, alte Eltern unversorgt zurück!? Das kann doch nicht gemeint sein. Ich jedenfalls fühle mich nicht dazu aufgerufen, meine Familie zu verlassen. Deshalb möchte ich die Worte Jesu eher als Frage nach dem verstehen, was mir im Zusammenleben mit meiner Familie, mit anderen Menschen wichtig ist ... Könnte »mehr« nicht heißen, in Orientierung an den Nazarener unsere unter eingeschliffenen Gewohnheiten leidenden Beziehungen zum Lebenspartner, zu den Eltern, zu den Kindern von ihm her in den Blick zu nehmen, d. h. sie auf Wahrheit also auf Ehrlichkeit, auf Offenheit, auf Toleranz hin durchzuklären, um so zur wahren ehelichen Liebe, zur wahren Mutter- bzw. Vater- oder Kinderliebe, zum wahren Familienfrieden durchzudringen? »Ich bin der Weg und die Wahrheit und das Leben ...!«
... Der familiäre Rahmen ist mir zu eng. Jesus v. N. spricht zwar von »Hausgenossen«, wenn ich jedoch »Haus« höre, drängt sich mir das Bild »Haus Europa« auf. Sitzen wir nicht bald mit Franzosen und Engländern und den anderen Nachbarvölkern an einem Tisch? ... Sollten wir nicht noch einen weiteren Schritt tun und den Rahmen »Familie« auf die weltweite Völkerfamilie ausdehnen? Letztlich geht es doch um den Frieden, um einvernehmliches Zusammenleben aller mit allen in der einen Welt.
... In diesem Zusammenhang eine Anmerkung: Ich bin der Meinung, daß die Zeichen darauf hindeuten, daß sich in dem kommenden Jahrtausend nicht so sehr die Nationalstaaten, sondern die großen Weltreligionen bekämpfen werden. Einen Vorgeschmack bieten die Fundamentalisierung von Teilen der islamischen Welt, deren Auswirkungen uns schon heute treffen ...

Vers 38:
... Das Kreuz Jesu Christi, so behauptete man immer wieder, verlange Aufgabe der eigenen Meinung, Unterdrückung der eigenen Gefühle, Rückstellung der eigenen Bedürfnisse, Anerkennung angeblich naturgegebener bzw. gottgewollter Unterschiede zwischen den Menschen, m. e. W. totale Selbstverleugnung. Man ließ Menschen Entbehrungen ertragen bzw. »Kreuze« tragen, die man ihnen gegenüber zwar als Kreuz Christi bzw. als Willen Gottes ausgab, die aber letztlich nur zur Beruhigung und damit der eigenen ungestörten Nutznießung dienten. Ich erinnere daran, wie die sogenannte christliche Arbeitgeberschaft mit den proletarisierten Industriearbeitern im 19. Jahrhundert umgegangen ist.
... Ich verstehe das Wort als Abschreckung. Möglicherweise jungen Hitzköpfen entgegengehalten, die sich spontan und begeistert der Bewegung des Nazareners anschließen wollten, ohne die möglichen Folgen, die sich aus den Widerständen gegen seine Friedensbotschaft ergeben konnten, überdacht zu haben. Etwa in dem Sinne: Wenn du nicht bereit bist, gege-

benfalls den Tod am Kreuz auf dich zu nehmen, kannst du nicht mein Jünger sein ... Konsequentes Leben und Entscheiden aus dem Geist Christi heraus, Eintreten für Gerechtigkeit und – infolgedessen – für Frieden im eigenen Haus, in der Öffentlichkeit, zieht auch heute mehr als nur ein Kopfschütteln nach sich. Das ist gut zu wissen. Es vertreibt Illusionen, bewahrt vor Enttäuschung und hält zur nüchternen Betrachtung der Machbarkeit von friedlicheren Zuständen an. – Ich war in Gorleben dabei! – ...

Vers 39:
... In welchen Situationen verlieren wir Leben? ... Ich stelle mir vor, daß Jesus v. N. weniger die einzelne Situation als unsere grundsätzliche Einstellung zum Leben anspricht. Kann nicht jede Situation, die wir mit der falschen Einstellung durchleben, zu Verlust an Leben, an Lebensqualität führen?
... »Sein« Leben! Mein Leben ist nicht allein »mein« Leben. Mein Leben gestaltet sich vielmehr durch meine Beziehungen zu den Menschen und zu Gott. Die Art, wie ich mit meinen Mitmenschen zusammenlebe, wie ich Gott mit meinem Leben verbinde, macht »mein« Leben aus. So gesehen gehört es nicht allein mir, sondern immer zugleich auch Gott und den Menschen. Suche ich abgesehen, abgesondert davon – ich assoziiere das Wort »Sünde« – mein Leben zu »finden«, so werde ich nichts weiter finden als ein belanglos dahinlebendes, atmendes und essendes und trinkendes unwichtiges Etwas, das trotz aller möglichen Erfolge – gesellschaftliche Anerkennung, wirtschaftliche Sicherstellung usw. – nur aufgrund seines äußeren Erscheinungsbildes Mensch genannt werden kann. Suche ich dagegen »mein« Leben von Doppelgebot der Liebe hier zu gestalten, so wird es für meine Mitmenschen, für Gott, für mich wichtig. Ich »finde mein« Leben ...

Zum Gottesdienst

Klaus Johanning

Exegetisch-homiletische Skizze

Einst, als die Welt noch in Ordnung war, gab es die Familie nicht allein als Keimzelle des bürgerlichen Staatswesens, sie galt auch als kleinste Einheit und Sinnbild der Kirchengemeinde.
Wie Schwestern und Brüder sollten wir zusammenleben, ein väterlicher Pfarrer oder Priester in unserer Mitte vertrat den Vatergott, und unsere (selbstverständlich eheliche und heterosexuelle) Menschenliebe sollte die

Liebe Christi zu uns widerspiegeln. Erbauliche Haustafeln gaben vor, was in Kirchengemeinden zum Teil bis heute ungebrochen selbstverständlich ist.
Es war daher wohl weise Voraussicht, den Text Matthäus 10,34 ff. in die Trinitatiszeit zu verbannen. Man stelle sich einmal vor, welch verheerende Wirkung er zu Weihnachten hätte! Natürlich bekommt das Bild der glücklichen Familie von Zeit zu Zeit häßliche Flecke: wenn etwa Pfarrerin oder Pfarrer sich scheiden lassen, wenn die eigenen Kinder homosexuell sind oder sich sonstwie dem bürgerlichen Familienleben verweigern – oder wenn Jesus »vom Leder zieht« wie in diesem Text nachzulesen.
Welchen vernünftigen Grund kann es geben, diesem Jesus noch nachzufolgen? Er bringt nicht Frieden, sondern das Schwert, er entzweit friedliche Familien in ihren Eigenheimen, er ist der Alptraum der bürgerlichen Gesellschaft, die mit ihren »sauberen« und »heilen« Fassaden nach wie vor ein Idealbild ist.
Unsere Kirche wird immer noch weitgehend von bürgerlichen Wertvorstellungen geprägt, nicht zuletzt deshalb, weil die, die sie haupt- oder ehrenamtlich leiten, in der Regel der Mittelschicht entstammen. Menschen, die diesen Werten durch ihren Lebenswandel oder bestimmte Lebensumstände nicht entsprechen (können), werden eher als »Seelsorgefälle« angesehen.
Allerdings gab und gibt es auch immer wieder innerkirchliche Kritik an der Familienzentrierung unserer Gemeinden:
»Die Familie der Männer ist nicht die Familie der Frauen.« So hieß es vor einiger Zeit in einer Synodalvorlage der Evangelischen Kirche von Westfalen zum Thema »Gemeinschaft von Frauen und Männer in der Kirche« (im Auftrag der Kirchenleitung der Evangelischen Kirche von Westfalen herausgegeben 1993, Seite 26). Das Echo war natürlich sehr kontrovers. Und in der Tat: Gar so harmonisch und friedfertig wie einige denken, geht es in unseren Familien offenbar nicht zu. Fachleute sprechen von einer großen Dunkelziffer bei Mißhandlungen von Frauen und Kindern; bei Mißbrauch und Vergewaltigung sind die Täter nicht selten im engeren Familienkreis zu finden. Im Bereich der alten Bundesrepublik wurden Anfang der neunziger Jahre jährlich 300 000 Kinder (80 % Mädchen) sexuell mißbraucht, über 100 000 Frauen vergewaltigt und ca. 100 000 Ehefrauen von ihren Männern mißhandelt (Gemeinschaft von Frauen und Männern in der Kirche, Seite 18).
Frauenhäuser klagen in der Regel nicht über Unterbelegung; die Zahl gestörter Kinder und Jugendlicher ist seit Jahren konstant hoch.
»Patient Familie« lautete bereits in den siebziger Jahren der Titel eines Therapieklassikers. Familienberatungsstellen haben keinen Mangel an »Kundschaft«. Sie wissen von überforderten Eltern, aggressiven Kindern, Scheidungskrieg und chaotischen Zuständen aller Art zu erzählen.

Kein Zweifel: Hinter den heilen Fassaden der kleiner werdenden bürgerlichen Welt verbirgt sich häufiger als man gemeinhin denkt eine häßliche Wirklichkeit aus psychischer und physischer Gewalt.
Nun hatte Jesus bei seinen Worten allerdings nicht die bürgerliche Kleinfamilie vor Augen, sondern den vielköpfigen Sippenverband. Hier sind Kinder keine kleinen Prinzen und Prinzessinnen, sondern die Altersversorgung der Eltern; hier ist der Vater »Herr im Haus«, die junge Frau wird der Familie ihres Ehemannes »übereignet«. Man heiratet nicht aus Liebe, sondern um sich und die Seinen für die Zukunft abzusichern. In der Großfamilie hat jede und jeder eine festgelegte Rolle. Wer aus diesem Verband »austritt« oder ausgeschlossen wird, verliert jegliche soziale Absicherung. Die »Entzweiung« mit Vater und Mutter bedeutet dementsprechend einen freiwilligen Verzicht auf ökunomische Sicherheit.
Die Jünger, die alles liegen und stehen lassen, als Jesus sie anspricht (Matthäus 4,18 ff.), die Nachfolgewilligen, die nicht zurückblicken sollen, wenn sie die Hand an den Pflug legen (so u. a. Lukas 9,57 ff.), sie geben konkrete Beispiele für die Aussage: »Wer sein Leben findet, der wird's verlieren.«
Jesus selbst entstammt wohl keiner glücklichen Familie: Rätsel um die Vaterschaft, Geburt in einem Stall, später öffentliches Befremden der Angehörigen über sein Reden und Tun. Da hatte er es natürlich nicht allzu schwer mit der Prophezeiung, daß des Menschen Feinde seine Hausgenossen sein werden.
An diesem Punkt treffe ich mich mit den »Annäherungen«, die den Begriff »Haus« nicht auf die engsten Angehörigen beschränkt sehen wollen. Allerdings zielt Jesus nicht darauf ab, einen »höheren« Familienfrieden im Geist seiner Botschaft unter den Menschen zu verbreiten. Der Text betont sehr deutlich, daß Jüngerschaft zur Entzweiung führen kann - auch zwischen Menschen, die sich lieben.
Ihn als Anleitung zum partnerschaftlichen Umgang im Familienverband zu verstehen, nimmt ihm die schmerzhafte Spitze und beraubt ihn seiner provozierenden Wirkung. Der »höhere« Friede Gottes führt eben nicht zu einem besseren familiären Miteinander, sondern zu einer gänzlich neuen Gemeinschaft, wie sie die zwölf Jünger und die idealtypische Darstellung der Urgemeinde in der Apostelgeschichte antizipieren.
Es ist wichtig, sich vom emotional hoch belasteten Bild der »glücklichen Familie« zu lösen und neue Wege des Zusammenseins ins Auge zu fassen, wie sie durch die Aufforderung zur Kreuzesnachfolge beschrieben werden. Christliches Leben ist im Sinne von Matthäus 10,34–39 kein Idyll; es bedeutet Entzweiung. Aber genau darin liegt auch eine Chance zum Neuanfang:
»Könnte es sein, daß durch die Entzweiung Menschen sich selbst als eigenständige Persönlichkeit erleben lernen, nicht festgelegt durch ihre Beziehung zum Vater, zur Mutter, zur Schwiegermutter? ... Könnte es sein, daß wir nur so die Frage wahrnehmen: Wer bist du? Wer bin ich?« (In: Gottes-

dienst anläßlich der Mitte der Ökumenischen Dekade, Gottesdienst-Materialien zur Ökumenischen Dekade 2, hrsg. von der Westfälischen Arbeitsstelle »Ökumenische Dekade«, Soest, Seite 14).
Der Text wird zum Evangelium, versteht man ihn als Anfrage an festgefahrene Strukturen im eigenen Leben: Muß ich denn wirklich allen eine glückliche Familie vorspielen? Ist es meine einzige Aufgabe in dieser Welt, liebende Ehefrau und Mutter oder starker Vater zu sein? Viele Menschen, auch viele Familien zerbrechen an diesen Rollenklischees. Jesus sagt: Wenn du mir folgst, bist du noch etwas anderes als Ehemann, Ehefrau, Sohn oder Tochter.

Vorschläge zur Liturgie

Am 21. Sonntag nach Trinitatis, kurz vor dem Ende des Kirchenjahres, sind in der Regel die »geübten« Gottesdienstbesucherinnen und -besucher unter sich.
Da der Predigttext einlädt, gewohnte und vertraute Rollen infrage zu stellen, bietet es sich an, auch beim liturgischen Rahmen von den üblichen Formen abzuweichen. Schließlich ist auch der Besucher/die Besucherin im Gottesdienst oft sehr festgelegt (angefangen beim »Stammplatz« in der Kirchenbank).

Beispiel für ein anderes *Kyrie:*
Festgesetzt zwischen / Dingen, Ansichten, Vorurteilen / Eingemauert, gefesselt. / Unbeweglich geworden, / bitten wir dich: / Erbarme dich
Beschallt von / Kommentaren, Stimmen, Meinungen. / Verwirrt, urteilsunfähig. / Taub geworden, / bitten wir dich: / Erbarme dich
Bedrängt durch / Appelle, Ansprüche, Anweisungen. / Müde, zerrissen. / Tatenlos geworden / bitten wir dich: / Erbarme dich
Hans-Jürgen Kant in: Gottesdienstpraxis Serie A, I/1, hrsg. von E. Domay, Gütersloh 1990

Anschließend: Meine engen Grenzen, EG 600 (Lokalteil Rheinland/Westfalen/Lippe); oder ein *Kyrie in Kanon-Form,* beispielsweise EG 178.14 (trotz mäßiger musikalischer Begabung habe ich es bereits zweistimmig im Gottesdienst singen lassen).

Weitere Lieder:
Strahlen brechen viele (EG 268); Laß uns den Weg der Gerechtigkeit gehen (EG 675, rheinisch/westfälisch/lippischer Lokalteil); Herr, wir bitten, komm und segne uns (EG 607, rheinisch/westfälisch/lippischer Teil); Unfriede herrscht auf der Erde (EG 671, rheinisch/westfälisch/lippischer Teil); In dir ist Freude (EG 398); Aus tiefer Not (EG 299); Bewahre uns, Gott (EG 171).

Gnadenspruch:
Zur Freiheit hat uns Christus befreit! So steht nun fest und laßt euch nicht wieder das Joch der Knechtschaft auflegen! (Galater 5,1)

Kollekte
Gott, Quelle des Lebens, von Generationen zu Generationen kommen wir als Frauen und Männer in deinem Namen zusammen. Du stärkst den Glauben. In deiner Wahrheit entdeckt sich jede und jeder von uns neu. Du ermutigst uns zum Gespräch. Es soll gelingen. Unterschiede können ihr Trennendes verlieren. Dazu vertrauen wir ganz auf dich durch Jesus Christus, deinen Sohn.
(In: Gottesdienst anläßlich der Mitte der Ökumenischen Dekade, s. o., Seite 10)

Lesung
Statt der vorgesehenen Epistellesung aus dem Epheserbrief über die christliche »Waffenrüstung« schlage ich vor, 1. Korinther 12,12–14.26 f. zu wählen. Da der Predigttext schon recht schwierig ist, sollte die Lesung etwas eingängiger sein.

Fürbitten:
Gott, laß uns anfangen, auch wenn wir nicht viele sind.
Laß uns anfangen, die Welt zu verändern.
Mit der Kraft, die wir haben, laß uns Frieden stiften, wo Menschen sich bekriegen – und gib das Deine dazu.
Mit der Phantasie, die wir haben, laß uns unsere Stadt verändern, damit Kinder darin wachsen können – und gib das deine dazu.
Mit der Liebe, die wir haben, laß uns Menschen erreichen, die zu verzweifeln drohen – und gib das Deine dazu.
Laß uns anfangen.
Das Vollenden lassen wir dir.
Als deine Gemeinde beten wir zu dir: Vater unser ...
(Ulrich Kock-Blunk, in: Mensch, Gott! Gütersloh 1997, Seite 129)

Vorschlag zur Predigt

Möglicher Anfang
Vermutlich ist es Ihnen auch schon einmal passiert: Sie meinen, jemanden zu kennen, Sie glauben zu wissen, wie er denkt, und dann sagt er oder sie etwas, was Sie nie erwartet hätten. »Ich verstehe dich nicht«, ist dann unsere übliche Reaktion, und: »Wie kannst du nur so reden?«
Freundschaften können zerbrechen, weil Worte fallen, die fremd und unverstanden bleiben. Aber es kann auch anders kommen. Blickt man genau hin, dann ist manches Wort, das Menschen »entzweit«, eine unbe-

queme Wahrheit. Es tut deshalb weh, weil es ausspricht, was wir lieber nicht hören möchten.
Jesus war ein Meister im Aussprechen unbequemer Wahrheiten. Er »entzweite« sich so lange mit den Menschen, bis sie ihn ans Kreuz schlugen. Der heutige Predigttext ist für viele unter uns sicher zunächst ein kalter Schlag. Aber vielleicht enthüllt er dennoch wichtige Einsichten, die weiterhelfen können.
Lesung des Textes Matthäus 10,34ff.

Fortsetzung
Die M.'s waren immer eine Familie wie aus dem Bilderbuch. Das Geld, das Herr M. verdiente, legten er und seine Frau für ein Reihenhaus an, damit die Kinder ein schönes Heim hatten. Für deren Berufsausbildung wurde fleißig gespart.
Nun hat Familie M. ein Problem: Seit einiger Zeit ist der Vater arbeitslos. Anfangs war er zuversichtlich. Es würde sich schon etwas finden. Es war schließlich nicht seine Schuld, daß die Firma Konkurs anmelden mußte, und er hatte beste Zeugnisse und viel Berufserfahrung. Allmählich wird die Luft für ihn jedoch dünn. Die Reserven sind aufgebraucht. Immer stärker spürt seine Familie, daß sie sich einschränken muß, verglichen mit den Nachbarn. Zuhause ist die Stimmung gedrückt. Die Kinder verstehen nicht, warum sie nicht bekommen, was ihre Freundinnen und Freunde haben.
Die Eheleute geraten oft über Kleinigkeiten in Streit. Es kriselt zwischen Mann und Frau, Eltern und Kindern. Eine Familie unter vielen bei uns. Da hat man alles, was man braucht, ist glücklich und zufrieden, und mit einem Mal, von einem Tag zum andern, droht alles zu zerbrechen. »Das Leben ist ungerecht«, denkt Herr M. in letzter Zeit oft.
Geld – vor allem wenn es fehlt – kann Menschen entzweien und Freundschaften zerstören, kein Zweifel.
Hätte man Herrn oder Frau M. vor einiger Zeit gefragt, ob sie einander wegen Jesus oder ihres Glaubens verlassen würden, vermutlich hätten sie lachend den Kopf geschüttelt. Es stimmte doch alles in ihrem Leben, ob mit oder ohne Religion, Glaube und Kirche.
Doch nun merken sie, daß sie auf falsche Sicherheiten gebaut haben, daß ihre kleine Welt offenbar doch nicht so heil war, wie sie immer vermutet hatten.
Jesus sagt, daß er Menschen entzweit, selbst engste Freunde und Angehörige. Wir sind vielleicht schockiert über seine Worte. Aber um wieviel entzweien sich Menschen wegen anderer Dinge, beispielsweise wegen des Geldes?
Jesus gibt, wenn er entzweit, etwas Neues: die Gemeinschaft in seinem Namen. Was würde Familie M. nach einer Trennung in Händen halten, abgesehen von einem großen Scherbenhaufen? …

Schluß
Jesus nachzufolgen kann bedeuten, etwas zu verlassen, was uns lieb geworden ist. Kein echter Neuanfang ist ohne Abschied von der Vergangenheit möglich.
Deshalb fürchten wir uns ja auch oft davor, neu anzufangen. Aber Jesus nimmt uns nicht einfach die Vergangenheit ab; er gibt uns Hilfe, sie neu zu verstehen und als wichtige Erfahrung mit in die Zukunft zu nehmen. Familie M. zum Beispiel – könnte sie im Glauben einen neuen Weg finden, gemeinsam ihre Schwierigkeiten zu bewältigen, anstatt sich in gegenseitigen Vorwürfen zu zermürben? Folgen wir Jesus nach, werden wir unabhängiger von den zerbrechlichen Sicherheiten dieser Welt. Wir dürfen vertrauensvoller, getroster nach vorne blicken. Wir werden unser Leben neu entdecken mit seinen Möglichkeiten und mit seiner Liebe.

November-Psalm

Ich male mir mein Leben Herr
Nach deinen Breitengraden
Du läßt mich ganz leicht schweben
Gleich wie am seidnen Faden

Wohl über Sand und Meere
Ich sehe Prunk und Pracht
Ich sehe Lust und Leere
Die Not und auch die Nacht

Dein Blick tut mir genüge
Du weißt was Elend ist
Ich tröste und ich füge mich
Mein Herre Jesu Christ

Am Ende lebt die Liebe
Gar einzig und allein
Drum komm und sprich und übe
Mit uns das glücklich sein

Wir brauchen dein Erbarmen
Im finstern Weltgeschehn
Bis wir in deinen Armen
Uns alle wiedersehn.

Hanns Dieter Hüsch

aus: Hanns Dieter Hüsch/Uwe Seidel, Ich stehe unter Gottes Schutz, Seite 115, 1999[4], tvd-Verlag, Düsseldorf 1996

Reformationsfest

Annäherungen an den Predigttext Matthäus 10,26 b–33

Ralf Handelsmann

Das Gespräch, das diesen Annäherungen zu Grunde liegt, wurde mit Lektoren/Lektorinnen, Kirchenvorstehern/Kirchenvorsteherinnen geführt. »Können wir das noch einmal lesen?« Das war die erste Reaktion auf den Text überhaupt. Die meisten Teilnehmer des Gespräches nickten dazu nur und hielten die Köpfe dabei noch gesenkt. Auch nach erneutem, lauten Lesen gab es keinen stringenten Gesprächsverlauf, d. h. der Text wurde nicht als eine Einheit gesehen oder beschrieben. Aus der eigenen Lebens- und Glaubenserfahrung der Teilnehmer und Teilnehmerinnen heraus entstanden eher Gesprächsbruchstücke zu verschiedenen Interpretationsmöglichkeiten des Textes.

»Fürchtet euch ...!«
»Da wird mir ganz anders, ... das kann einem ja richtig Angst machen!« Aussagen dieser Art bezogen sich auf die Verse 26b, 28 und 33. Die Aussage, vor Gott ist nichts verborgen, stimmte eher ängstlich als hoffnungsvoll. Sie wurde zusammengesehen mit der Aussage, wer Gott verleugnet, der muß sich auch über Konsequenzen nicht wundern. Besonders Gesprächsteilnehmer, die bereits einmal schmerzhaft erlebt hatten, daß ihr Engagement für »Kirche« bei Mitmenschen eher belächelt oder sogar abqualifiziert worden ist, machten sich über diese Sätze sorgen. Denn aus dieser Erfahrung heraus wußten sie von sich, daß das Bekennen des Glaubens nicht immer gelingt, weil manchmal die eigenen Ängste zu groß sind. Vom Kopf her wurde zwar akzeptiert, daß das Verderben der Hölle schlimmer sei, als der körperliche Tod, aber das beruhigte keinesfalls.

»Darum fürchtet euch nicht ...!«
Gleichzeitig gab es auch eine zweite Gruppe, die vehement den bestärkenden Charakter des Textes für sich reklamierte. Die Verse 27 und 29–32 wurden von diesen stärker gehört. Die Aufforderung von Vers 27 wurde als Bestärkung erlebt. »Manchmal traut man sich ja gar nicht, das zu sagen, was man fühlt und denkt, denn es könnte ja falsch sein. Aber wenn ich das (Vers 27) lese, dann bekomme ich Mut ...« So brachte es eine Teilnehmerin

für sich auf den Punkt. »Auch das Kleine in mir ist also wichtig, so höre ich das«, sagte eine andere. Der Anspruch wurde wohl gehört, aber durch die Verse 29–32 so, daß man sich dabei nicht allein, sondern von Gott unterstützt fühlte. Die Vergleiche mit den Spatzen und den gezählten Kopfhaaren lösten Assoziationen aus, die z. T. schon in der Kindheit angelegt waren. Z. B.: Die Haare sind gezählt – die (Lebens-)Jahre auch! Also gibt es keinen Grund zur Panik. Oder: Gottes Mühlen mahlen langsam, aber trefflich fein! Wenn ich auf dem richtigen Weg bleibe, dann wird letztlich alles gut werden.

»Reformation ist schwer …«

Vor dem Lesen des Textes war von mir mitgeteilt worden, daß der Text Grundlage der Predigt am Reformationsfest sein soll. Im Gesprächsverlauf spielte das aber erst im 2. Teil eine Rolle, als die persönlichen Eindrücke/Einsichten zum Zuge gekommen waren. Obwohl alle aus der Gruppe einen Reformationsgottesdienst in den letzten Jahren erlebt, bzw. sogar mitgestaltet hatten, gelang es nicht, Jugendliche/Schüler (die an diesem Tag die größte Gruppe in unserem Gottesdienst stellen) mit ihren besonderen Sichtweisen in den Blick zu bekommen. Im Gegenteil wurde bezweifelt, daß junge Menschen mit diesen Versen überhaupt etwas anfangen könnten. Gerade die Schärfe der Aussagen würde wohl eher abschrecken.
Martin Luther wurde bewundert, weil er der Aufforderung der Verse 27/28/32 so unerschrocken nachgekommen sei. Er habe … »die Aufforderung zum Geradmachen des Rückens …« verstanden und danach gelebt. Bekannte Lutheräußerungen wie: »Hier stehe ich, ich kann nicht anders«, oder Luthers Frage: »Wie bekomme ich einen gnädigen Gott?« wurden benannt. Dabei trug der Text im Wesentlichen dazu bei, sich klar zu machen, wie außergewöhnlich Luther und die Reformatoren sich verhalten haben. Es wurde die eigene Situation mit der der Reformatoren verglichen und erkannt: Damals wie heute ist das »Leben im Glauben« auch mit Ängsten verbunden, die es zu überwinden gilt. Am Ende des Gespräches trat ein gewisser Konsenz ein, der in dem Fazit eines Teilnehmers mündete: »Nehmt eure Furcht ruhig ernst, aber wenn ihr Rückrat zeigt, wird Gott zu den Seinen stehen.« Eine theologisch saubere Trennung von Gesetz und Evangelium, u. U. mit Hilfe von Luther's sola gratia, sola fide, sola Christi habe ich in dem Gespräch unterlassen. Aus dem Text heraus war die Gruppe aber nicht in der Lage, Luthers Grunderkenntnis verbal auf den Punkt zu bringen.
Das Gespräch endete mit dem Vorschlag aus der Gruppe, doch das Lied (EG 595) »Fürchte dich nicht« gemeinsam zu singen, weil hier der Text im übertragenen Sinn auftauchen würde. Das traf bei allen auf Zustimmung und schaffte spürbar eine Verbindung zwischen denen, die innerlich bei der eigenen Furcht stehengeblieben waren und denen, die die Stärkung des Textes für sich schon früh benannt hatten.

Zum Gottesdienst

Elisabeth Müller

Exegetisch-homiletische Skizze

Man kann den Text so angehen, daß er beim bloßen Anspruch bzw. der Aufforderung zum Bekennen verharrt. Dann bleibt er fremd (siehe »Annäherungen«: »Fürchtet euch ...«). Es gibt in der kirchlichen Verkündigung eine Tendenz, den »Futtersack« möglichst hoch zu hängen, nämlich aus einem Text wie dem vorliegenden immer nur den steilen Anspruch herauszuhören, dies womöglich mit als besonders herausragend geltenden Menschen (Luther, A. Schweitzer, Mutter Teresa) zu illustrieren und die Hörenden auf diese Weise frustiert zurückzulassen: Das eigene Leben ist doch im Verhältnis zu diesen Größen der (Kirchen-)Geschichte recht banal (siehe »Annäherungen«: »Reformation ist schwer ...«). Genau dieses Gefühl sollte vermieden werden.

Menschen sind zu besonderer Standfestigkeit imstande, wenn ihnen eine besondere Gewißheit zuteil wurde. Die äußere Standhaftigkeit ist dann die zwingende Folge innerer Gewißheit – und das ist keine Heldentat, sondern solches geschieht durch eine Kraft, die größer ist als einzelne Personen. Auch der exegetische Befund spricht eher für ein Verständnis im Sinne von Zuspruch/Ermutigung. Als »Trost- und Verheißungsworte« etwa versteht W. Grundmann unseren Abschnitt: »Sie legen die Zuversicht des Meisters in die Herzen der Jünger.« Drei (vielleicht ursprünglich selbständige) Logien sind zusammengefügt:

1. Das Verhüllte wird offenbar (26b–27)
2. Fürchtet euch nicht! (28–31)
3. Wer zu mir steht, zu dem/der stehe ich (32–33).

Der gemeinsame Duktus aller drei Logien besteht in der Stärkung und Ermutigung der JüngerInnen:

1. Die Verheißung, das Verhüllte werde offenbar, bestärkt im Wahrnehmen und Ernstnehmen der eigenen (Lebens-)Erfahrung. Was ist in meinem Leben verhüllt und verborgen? Was wage ich nur im Dunkeln zu denken oder zu hören?
2. Die Aufforderung, keine Furcht zu haben, wird begründet

a) mit einer Unterscheidung von Leib und Seele, die die Unverfügbarkeit der Seele betont: Es gibt eine Dimension meines Seins, die sich dem menschlichen Zugriff entzieht.

b) mit dem Beispiel von Spatz und Haar, die jeweils soviel kleiner sind als ein Mensch: In allem, was geschieht, wie schlimm es auch sein mag, wirkt doch Gott und ist das Göttliche nicht abwesend. Gott erscheint hier wie ein geheimer, innerer Zusammenhang der Welt und ihrer Geschichte oder

auch wie ein roter Faden, der die Dinge durchwebt, klassisch-theologisch ausgedrückt durch den Begriff der providentia Dei.
3. Das dritte Logion schließlich benennt eine Erfahrung der Wechselseitigkeit, die in der Theologiegeschichte mit dem mißverständlichen Begriff »Lohn« ausgedrückt wurde. Es geht aber nicht darum, etwas zu erwerben, sondern es geht darum, daß wo immer ich klar zur Macht des Göttlichen in meinem Leben stehe, ich mich mit eben dieser Kraft stärker verbinde - und sie sich mit mir.
Für die Predigt, gerade zum Reformationsfest, liegt der wichtigste Aspekt des Textes in der Gewißheit einer »anderen« Dimension der Wirklichkeit.
Sie ist zumeist verborgen, sie ist - wie die Seele - nicht mit menschlicher Gewalt zerstörbar, wir stehen zu ihr in einer wechselseitigen Beziehung. Diese Gewißheit unseres Predigttextes ist im Leben der meisten Menschen spürbar als eine Ahnung, ein leiser Hauch. Was wir in dieser Hinsicht erleben, behalten wir lieber für uns. Kaum etwas ist in unserer Gesellschaft mit solchen Tabus belegt wie das religiöse Erleben. So bleibt es in der Regel im Dunkeln. Die Aufforderung, das im Dunkeln Erfahrene ans Licht zu bringen, kann als Ermutigung verstanden werden, das Tabu zu brechen: »Manchmal traut man sich ja gar nicht, das zu sagen, was man fühlt und denkt, denn es könnte ja falsch sein. Aber wenn ich das (Vers 27) lese, dann bekomme ich Mut.« (siehe Annäherungen: »Darum fürchtet euch nicht . . .«). Die Frage ist: Gibt es Erfahrungen in meinem Leben, die mich die Gewißheit, die aus diesem Text spricht, spüren oder teilen lassen? Wie drücken sie sich aus?
Das Reformationsfest 1999 ist mit Hilfe dieses Textes eine Gelegenheit, die spirituellen Grundlagen unserer Kirche/unserer Tradition zu reflektieren. Angesichts eines meist vorherrschenden, historisierenden Zugangs zum Glauben tut dies not. Nicht die 500 Jahre zurückliegenden Ereignisse der Reformation sind entscheidend für heutiges Leben und Glauben in der Kirche. Viel wichtiger ist es, ob ich hier und heute, in meinem Leben, das Wirken einer heiligen, göttlichen Macht spüre und erkenne. Und vor allem: ob ich dies gerade für die Krisen und Brüche meines Lebens sagen kann, oder auch für erlittene Gewalt. Deshalb kann es sinnvoll sein, hier auf einen Text wie den von Carola Moosbach zurückzugreifen, in dem der geheime Faden, die leise Ahnung von der Wirkung des Göttlichen gerade durch die Erfahrung von Gewalt hindurch scheint.
Der Predigttext steht bei Matthäus im Zusammenhang der Aussendungsrede Jesu an die JüngerInnen. Mit diesen Worten werden Menschen auf den Weg geschickt. Auftrag und Stärkung gehören dabei offensichtlich zusammen. Es erscheint hier kein autoritärer, Gehorsam fordernder Gott, der mir von vornherein meine Entscheidungen vorschreibt. Vielmehr begegnet mir eine vertrauende, liebende Macht, die mich auf den Weg schickt und mich begleitet. Sie ermutigt mich, dem zu trauen, was ich höre

und erfahre. Sie spricht mir Wert zu und ermutigt mich, in ihre bewahrende Kraft zu vertrauen.

Diese göttliche Macht zeigt ihre besondere Stärke darin, daß sie auch ihre dunkle Seite nicht abspaltet (V. 28 b). Die predigende Person muß entscheiden, ob sie diesen Aspekt, den der Text ja deutlich benennt, thematisieren will: Nicht nur Bewahrung, auch Verderben kann von Gott kommen. Ich halte dieses Thema in unserer Zeit, in der z. B. alle Rachepsalmen aus dem Gesangbuch verbannt sind und die dunkle Seite Gottes nur selten thematisiert wird, für bedeutsam. Dann sollte sich die Predigt aber ganz diesem Aspekt widmen. Als ein Thema unter anderen ist es m. E. zu gewichtig und ja auch kaum mit einigen Sätzen abzuhandeln.

Als Leitgedanken für die Predigt schlage ich daher vor: Gott als verborgene Kraft in meinem Leben und als geheimer Zusammenhang der Welt. Die Predigt geht dann der Frage nach, wo dies im Leben von Menschen erfahrbar wird und was wir tun können, um uns mit dieser verborgenen Kraft stärker zu verbinden bzw. sie sichtbar zu machen.

Vorschläge zur Liturgie

Eingangsgebet

Ja, es ist wahr, Gott,
ich habe in dieser Woche gelebt
und lebe stets
von all dem, was du mir schenkst:
von der Fülle,
die du in mein Leben legst.

Ich lebe vom Licht des Morgens
und von den Träumen der Nacht.
Ich lebe von den Worten,
die andere zu mir sprechen,
und von der Kraft,
die andere mir geben.
Ich lebe von der Arbeit und den Gedanken vieler,
die vor mir auf dieser Erde waren.

Ich lebe mit allem Unfertigen,
das in meinem Leben ist.
Ich lebe mit allem, was schmerzt.

Ich danke dir, Gott,
für die Fülle,
die du in mein Leben legst.
Für das Licht, für die Träume,
für das Wort, für die Kraft,

für die Vergangenheit,
für das Unfertige und den Schmerz.
Ich danke dir für alles, was mein Leben ausmacht.

Einladung zum Kyrie
Gott,
sanft hältst du mich
an deiner Hand.
Aber es ist nicht immer leicht,
dir zu folgen
im Auf und Ab meines Lebens,
in den Anforderungen des Alltags.
Und doch bist du da.

Einladung zum Gloria
Fürchte dich nicht, denn ich bin mit dir;
hab keine Angst, denn ich bin dein Gott.
Ich helfe dir, ja, ich mache dich stark,
ja, ich halte dich mit meiner hilfreichen Rechten. (Jes 41,10)

Lesung
Mt 5,1-12

Fürbitten
Gott,
du hältst in deiner Hand
den Kreis der Jahre
und den Kreis unseres Lebens.
Laß uns das Rechte tun
je zu seiner Zeit.

Unter den Mantel deiner Liebe legen wir
alles Unfertige
alles Unausgesprochene
alles Verborgene
alles Zerstörte
alles Verwundete
alles Falsche.
Nimm es an und verwandle es.

In deinen Schoß legen wir
alle, die Vergebung brauchen,
alle, die die Wahrheit suchen,
alle, die Gerechtigkeit ersehnen.
Nimm dich ihrer an
und zeige ihnen den Weg.

An deine Brust legen wir
alle, die nicht glauben können,
alle, die nicht glauben wollen.
Nimm dich ihrer an
und heile die Wunden.

Lieder

Befiehl du deine Wege EG 361,1+7+12 (besonders schön zum Thema der Predigt: »... der Wolken, Luft und Winden gibt Wege Lauf und Bahn, der wird auch Wege finden, da dein Fuß gehen kann«)
Von guten Mächten EG 65 oder Anhang, z. B. für Rheinland/Westfalen/Lippe Nr. 652
In dir ist Freude EG 398
Herr, wir bitten: komm und segne uns, in vielen Anhängen z. B. für Rheinland/Westfalen/Lippe Nr. 607

Vorschlag für die Predigt

Möglicher Anfang

Heute, am Reformationstag, liegt es nahe, zurückzuschauen auf die Anfänge unserer evangelischen Kirche. Der Blick richtet sich dabei schnell auf die Größen der Geschichte, auf Martin Luther und andere bedeutende Personen. Viele, die noch heute berühmt sind aufgrund ihrer damaligen Taten, waren in jener Zeit sehr umstritten. Sie brachten den Mut auf, eine eigene Meinung zu vertreten. Sie nahmen dafür Unannehmlichkeiten in Kauf und ertrugen die Ablehnung ihrer Zeitgenossen. Woher nahmen sie den Mut und die Energie, das alles zu tun?
Der heutige Predigttext zeigt uns, was Menschen genügend Halt gibt, auch schwierige Situationen durchzustehen und die eigene Überzeugung nicht aufzugeben.
Es sind Worte, die Jesus seinen Jüngern und Jüngerinnen mit auf den Weg gibt, als er sie in kleinen Gruppen losschickt, um zu predigen. Wir hören aus dem 10. Kapitel des Matthäusevangelium die Verse 26–33: ...
Jesus stärkt mit diesen Worten seine Jüngerinnen und Jünger. Zum einen ermutigt er sie, ihrer eigenen Erfahrung zu vertrauen. Das, was sie erlebt haben, was in ihrem Innersten verborgen ist und was sie sich vielleicht gar nicht laut zu sagen trauen - das sollen sie nun öffentlich verkünden.
Was ist das, was Gott zu Menschen im Dunkeln sagt? Wir erleben das wohl unterschiedlich. Es können Gedanken und Überzeugungen sein, die wir im Innersten hegen. Manchmal leise Ahnungen. Vielleicht Träume, die uns mit der Wahrheit unseres Lebens konfrontieren. Ein Moment des Innehaltens. Eine Situation, die uns anrührt. Zu manchen Zeiten sind wir empfänglicher dafür, in anderen eher nicht. Im Leben der meisten Menschen

gibt es solche verborgenen Gedanken und Gefühle. Mag sein, es ist uns peinlich, sie auszusprechen - wir reden nicht über solche Dinge. Vielleicht wissen wir auch, daß wir auf Ablehnung damit stoßen. Mitunter finden wir einfach keine Worte.
In jedem Fall sind die Worte Jesu eine Ermutigung, zu diesen Gefühlen und Überzeugungen zu stehen, unsere Gedanken auszusprechen.

Zum weiteren Verlauf
Auch die anderen beiden Logien sollten entfaltet werden. Allerdings sollte auf *einem* Thema der Schwerpunkt liegen. Dieser Aspekt wird dann in der Predigt vertieft.
»Die den Leib töten, können die Seele nicht töten«: Der Aspekt einer für Menschen nicht zerstörbaren Seele kann sich eng beziehen auf den Anfang der Predigt. Es ist ja oft gerade das Verborgene, Versteckte eines Menschen, was seine/ihre Seele ausmacht.
Den Aspekt eines inneren Zusammenhangs, der auch Spatzen und Haare zählt, läßt sich ebenfalls mit dem Eingang der Predigt verbinden. Hier bietet sich vielleicht das Eichendorff-Gedicht an.
Wichtig ist: Der Text benennt eine Erfahrung innerer Gewißheit, die viele so nicht benennen könnten und die doch gelegentlich aufscheint. Vieles, was uns in dieser Hinsicht geschieht, behalten wir lieber für uns. Oft zweifeln wir an der eigenen Wahrnehmung. Der Text aber fordert uns auf, es gerade nicht für uns zu behalten, sondern die Zweifel zu überwinden und solche Erfahrungen miteinander zu teilen. Das heißt auch, zu ihnen zu stehen.
Die Predigt könnte dazu *ein* Beispiel ausführen.
Ich erlebe oft, daß Frauen solche Erfahrungen benennen: sich nicht zu trauen. So sagte neulich eine ältere Frau: »Die jungen Frauen sind in vielen Dingen viel selbstbewußter als wir Alten und lassen sich die Butter nicht vom Brot nehmen. Aber gegenüber ihren Kindern sind sie anscheinend gar nicht selbstbewußt und lassen sich alles gefallen, schon wenn die Kinder ganz klein sind. Ich habe das Gefühl, das ist nicht in Ordnung. Aber ich traue mich nicht, meiner Tochter das zu sagen.«
Vielleicht wäre es für die Tochter hilfreich, diese Rückmeldung zu bekommen? Wie wäre es, wenn die Mutter einmal sagte, wie sie die Sache sieht?
Das Beispiel kann allerdings ins Auge gehen, wenn ältere Menschen/Frauen sich darin bestätigt fühlen, alles, was von ihrem eigenen Lebensentwurf abweicht, zu bekritteln. Es geht darum, zu den eigenen Überzeugungen zu stehen, nicht aber darum, sie anderen um die Ohren zu hauen. Je nach Publikum müßte auch das vielleicht in der Predigt gesagt werden.

Möglicher Schluß
Wo dies geschieht, liebe Gemeinde, wo wir uns zu unseren Gefühlen und zu unseren Erfahrungen stehen, da werden auch wir erleben, daß uns dies

stärkt. Wir werden selbstsicherer und wir gewinnen Zutrauen in unser Innerstes. Wir lernen, dem zu trauen, was wir im Verborgenen, in der Dunkelheit erfahren und erleben.
Und dies wiederum läßt uns mutiger werden nach außen.
Was sonst nur im Verborgenen existiert, gewinnt Raum in uns und wird stärker.
Der Reformationstag 1999 und das Gedenken an die großen Personen in der Geschichte unserer Kirche - das hält uns vor Augen, wozu wir in der Lage sind, wenn wir uns ein Herz fassen. Und das gilt für jede und jeden von uns - nicht nur für die Größen der Geschichte.

Kontexte

Kämen die Taten und überflügelten unsere Sehnsucht, daß wir nicht immer ans Herz schlagen müßten, über den trägen Lebensgang, ... das wäre die wahre Gesundheit, und wir würden dann scheiden lernen von dem, was wir lieben, und würden lernen die Welt bauen, und das würde die Tiefen der Seele beglücken. So müßte es sein, denn es ist viel Arbeit in der Welt, mir zum wenigsten deucht nichts am rechten Platz.

Bettine von Arnim an Karoline von Günderrode, in: Christa Wolf, Der Schatten eines Traums, © 1997 Deutscher Taschenbuch Verlag, München

Schläft ein Lied in allen Dingen,
Die da träumen fort und fort,
Und die Welt hebt an zu singen,
Triffst du nur das Zauberwort.

Joseph von Eichendorff

Drittletzter Sonntag des Kirchenjahres

Annäherungen an den Predigttext Lukas 11,14–23

Reinhard Kalker

Die Perikope habe ich dem Frauenkreis unserer Kirchengemeinde zur Betrachtung vorgelegt, dem ältere Frauen (ab 60) angehören, die - wie viele in unserer Gemeinde - aus Osteuropa kommen; sie treffen sich regelmäßig, sind in diesem Kreis miteinander vertraut und gehören überwiegend auch zum Kern der GottesdienstteilnehmerInnen.
Folgende Erschließungsfragen habe ich für die Aussprache vorgegeben:
Was spricht mich stark an?
Was ruft Widerspruch in mir hervor?
Worüber wünsche ich mir nähere Informationen?
Was sagt mir der Text persönlich?
Was ist mir fremd?
Wo entspricht der Text meiner Lebenserfahrung?

Beobachtungen der Frauen zum Text:
Zur Reaktion der Menge:
- Die Leute sind sich nicht sicher, ob es wirklich ein Wunder (von Gott) ist
- Mißtrauen ist nicht immer verkehrt
- Das Gute kommt immer von Gott
- V. 21 versteht eine Teilnehmerin so: ein »Starker« ist einer, der an seinem Glauben festhält.
- Zu V. 23: Jesus stellt Menschen vor die Entscheidung, eine klare Lebensposition zu beziehen. Christ sein kann man nur mit seiner ganzen Person.

Der schwierige Text löst vor allem viele Fragen aus:
Zum Wunder der Heilung:
- Gibt es solche wundersamen Kräfte auch noch heute?
  Im Gespräch suchen die Frauen nach metaphysischen Erfahrungen in ihrem Leben.
- V. 16: Auf was für ein »Zeichen vom Himmel« haben die Leute gewartet?
- Wer ist der Beelzebul?

- Wo gibt es heute böse Geister und wie sehen sie aus?
- V. 19: Wer sind die »Söhne«, und was sind ihre Taten?
- Was meint Jesus mit dem »Reich Gottes«, das bereits »zu euch gekommen« ist (V. 20)?

Zum Gottesdienst

Ingrid Keßler-Woertel

Homiletisch-exegetische Überlegungen

Durch die Verstrickung der verschiedenen Gedankengänge und der unterschiedlichen Bildworte ist die Perikope Lukas 11,14–23 für Leserinnen und Leser ebenso wie für Hörerinnen und Hörer schwer verständlich und damit auch schwer zugänglich. So verwundert es nicht, daß Reinhard Kalker in den »Annäherungen« feststellt: »Der schwierige Text löst vor allem viele Fragen aus.« Diesem Verwirrspiel möchte ich Rechnung tragen, wenn ich in der folgenden homiletisch-exegetischen Skizze mich stringent an den Text halte und diesen – zum besseren Verständnis – in Abschnitte einteile, die helfen sollen, die Gesamtkomposition verstehbar zu machen.
1. Vers 14: Die Heilung/Dämonenaustreibung. Das ist der vielleicht leichteste Teil unserer Perikope, darin erkennen wir Grundstrukturen wieder, die in vielen Wunder- oder Heilungsgeschichten Jesu vorfindlich sind. Allerdings: Der Heilung fehlt der ausführliche Rahmen, die ausgeführte Erzählung, die zum Eigentlichen hinführt. Also die Heilung nur Mittel zum Zweck? Und zwar den Zweck, das Auge und Ohr des Betrachters, Lesers auf eine ganz andere Stelle als eine einfache Heilung zu lenken? Vers 14 endet mit den Worten »die Menge verwunderte sich«. Soll sich der Leser auch wundern, fragen: Woher kann dieser Jesus das, woher hat dieser Jesus die Vollmacht? Das wären im übrigen Fragen, die uns heute abhanden gekommen sind. Nehmen wir nicht Wunder, Heilungen unhinterfragt hin, versuchen nur, sie heute neu zu deuten, aber nicht in ihrem damaligen zeitgeschichtlichen Kontext? Aber genau das tun die Menschen damals: Sie hinterfragen die Legitimation Jesu.
2. Vers 15: Der Vorwurf: Teufelsbündnis. Jetzt sind die Menschen ganz nahe am Geschehen. Sie fragen. Alle nachfolgenden Verse sind Wiedergabe einer wörtlichen Rede. Wir, die Leser und Hörer heute, werden mit hineingezogen in die Diskussion. Der Vorwurf ist hart: Dieser Jesus treibt die bösen Geister aus durch Beelzebul. Damals ein für die Zeitgenossen Jesu verständlicher Vorwurf; heute wird kaum ein Predigthörer etwas mit Beelzebul anzufangen wissen. (Anmerkung: Beelzebul ist eigentlich ein

ugaritischer Göttername und bedeutet Herr der Erhabenheit. Solche Fremdgottheiten wurden im Frühjudentum oft zu Dämonen rückgestuft, – s. 1. Kor 8,4 ff. Zusätzlich hat man die Götternamen oft negativ verändert – s. Dan 12,11/Mark 13,13. So wurde aus Beelzebul auch Beelzebub oder Baalzebub = Herr der Fliegen.)

3. *Vers 16:* Die Zeichenforderung. Wenn einem übernatürliche Kräfte nachgesagt werden, versucht man die Ursache dieser Kräfte entweder beim Satan oder im Himmel zu suchen. Deshalb verwundert es nicht, daß die damaligen Zuhörer ein Zeichen des Himmels fordern. Vielleicht haben die Zeitgenossen Jesu das mit uns gemeinsam, daß sie eine solche Zeichenforderung nicht laut aussprechen, sondern nur für sich denken.

4. *Vers 17–20:* Erstes Bildwort und Erklärung. Jürgen Becker stellt in »Jesus von Nazareth« fest: » ... darunter sind zwei zum Thema gehörige Überlieferungen, die wohl höchstes Alter beanspruchen dürfen, nämlich Mt 12,25.25 a.27 = Lukas 11,15.17.19 ... Jesu Antwort war auch in Q schon aus selbständigen Einzeltraditionen komponiert.« (Becker, Seite 230)

Es verwundert mich, daß wir Heutigen, wir Wissenschaftsgläubigen, auf Beweisbarkeit und Überprüfbarkeit allen Redens Ausseienden, dieser Tatsache gar keine Rechnung tragen, daß hier ganz altes, damit allerhöchstwahrscheinlich echtes jesuanisches Gedankengut übermittelt wird. Viel lieber predigen und erzählen wir Geschichten von Wundern und Heilungen aus der dritten oder vierten Generation.

Hat es vielleicht mit unserer geheimen Angst vor der Beschäftigung mit Dämonen, Beelzebul, ja dem Satan selbst zu tun? Aber verkennen wird damit nicht auch die Zeichen der Zeit: Die Regale der Buchläden sind vollgestopft mit Büchern über Esoterik, Beschäftigung mit Dämonen, geheimen Mächten und unheimlichen »Beelzebulen«. Auch der »Finger Gottes« kommt höchstens in Schriftlesungen des Alten Testaments vor, – weil wir ihn nun einfach mal nicht streichen können. Im Vorgriff auf Vers 22 ist die entscheidende Frage doch die: Worauf vertraut der Mensch? Auf das, was scheinbar Sicherheit gibt, oder auf den »Finger Gottes«, mit dem der Psalmbeter die Schöpfung besingt (Psalm 8,4), den Finger Gottes, den schon die heidnischen Zauberer versuchen dem Pharao zu erklären (2. Mose 8,15)? Jesus treibt durch den Finger Gottes die bösen Geister aus. Um jedem Mißverständnis vorzugreifen: Das Reich Gottes ist damit angebrochen. Es wird nicht anbrechen in irgendeiner ominösen Zukunft. Das Reich Gottes ist durch und durch angebrochen.

5. *Verse 21–22:* Zweites Bildwort. Dieses zweite Bildwort ist ein für die Zeitgenossen Jesu ganz verständliches Bild gewesen. In Zeiten, in denen Städte durch Mauern und Wächter gesichert wurden und Paläste durch gewappnete und gepanzerte Wachen, weiß jeder um die Angst, aus der heraus man seinen Besitz schützen möchte. (Und was schütze ich heute, was schützt unsere Gesellschaft, wen oder was schützt die Kirche, der Staat?) Ich denke, dieses Bildwort ist allegorisch zu deuten und christologisch auszule-

gen. Jesus hat die Dämonen, die bösen Geister (wie Luther übersetzt), den Beelzebul, den Satan gebunden und nimmt ihm die Menschen weg, die der Satan sich untertan gemacht hatte.

6. *Vers 23:* Antithetischer Spruch. Noch einmal: Das Reich Gottes ist angebrochen. Jesus hat den Satan entmachtet. (Anmerkung: Und welchen Satan lassen wir wieder zu?) »Wer nicht mit mir ist, der ist gegen mich und wer nicht mit mir sammelt, der zerstreut.« Ich beobachte: Dem konsequenten Nachfolgen dieses Spruches wird dadurch aus dem Weg gegangen, daß er weggelassen wird. Selektives Predigen nennt sich das dann: nur DAS predigen, was mir, dem Prediger, entgegenkommt, vielleicht den freundlichen, lieben Jesus, Freund und Helfer in der Not, oder der Friedensstifter oder... Lukas 11,14 ff. zwingt uns, uns auch mit dieser anderen Facette auseinanderzusetzen: Jesus, der die Dämonen besiegt, Jesus, der Finger Gottes, Jesus, mit dem das Reich Gottes angebrochen ist, und zwar sowohl in unserer vorfindlichen Welt, als auch in dem Bereich, den wir nicht in Worte fassen können, dem Bereich des Satans und der Dämonen.

Schlußbemerkung: Es könnte sein (und angesichts der Vielfalt in der Literatur, die sich mit esoterischen Dingen beschäftigt - ich denke an Pendeln, Kartenlesen, Gesprächen mit Verstorbenen, Gläserrücken, die Beschäftigung mit Steinen gegen allerlei körperliche und seelische Probleme ... - bin ich mir sogar sicher), daß die Frage nach dem Teufelsbündnis und den Zeichen des Himmels auch und wieder Fragen des heutigen Menschen sind.

Zuletzt noch diese Anmerkung: Nicht nur in unserer Gesellschaft nimmt die Gewaltbereitschaft auf allen Ebenen zu. Nicht nur in Schulen, auch im Fußballstadion, in Diskotheken, auf der Straße kommt es immer wieder zu Auseinandersetzungen, die oftmals sehr viel früher als noch vor einigen Jahren eskalieren. Sind diese Exzesse der Gewalt nicht auch eine Frage nach dem Bündnis, das wir eingehen?

Vorschläge zur Liturgie

Lieder

EG 179 Allein Gott in der Höh sei Ehr (besonders Strophe 4:
O Heilger Geist, du höchstes Gut, du allerheilsamst' Tröster: vor Teufels G'walt fortan behüt, die Jesus Christ erlöset durch große Mart'r und bittern Tod; abwend all unsern Jamm'r und Not! Darauf wir uns verlassen.)
EG 65 Von guten Mächten treu und still umgeben (wenn das Lied nicht gesungen wird, sollte zumindest der Bonhoeffer-Text gesprochen werden.)
EG 279 Jauchzt, alle Lande, Gott zu ehren (nach Psalm 66)

Gebet

Nichts habe ich von mir selbst; alles ist Gabe von dir und wird erst mein, wenn ich es von dir empfange. Und immerfort empfange ich mich aus dei-

ner Hand. So ist es, und so soll es sein. Das ist meine Wahrheit und meine Freude.
Immerfort blickt dein Auge mich an; und ich lebe aus deinem Blick, du mein Schöpfer, du mein Heil.
Lehre mich, in der Stille deiner Gegenwart das Geheimnis zu verstehen, das ich bin. Und daß ich bin durch dich, und von dir, und für dich.
(Romano Guardini)

Predigtskizze

Liebe Gemeinde,
eigentlich wollte ich nur einen Reiseführer kaufen. Aber ein Buchladen verführt einen ja immer noch ein bißchen mehr herumzuschmökern. Ich habe mir die Kriminalromanecken angeschaut, eine große Wand voll Bücher. Mord und Totschlag von Edgar Wallace bis Elisabeth George. Dann, und das hat nun nichts mit Kriminalromanen zu tun: Kochbücher! Man kann sich gar nicht vorstellen, aus welchen Hilfsmitteln man dieses oder jenes kochen kann! Danach wollte ich mir eigentlich ein wenig Theologisches anschauen, aber von Gott ist wenig die Rede in den Büchern einer durchschnittlichen Buchhandlung. Dafür lockte mich eine andere Ecke an. Ecke ist eigentlich zu wenig. Das waren schon ziemlich viele Regale, in denen ich Bücher zum Thema Esoterik fand. Beim Durchschauen und Durchblättern habe ich dann gemerkt, daß unter dieser großen Überschrift »Esoterik« alles gefaßt und versammelt war, was mit Übersinnlichem, Nicht-Wissenschaftlichem, Andersartigem, Unbeweisbarem zu tun hat. Es gibt Bücher über Pendeln und Gläserrücken, Seelenwanderung und Teufelskulte, Bücher über Hexen und Horoskope. Ein Buch beschäftigte sich mit Steinen: für jede körperliche oder seelische Krankheit ein bestimmter Stein. Nach einer Weile stellte ich die Bücher zurück. Ich wußte gar nicht, was ich dazu denken sollte. Vielleicht am ehesten noch das: Ich wunderte mich, wie viele Menschen sich mit Geistern und Magie, Übersinnlichem und Dämonen auseinandersetzen.
In einer Zeit – ging es mir durch den Kopf – die dreihundert Jahre nach der Aufklärung liegt, in einer Zeit, die von Wissenschaftlichkeit und Vernetzung, von Beweisführungen und Überprüfbarkeit geprägt ist, ließ mich diese lange Reihe esoterischer Bücher doch ein wenig hilflos zurück.
Warum ich Ihnen das erzähle? Nun: Das hat mit dem Predigttext für den heutigen Sonntag zu tun.
Da ist von Geistern, Dämonen, von Beelzebub oder auch Satan die Rede. Von einer Heilung wird erzählt, und Jesus hat mit beidem zu tun. Er heilt einen Menschen, und er spricht über die bösen Geister, den Satan.
Die Geschichte »Jesus und die bösen Geister«, so die Überschrift in der Lutherbibel, steht im Lukasevangelium. Übrigens: Unmittelbar vor dieser

Geschichte erzählt Jesus vom bittenden Freund. Nach unserer Geschichte ist die Rede von der Rückkehr des bösen Geistes. In Lukas 11, lesen Sie das zuhause ruhig nach.
Nun aber die Geschichte, wie sie der Evangelist Lukas aufgeschrieben hat:
Lesung Lukas 11,14–23
Ganz schön schwierig, nicht wahr!? So viele Bilder und Erklärungen ... Deshalb noch einmal der Reihe nach: Im Folgenden wird kurz auf jeden einzelnen Vers eingegangen, und die Bildworte werden erklärt ...

Schluß
Liebe Gemeinde, jetzt habe ich Satz für Satz, Vers für Vers vorgelesen und ausgelegt. Und vielleicht habe ich mit der Fülle der Bilder und Gedanken den einen verwirrt, die andere nachdenklich gemacht, und ein Dritter mag jetzt denken: »Viele Worte, viele Bilder, ... und was bringt mir das für mein Alltagschristenleben?«
Was das bringt, heute noch einen beinahe zweitausend Jahre alten Bibeltext zu lesen? Nun, es führt meine Gedanken wieder zum Ursprung, zum Grundsätzlichen zurück. Z. B. zu der alten Frage: Zu wem gehöre ich, zum Satan oder zu Gott? Für wen entscheide ich mich: Sonntagsmorgens für Gott und im Alltag für den Satan? Und mehr noch: Wer ist Antriebsfeder bei all dem, was ich mache: Satan oder Gott?
Wenn wir uns in unserer heutigen Welt umschauen, wenn wir die brutalen Kriege sehen, mörderische Anschläge auf Leib und Leben vieler, wenn wir die Machtbesessenheit einzelner Menschen sehen, die scheinbar »über Leichen gehen«, dann scheint der Satan laut zu lachen über des Menschen Dummheit. Ich wünsche uns, daß wir dem Satan in unserem Leben keine Chance geben. Ich wünsche uns, daß wir unser Tun und Lassen an Gottes Maßstab messen.

Kontexte

Komme, was mag.
Gott ist mächtig.
Wenn unsere Tage verdunkelt sind, und unsere Nächte finsterer als tausend Mitternächte, so wollen wir stets daran denken, daß es in der Welt eine große, segnende Kraft gibt, die Gott heißt.
Gott kann Wege aus der Ausweglosigkeit weisen.
Er will das dunkle Gestern in ein helles Morgen verwandeln
– zuletzt in den leuchtenden Morgen der Ewigkeit.
(Martin Luther King)

Heidelberger Katechismus, Frage 1:
Was ist dein einziger Trost im Leben und im Sterben?
Daß ich mit Leib und Seele
im Leben und im Sterben nicht mir,
sondern meinem getreuen Heiland Jesus Christus gehöre.

Er hat mit seinem teuren Blut
für alle meine Sünden vollkommen bezahlt
und mich aus aller Gewalt des Teufels erlöst;
und er bewahrt mich so,
daß ohne den Willen meines Vaters im Himmel
kein Haar von meinem Haupt kann fallen,
ja, daß mir alles zu meiner Seligkeit dienen muß.
Darum macht er mich auch
durch seinen Heiligen Geist
des ewigen Lebens gewiß
und von Herzen willig und bereit,
ihm forthin zu leben.

Weihnachten 1944 schrieb D. Bonhoeffer aus dem Gefängnis:
»Es ist, als ob die Seele in der Einsamkeit Organe ausbildet, die wir im Alltag kaum kennen. Ihr seid mir immer ganz gegenwärtig. Eure Gebete und guten Gedanken, Bibelworte, längst vergangene Gespräche, Musikstücke, Bücher bekommen Leben und Wirklichkeit wie nie zuvor. Es ist ein großes unsichtbares Reich, in dem man lebt und an dessen Realität man keinen Zweifel hat. Wenn es im alten Kinderlied heißt: ›Zweie, die mich decken, zweie, die mich wecken‹, so ist diese Bewahrung am Abend und am Morgen durch gute unsichtbare Mächte etwas, was wir Erwachsenen heute nicht weniger brauchen als die Kinder. Du darfst also nicht denken, ich sei unglücklich.«
aus: Dietrich Bonhoeffer, Widerstand und Ergebung, © Chr. Kaiser/Gütersloher Verlagshaus, Gütersloh.

Aus einem Lied von Nino de Angelo:
»Wenn unser Glaube nicht mehr siegen kann, dann sind wir jenseits von Eden.«

»Was wir wissen, ist ein Tropfen, was wir nicht wissen, ist ein Ozean.«
(Isaac Newton)

Vorletzter Sonntag des Kirchenjahres

Annäherungen an den Predigttext Lukas 16,1-8 (9)

Christoph Schmidt-Ehmcke

Ob 15 oder 50 Jahre alt, die Reaktionen von Schülerinnen und Schüler und ihrer Lehrerinnen und Lehrer auf Lukas 16,1-8 (ohne Vers 9) waren sehr ähnlich. Das meist gebrauchte Attribut: Die Geschichte ist »verwirrend«. Vor allem »der Herr« stiftete Unruhe - welcher »Kyrios« ist in Vers 8 gemeint - der reiche Mann der Geschichte oder Jesus? In beiden Generationen fanden sich einige, die die erste Möglichkeit favorisierten: Der reiche Mann »lobte« seinen Verwalter, denn er war von seiner »Schläue« beeindruckt.

Gar nicht verstanden wird Vers 7b: Wer sind die Kinder des Lichts? Die im Licht stehen, die Gerechten? Eine Lehrerin notiert: »In der Predigt würde mich der Aspekt ›Kinder des Lichts‹ ansprechen: Welche Antworten haben Kinder des Lichts auf die Verhaltensweisen des Verwalters?«

Die deutende Zusammenfassung der Geschichte durch eine Lehrerin: »Ich verstehe den Text so, daß der Verwalter, nachdem ihm die Entlassung droht und er Rechenschaft ablegen soll, sich gerissen zeigt. Sozial absinken will er nicht (›graben‹, ›betteln‹), also setzt er einen Plan sofort in die Tat um, der ihm das Überleben in angenehmen Verhältnissen ermöglichen soll. Dazu macht er sich bei den Schuldnern seines Herrn Liebkind, indem er sie, die ihre Schuld ehrlich zugeben, animiert, diese Schuld zu verkleinern. Er hat berechnet, daß er das ruhig tun kann, denn entlassen ist er schon. Er glaubt, seinem Herrn doch noch ein wenig mehr schaden zu können, um sich selbst zu nützen.«

Einigen Lehrern fällt auf, daß der Verwalter zunächst ja nur beschuldigt, vielleicht sogar »nur angeschwärzt« wurde, aber bereits entlassen wird, bevor er überhaupt Rechenschaft ablegen konnte - »vor einem Arbeitsgericht hätte dies heute keine Chance.« Lilli, 14, findet »komisch, daß man Schuldscheine einfach verändern« konnte. Das Verhalten des Verwalters sehen mehrere Schülerinnen zweifach motiviert: Er will nicht nur für seine Zukunft sorgen, sondern sich auch rächen. Stephanie: »Der Verwalter macht aus seiner mißlichen Lage das Beste und schlägt zwei Fliegen mit einer Klappe: erstens, weil er für seine Zukunft vorsorgt, und zweitens, weil er sich am reichen Mann rächt.« Robert ergänzt: »Er will ihm zeigen, was es wirklich heißt, seinen Besitz zu verschleudern.«

Daß Jesus nach Vers 8 den Verwalter lobt, wird von den meisten als unwahrscheinlich und, wenn es denn so zutrifft, als unmöglich abgelehnt. »Jesus verstößt ja dann«, meint Sarah, »gegen die Zehn Gebote! Ausgerechnet Jesus!« Einige aber wissen sich zu helfen. Der Name »Robin Hood« fällt. Mareike findet den Verwalter nicht so schlimm, denn er half ja! »Ein guter Mann« sei er, urteilt Alexander, denn er mache aus seiner Not, zumindest für die Schuldner seines Herrn, ein »glückliches Ereignis«. Schließlich schade er seinem Herrn nicht so sehr, so Laura, da er »immer noch reich ist, auch wenn ihm ein paar Eimer Öl und einige Säcke Weizen fehlen«.

Was denn die ganze Geschichte soll, das bleibt rätselhaft. Auslegungen kommen meist in Frageform daher, in vorsichtigen Vermutungen. Niemand ist recht zufrieden. Sagt sie: Die Welt ist schlecht, aber klug? Oder: Auf der Welt gibt es Betrüger, auf die man achten soll? Johannes, 15, läßt es bei einem Satz bewenden: »Die Geschichte sagt, daß man mit Lügen und Betrügen besser durchs Leben kommt!«

Das Gleichnis stört. Für Momente jedenfalls. Es wirbelt die eingeübten Normen auf, die dann aber wieder an ihren angestammten Ort zurücksegeln. Allzu lange hält sich niemand bei der Unmoral auf. Und sollte es sich wirklich um eine von Jesus gefeierte Unmoral handeln, bleiben Auswege: Man läßt die Deutung offen, aber irgend etwas Sinnvolles, Gutes wird es, da es mit Jesus zusammenhängt, schon zu bedeuten haben. Und wenn man die Schuldner einfach zu »Armen« macht, denen schließlich geholfen werde.

Ohne einen engagierten Bezug zum eigenen Leben verpufft das Gleichnis schnell. Unmoral ist so interessant nun auch nicht mehr, jeder kennt sie. Der in Auslegungen oft genannte Vergleichspunkt – »rasches, entschlossenes Handeln« – beeindruckt wenig. Dies ist heute schließlich anerkannte Überlebensnorm. Und einen Reichen – etwas – zu betrügen, ist erlaubt, denn anders als mit risikoreicher Pfiffigkeit dürfte er selbst kaum reich geworden sein.

Zwei Deutungen mit einem eigenen Lebensbezug zeigen mir, wie man mit dem Gleichnis entdecken kann, daß Moralität auch nicht der Güter höchstes ist. Die Lehrerin, die daran interessiert war zu erfahren, wie die »Kinder des Lichts« auf die Verhaltensweisen des Verwalters antworten können, hatte gerade einen Prozeß gegen einen »reichen Mann« verloren. Sie war aus der Wohnung geklagt worden. Eine kleine fehlende Formulierung in einem Brief war ihr zum Verhängnis geworden. Ihre bittere Anfrage an das Recht: Hat Recht noch mit Gerechtigkeit zu tun? Das Gleichnis kam ihr in die Quere: Gibt es für die kleinen Leute, die Benachteiligten, vielleicht doch auch eine Klugheit, die mächtig macht?

Zwei Sozialpädagogen, seit alters her »links«, gewinnen dem Gleichnis sympathische Züge ab: »Findet hier so etwas statt wie eine Umverteilung? Wird hier etwas menschendienlich, also tragbar oder erträglich gemacht? Ist der zunächst untreue Verwalter, der später zum klugen Verwalter wird, deshalb klug, weil er genau die Fähigkeit hat, mit Augenmaß und Einfühlung ›Schuld‹ bzw. ›Schuldverhältnisse‹ zu portionieren?«

Zum Gottesdienst

Günter Thomé

Exegetisch-homiletische Skizze

Zu allererst muß mit einem Übersetzungsfehler in Vers 8 aufgeräumt werden, der sich beharrlich auch bis in den Titel des Gleichnisses hinein hält: *oikonomos täs adikias* heißt ins Deutsche übersetzt *nicht:* der ungerechte/ungetreue Verwalter. Wo im Griechischen ein Adjektiv vorhanden ist (hier: *adikos*), darf kein Substantiv das Adjektiv ersetzen.
Gelegentlich findet sich in den Kommentaren ein Hinweis auf die wörtliche Übersetzung *Verwalter der Ungerechtigkeit.* Emanuel Hirsch (1941) übersetzt zunächst »Verwalter von dem, was an und für sich ein Unrecht ist«; dennoch bleibt es dann bei ihm und auch in den neuesten Bibelübersetzungen bei den negativen Charakterisierungen ›untreu‹/›betrügerisch‹ etc. Das führte oftmals zu wüsten Psychologisierungen über den vermeintlichen ›Betrüger‹/›Gauner‹.
Darum sollte bereits zu Predigtbeginn bzw. bei der Textverlesung die üblicherweise verwendete Bibelübersetzung korrigiert werden: Es geht um einen Verwalter/Ökonom der Ungerechtigkeit/Benachteiligung/Verschuldung und in Vers 9 um den Mammon der Ungleichheit/Ungerechtigkeit.
Die Verwirrung, die eine falsch übersetzte Bezeichnung des Hauptakteurs auslöst, ist alles andere als die heilsame Irritation, der uns Jesus mit der Pointe seines Gleichnisses aussetzen will. Wenn Jesus *Gleichnisse* erzählt – und wir darüber predigen – dann will er den Zuhörenden/uns mit den Erfahrungen aus dem Bereich des Erzählten eine neue »Erfahrung mit Gott zuspielen« (Eberhard Jüngel in einer Predigt zu Lukas 15,3–6, in: ders., Unterbrechungen. Predigten IV, 1989, Seite 114). Was in den Versen 1–7 erzählend entwickelt wird, könnte auch in der Frage »Nicht wahr?!« münden und unsere Zustimmung, unser Einverständnis suchen. Vielleicht könnten wir dann selbst darauf kommen, das Erzählte zu loben oder zumindest in das Lob Gottes von Vers 8 mit einzustimmen: Nicht wahr?! So

verhält es sich doch mit dem Reich Gottes bei uns Menschen!? Und diese neue Erfahrung mit Gott wird doch unser Tun und Lassen verändern, nicht wahr!?

Nur werden die wenigsten Predigthörerinnen und -hörer eigene Alltagserfahrungen mit Pachtverträgen haben, schon eher mit Darlehensaufnahmen und – mehr als wir vermuten – mit Verschuldung (Stichwort ›versteckte Armut‹; Schuldnerberatung in vielen Kirchengemeinden). Die Mechanismen mögen damals wie heute ähnlich sein, die gesellschaftlichen Verhältnisse und Praktiken der Darlehenspolitik waren andere. Das auszuführen konnte Jesus seiner Zuhörerschaft ersparen, weil den Jüngern aus Galiläa der ›gemachte‹ Hunger und die Zinsknechtschaft der verschuldeten Landbevölkerung sicher sattsam bekannt waren.

Doch wir müssen hier im Vorfeld der Predigt genauer hinsehen, als wir es dann in der Predigt »vortragen« sollten. Vieles von dem, was ausgeführt und zitiert wird, ist das Verdienst von Dieter Pauly, der in seiner Bibelarbeit mit einer jahrhundertelangen Tradition bricht (Dieter Pauly, Bekehrung des Managements. Bibelarbeit zu Lukas 16,1–13, Weißenseer Blätter 6/1988, Seite 1–26; in gekürzter und überarbeiteter Fassung; ders., Gott oder Mammon: Die Wiederherstellung der Ökonomie. Bibelarbeit zu Lukas 16,1–13, in: F.-W. Marquardt u.a. (Hrsg.), Einwürfe 6, 1990, Seite 124–156).

Die Personen des Gleichnisses sind Repräsentanten ihrer gesellschaftlichen Gruppen, was an Vers 5 deutlich wird: ›jeden einzelnen der Schuldner‹ deutet die Gruppe der Schuldner an, die größer ist als die zwei Beispiele, die für die Vorgehensweise des Verwalters gegenüber allen Schuldnern stehen.

1. Die *Großgrundbesitzer*, Stadtbewohner oder am Rande der Metropolen der politischen Macht, hatten so viel Landbesitz, »daß sie Handhabung und Maximierung ihres Reichtums nicht mehr selber bewerkstelligen« konnten. Über Arbeitskräfte verfügten sie durch Tagelöhner und Pächter.

2. Die *Pächter*, am Ende eines langen »Enteignungsprozesses der ehemals freien Bauernschaft«, entschieden nicht mehr selbst über Anbau und Handelspartner. Sie entrichteten »ihre Pacht entweder als prozentualen Anteil am tatsächlich Erwirtschafteten oder pauschal und unabhängig« davon, so daß sie gerade soviel hatten, »sich und ihre Familien am Leben und arbeitsfähig« zu erhalten. Darlehen und Zinsnahme verstärkten ihre Abhängigkeit, machten letztlich auch die Familienmitglieder zu abhängigen Arbeitskräften.

»Die so Verschuldeten sind die eigentlich ›Armen‹ der Antike. Man wird sich davon frei machen müssen, Armut als Bettlerstatus aufzufassen, sondern Armut ist hier ein vorsätzlich herbeigeführter, durch Darlehensgabe und Zinsnahme stabilisierter Zustand, in dem Menschen gehalten werden, um sich dauerhaft in den Besitz ihrer Arbeitskraft und des von ihnen erarbeiteten Mehrprodukts zu bringen.« (Seite 19f.)

3. Den *Ökonomen* kommt eine Art ›Pufferfunktion‹ zu. Wenn *oikonomos* etymologisch stärker von *nomos* (Gesetz) abgeleitet wird und dieses wiederum von *nemein* (zuteilen), dann könnte als Grundaufgabe positiv beschrieben werden: »Er *teilt* das Vorhandene – Arbeit, Güter, Aufträge – unter die zu seinem *oikus* gehörigen Menschen. Tut er das *nomosgemäß*, dann geschieht das nach den Grundsätzen der Gerechtigkeit und Gleichheit.« (Seite 15)
Die Pufferfunktion des Ökonomen wird in der schon 1960 veröffentlichten Auslegung unseres Textes durch den Rechtshistoriker J. Duncan M. Derrett deutlich (in: NTS 7, 1960, Seite 198–219; zitiert bei Pauly, Seite 11–13). Ihm ist es gelungen, die Verse 1b–7 aus sich heraus verständlich zu machen: als ein *»kombinierter jüdischer Rechtsfall von Verwaltung und Zinsnahme«*. Dabei sind drei Grundprinzipien des jüdischen Vertretungsrechts entscheidend, die ich hier mit zeitgemäßen Vokabular wiedergeben möchte:
1. Der Bevollmächtigte hatte in der Art eines Managers volle Handlungsfreiheit, Gesamtprokura. Er bekam keine Einzelanweisungen und konnte nach eigenem Gutdünken schalten und walten. Es wurde von ihm erwartet, daß seine Interessen mit denen des Chefs identisch waren; daß er also ›unternehmerisch dachte‹. Man erwartete eine umsichtige, besitzstandswahrende und letztlich auch eine hohe Rendite abwerfende Wirtschaftsführung.
2. Rechtswidriges Handeln des Bevollmächtigten zugunsten des Betriebes war vom Unternehmer nicht gedeckt, selbst wenn es angeordnet war. Im Falle einer strafrechtlichen Verfolgung und Verurteilung hatte der Verwalter geradezustehen. Der Kapitaleigner konnte damit nicht behelligt werden.
Religiöser Sonderfall: Die Verletzung religiöser Gesetze – z.B. hier das Thora-Verbot, für Darlehen Zins zu erheben – war strafrechtlich nicht einklagbar; die Mißachtung des Moralkodexes war also sehr gewinnbringend. Der Besitzer wurde von keinen Skrupeln geplagt, da er die Verantwortung für das Geschehene abgegeben hatte. Der Verwalter hingegen mußte sehen, wie er zurechtkam, auch mit etwaigen Gewissensbissen.
3. Alles Handeln des Bevollmächtigten geschah so gesehen im Auftrag; auf Vertrauen und ohne Vertrag. Im Streitfall konnten beide, er und sein Chef, gegeneinander keine Rechtsmittel ausschöpfen. Der Chef konnte bei einem durch Mißwirtschaft entgangenen Gewinn keine Schadensersatzklage einreichen. Der Verwalter hatte bei einer Entlassung keine soziale Abfederung (Abfindung etc.) zu erwarten und konnte auch nicht auf Wiedereinstellung klagen. Da die ›unternehmerische Solidarität‹ sicherlich soweit reichte, daß kein anderer Großgrundbesitzer ihn einstellen würde, war das der berufliche und finanzielle Ruin. So konnte er im Status noch tiefer rutschen als die verschuldeten Pächter (Vers 3: Tagelöhner oder Bettler).
Das Gleichnis setzt mit einer *Denunziation* des Verwalters bei seinem Chef durch Dritte ein. Inhalt und Wahrheitsgehalt dieser Unterstellung, die

äußerst knapp nur mit den zusammenfassenden Worten »Er verschleudere ihm seinen Besitz« wiedergegeben werden, sind entgegen jeglicher psychologisierenden Exegese nicht zu beweisen, weil für das Gleichnis wohl unwesentlich. Solche Beschuldigungen könnten ursächlich von einem außergewöhnlichen Verhalten herrühren, durch das der Denunziant sich selbst in Frage gestellt sah. Möglicherweise hat der Verwalter gelegentlich Gnade vor Recht ergehen lassen und im Bereich des ihm Möglichen barmherzig gehandelt bzw. ›karitative Anwandlungen gehabt‹ – jedenfalls in den Augen derer, die in der geduldigen Behandlung von säumigen Schuldnern etc. einen höchst überflüssigen ›Sozialklimbim‹ sahen. Aber auch damit mag schon zuviel in die Anschuldigung hineingedeutet sein.

Fakt ist: »Der Besitzer hat die Entlassung ausgesprochen; sie tritt zum Zeitpunkt der Rechenschaftsablage in Kraft« (Hans Weder, Die Gleichnisse Jesu als Metaphern, 1978, Seite 264). Was der Verwalter bis dahin noch mit den Schuldnern an Geschäften tätigt, bewegt sich weiterhin im Rahmen seiner Bevollmächtigung (s. o.)!

Derrett zufolge hat der jeweils gewährte Schuldennachlaß mit vormals getätigten Geschäften zu tun, bei denen das *Zinsverbot* umgangen wurde. Die Schuldsummen von 100 Bat Öl und 100 Kor Weizen enthalten eine verdeckte Zinsnahme. Als Vertragsart war eine scheinbar harmlose Variante gewählt worden: Man setzte die Geldschuld in Naturalien um, ohne Rückzahlungstermin und -rate anzugeben. Bei dem Schuldennachlaß vom 50 Bat Öl bzw. 20 Kor Weizen gibt der Verwalter nun die in der Schuldsumme verdeckt enthaltenen Zinsen zurück.

Zum Zinsnahmeverbot (5. Mose 15,7–11; 23,20 f.; 2. Mose 22,24; 3. Mose 25,35–37), das auch z. Zt. Jesu bei Rabbinern und Pharisäern unbestritten galt, sei hier nur knapp gesagt, daß es »eine wichtige Maßnahme gegen Verarmung war … Durch den Einfluß der Prophetie hat sich wohl die theologisch bedeutsame Erkenntnis durchgesetzt, daß das Zinsverbot Ausfluß des Willens Gottes zur Eindämmung von Verelendung ist« (Jürgen Kegler, Das Zinsverbot in der hebräischen Bibel, in: Marlene Crüsemann und Willy Schottroff (Hrsg.), Schuld und Schulden. Biblische Traditionen in gegenwärtigen Konflikten, 1992, Seite 17–39; vgl. Eberhard Jüngel, Gewinn im Himmel und auf Erden. Theologische Bemerkungen zum Streben nach Gewinn, ZThK 94 (1997) Seite 532–552, besonders Seite 548 f.).

Die Maßangaben in Bat Öl und Kor Weizen sind verschiedentlich auf die damaligen Lebensverhältnisse umgerechnet worden, um die Größe des Schuldennachlasses zu ermessen: Bei einem Areal von 146 Ölbäumen und einer Weizenanbaufläche von 42 Hektar, das auf die Größenordnung ganzer Dörfer schließen läßt, läuft der Nachlaß von 50 Bat beim Olivenöl und der von 20 Kor beim Weizen auf denselben Geldbetrag heraus: ca. 500 Denar. Das entspricht dem Arbeitsaufwand von mehr als drei Jahren bzw. 2,16 Jahreserträgen einer fünfköpfigen jüdischen Familie.

Zur praktischen Durchführung: »Wenn nun der Ökonom gegenüber den Schuldnern seines Auftragsgebers den Schuldennachlaß ermöglicht, dann so, daß rechtlich weder ihm noch den Schuldern jemand an den Karren fahren kann. Der technische Vorgang der Schuldsummenänderung erforderte spezielle Kenntnisse. Es handelte sich bei den Urkunden um sogenannte ›Holographen‹, von den Schuldnern eigenhändig geschriebene Schuldurkunden ohne Zeugenunterschriften. Deshalb mußten sie die Veränderung selbst vornehmen ... Ohne entsprechende sachkundige Anleitung und Mithilfe des Ökonomen, der zugleich Verwalter des Schuldinventars war, konnten Änderungen nicht vorgenommen werden, denn er mußte die berichtigten Täfelchen ja wieder neu siegeln« (Wolfgang Stegemann, Frieden durch Gerechtigkeit - Exegese zu Lukas 16,1–8 (9), in: Aktion Sühnezeichen/Friedensdienste (Hrsg.), Predigthilfe Volkstrauertag/Friedenssonntag 1987, Seite 5–9).
In Vers 8 wird der Verwalter abschließend von Jesus als *klug* gelobt. Seine Klugheit ist weder die antike ökonomische Tugend *prudentia* (im Sinne von Gewinnmaximierung etc.) noch eine neuzeitliche allgemein-menschliche Tugend *Cleverness*, sondern die biblisch-weisheitliche Klugheit (im Sinne von Rechtsherstellung und Rechtswahrung des Gottesrechtes in der Thora). Ein ›Betrüger‹ ist er also nicht durch seine Aktion in den Versen 5–7, sondern durch seine vormaligen Verwalter-Geschäfte. Nun aber kehrt er »wieder zu den Grundlagen und Grundprinzipien seines Berufsstandes zurück« (s. o.; Pauly, Seite 17).
Damit könnte Jesu Gleichnis ein Kommentar zum 10. Gebot sein, in dem Sinne wie Frank Crüsemann es als »Du sollst nicht aussein auf ...« versteht: als Verbot, »im Rahmen des gesetzlich Erlaubten Diebstahl zu begehen. Es gibt ja zahllose legalisierte und weithin anerkannte Möglichkeiten und Praktiken, den Nächsten um Haus und Besitz und seine Freiheit zu bringen. Das scheinbar harmlose Darlehen, das letztendlich zur Übernahme des ganzen Besitzes führt und einen ›Rechts‹-Anspruch auf die verschuldeten Menschen eröffnet, zählt dazu« (Pauly, Seite 17f.; vgl. Frank Crüsemann, Bewährung der Freiheit. Das Thema des Dekalogs in sozialgeschichtlicher Perspektive, 1983, Seite 75ff.).
Das Lob Jesu besagt: Die Herstellung des (göttlichen) Rechts ist hier nur noch durch den Bruch des pervertierten, formal gewordenen Rechts zu errreichen. Wenn der verschleierte Zins zurückgegeben wird, dann wird das als gültig anerkannte, aber ständig unterlaufende Zinsverbot erfüllt – »das leistet der Ökonom ..., das ist in einer solchen Situation die Aufgabe der Ökonomie. Um das leisten zu können, bedarf es der Ökonomen und ihrer speziellen Kenntnisse. Nur daß diesmal die speziellen Kenntnisse nach unten weitergegeben werden und nicht weiter Herrschaftswissen der Plutokraten bleiben. Indem der Ökonom ... den Schuldnern seine speziellen Kenntnisse über die Herstellung und Veränderung von Schuldurkunden zugänglich macht, setzt er sie in den Stand, das Ihre zu tun, um

ihre Lage und mit ihrer Lage die Lage der Gesellschaft zu verbessern« (Seite 18). Damit gewinnen die Schuldner und der Verwalter an Freiheit und Würde.

Dem Verwalter müssen – mit Verweis auf seine Selbstreflexion in Vers 3 – keine unedlen Motive mehr unterstellt werden (siehe Predigtentwurf). Er setzt Zeichen für die Strukturen des kommenden Gottesreiches, und in seiner Lebenskrise folgt er nicht den gottwidrigen Strukturen dieser Welt.

Das Gleichnis auf den Punkt gebracht: Klugsein im Sinne Jesu heißt, in unseren vorhandenen Strukturen und Tätigkeitsfeldern *Handlungsspielräume* zugunsten der Armen und Benachteiligten – und damit auch für die eigene Würde – auszuloten und in Richtung auf Gottes Gerechtigkeit zu nutzen. Das Zinsenthema ist dabei nur *eine* Konkretion. Weitere Konkretionen können in der Predigt im Bereich des Kirchenasyls oder der sozialen Gerechtigkeit benannt werden.

Zu ›Kinder des Lichts‹ als Bezeichnung für die Christen gibt es nur knappe Hinweise auf das Qumranschrifttum und Joh 12,36 u.ä. Für die Predigt lasse ich das unbeachtet. Lohnender ist – wenn in der Komplexität überhaupt noch zu leisten – ein Verweis vom ›Mammon der Ungerechtigkeit‹ in Vers 9 auf Vers 13: Unser Vers »bewahrt davor, Vers 13 in eine falsche Alternative aufzulösen, die sich in Scheinwelten bewegt. Das Problem ... heißt in einer vom System des Mammons beherrschten Welt *nicht*, Gott dienen *ohne* Mammon, sondern sehr viel schwieriger und anstrengender: Wie kann man *mit* dem Instrument des ›Mammon der Ungerechtigkeit‹ Gott dienen und nicht dem Mammon? Sehr viel schwieriger und anstrengender deshalb, weil man dazu wissen muß, wie der ›Mammon der Ungerechtigkeit‹ funktioniert; ... weil man ... ökonomische Kenntnisse braucht, um herauszufinden, wann und wo die götzenproduzierenden und Menschenopfer fordernden Prozesse angehalten, unterbrochen, umgelenkt oder auch aufgehoben werden können« (Pauly, Seite 22).

Vorschläge zur Liturgie

Eingangsvotum

Wir feiern diesen Gottesdienst im Namen unseres Gottes:
im Namen des Vaters,
der uns als Verwalter in Gottes guter Schöpfung einsetzt;
in Namen des Sohnes,
der uns von Schuld und Schulden befreit;
und im Namen des Heiligen Geistes,
die Kraft, die uns zu Menschen des Lichtes macht.

Psalmgebet

Psalm 15 mit Vers 5: »Wer sein Geld nicht auf Zinsen gibt ...«

Sündenbekenntnis

Wenn wir das Leben suchen, das Du uns zugedacht hast, -
dabei aber nicht über Grenzen hinwegkommen, -
wenn wir uns alle Mühe geben und bald schon merken,
wie vergeblich unser Bemühen ist, -
und wenn wir denken, wir hätten alles schon getan
und mit uns sei nun wirklich nichts mehr anzufangen,
dann erbarme dich unser, Gott.

Wenn wir an uns selbst zweifeln, die Orientierung verloren haben und keine Perspektive mehr sehen, -
wenn wir dabei sind, uns zu verstecken und uns beiden nichts mehr zutrauen, -
wenn wir uns biegen müssen unter der Schuld, die auf uns lastet,
und wir uns nur noch wünschen können,
endlich davon erlöst zu werden,
dann erbarme dich unser, Gott.

(Dieter Schupp, in: Gottesdienstpraxis Serie A, VI/4.)

Kyrie

Gott, ich klage Dir meine Ohnmacht gegenüber unserem Wirtschaftssystem, das ich als zutiefst ungerecht empfinde, meine Zweifel an den Kräften des freien Marktes, mein Erschrecken über die hohen Schulden der Entwicklungsländer und daß sie durch diese Schulden in immer größere Abhängigkeit geraten. Mich irritiert, daß der Kapitalrückfluß aus den südlichen Ländern inzwischen höher ist als die Summen, die von den Nordstaaten als Entwicklungshilfe, Kredite, Investitionen gezahlt werden. Gott, daß wir aus diesen Ländern mehr rausholen als wir eingegeben haben, damit komme ich nicht zurecht. Mich empört das enorme Ausmaß der Macht, das die westlichen Banken und Konzerne auf die Entwicklungsländer ausüben. Sie fordern unerbittlich Zins- und Tilgungsraten ein und bestimmen die Preise der Produkte. Auch ich kaufe und verbrauche billige Produkte dieser Länder. Ich lebe auf Kosten anderer. Eine bittere Erkenntnis. Gott, wie kann ich mich aus diesem Verstrickt- und Beteiligtsein lösen? - Ich leide darunter, daß immer mehr Menschen in bitterster Armut leben müssen. Dennoch verschließe ich mich oftmals diesen Bildern und Fakten. Ich fühle mich diesem Elend gegenüber so hilflos. Gleichzeitig macht es mich geradezu wütend, wenn ich erfahre, daß in den 3. Welt-Ländern die Ausgaben für Gesundheit und Bildung gekürzt werden müssen.
Gott, im Leiden an dieser Ungerechtigkeit rufen wir Dich an.

(aus: Liturgische Bausteine zum Erlaßjahr. Erlaßjahrgottesdienst am Pfingstmontag 1995: ALLE JUBELJAHRE auf der »Schiefen Koppel« in Kronshagen bei Kiel; Nordelbisches Missionszentrum Hamburg, Seite 1).

Gnadenspruch
Denn Gottes Wort ist wahrhaftig
und was Gott zusagt, ist zuverlässig und fest.
Gott liebt Gerechtigkeit und Recht,
voller Güte ist die Erde. (Psalm 33,4+5)

Kollektengebet
Gott, du hast Wohnung unter uns genommen,
und überall, wo Menschen leben, willst du bei uns sein.
Wir bitten dich: Sei auch jetzt mit deinem Geist bei uns.
Hilf uns bei unserem Hören, Reden und Tun,
damit wir einander helfen (und aufnehmen) können
in einer Welt, die bewohnbar sein soll
für alle deine Geschöpfe.
Das bitten wir durch Jesus Christus.
(in: Schicksale 94. Materialheft zur Fürbittenwoche 1994. Hrsg. vom Landeskirchenamt der Ev. Kirche Kurhessen-Waldeck, Kassel 1994)

Lesungen
3. Mose 25,1–5.8–11.35–38: Über Sabbat- und Erlaßjahr/Zinsverbot
2. Mose 20,17 f.: Du sollst nicht begehren ... (Du sollst nicht darauf aussein, im Rahmen des gesetzlich Erlaubten Diebstahl zu begehren.)
Micha 2,1 f.: Weh denen, die Schaden zu tun trachten ...

Fürbitten
- zum Sonntag »Volkstrauertag«:
»Wir sind dankbar für 50 Jahre Frieden in unserem Land ... Wo Feindseligkeit sich breit macht in unserer Nähe, wo Angehörige von Minderheiten ausgegrenzt und angegriffen werden, da« gib du uns Mut, ihnen zur Seite zu stehen durch persönlichen Einsatz und Zivilcourage.
»Wir sind dankbar dafür, daß es vielen von uns wirtschaftlich gut geht ...« Lehre uns, »Arbeit und Einkommen so zu teilen, daß niemand aus wirtschaftlicher Not Angst vor der Zukunft haben muß.«
»Wir haben erlebt, wie die Mauer gefallen ist ... Menschen verschiedener Herkunft, Kultur und Religion leben in unserem Land« – laß uns gegen den neu erwachten Nationalismus einschreiten, »damit dieses Zusammenleben gelingt.«
(Der vollständige und ursprüngliche Wortlaut befindet sich in: der gottesdienst, Bd. 1, Seite 433 f., Gütersloher Verlagshaus, Gütersloh)

- zum fremdbestimmten Umgang mit Gesetzen und Geld:
»Gott, wie oft sind wir unzufrieden mit Entscheidungen, die andere treffen. Wie oft nicht einverstanden mit Gesetzen, die in unserem Land gelten sollen. Wie oft empört, daß Geld, unser Geld, für Dinge ausgegeben wird, die wir nicht billigen. Hilf uns dazu, unsere Stimme gegen Unrecht zu erheben, unsere Hände zu falten für Menschen, die schwer an ihrer Verantwor-

tung tragen. Hilf uns, unsere Trägheit zu überwinden und das Gute da zu tun, wo wir es können.«
(in: der Gottesdienst, Bd. 1, Seite 347)

- als Konkretion zum Kirchenasyl:
Guter Gott, wir bitten dich auch besonders für N. N., der seit Monaten in unserer Kirche im Kirchenasyl ist. Laß alle Juristen und Richter, die mit der Wiederaufnahme seines Asylantrages zu tun haben, die Spielräume des Asylrechts ausschöpfen, damit er hier bei uns frei leben kann und irgendwann wieder in einem demokratischen Nigeria.

- als Konkretion zur Ver-/Entschuldung:
Du, Gott der Gerechtigkeit und Barmherzigkeit, willst, daß alle Menschen in Würde leben können. Wir wissen, daß viele Menschen in den armen Ländern unter der großen Schuldenlast der Staatshaushalte leiden. Wir bitten dich für die Verantwortungsträger in den Regierungen der Industrienationen, der Banken und der internationalen Finanzinstitutionen, sich für einen umfassenden Erlaß der untragbaren Schulden armer Länder einzusetzen - im Sinne der Kampagne »Erlaßjahr 2000«.
Wir bitten dich für die Menschen, die privat hochverschuldet sind, daß sie Wege finden, durch Schuldnerberatung Hilfe zu bekommen.

Predigtlied
»Kleines Senfkorn Hoffnung« (Text: Alois Albrecht/Musik: Ludger Edelkötter; in: MENSCHENKINDERLIEDER Nr. 90)
Im Sinne der Predigt erlaube ich mir ein Wort Korrektur in der 3. Strophe: »Kleine Münze Hoffnung, mir umsonst geschenkt: Werde ich dich teilen, *wo* du Zinsen trägst ...?

Schlußstrophe vor/nach dem agendarischen Segen:
»Keiner kann allein Segen sich bewahren. / Weil du reichlich gibst, müssen wir nicht sparen. / Segen kann gedeihn, wo wir alles teilen, / schlimmen Schaden heilen, lieben und verzeihn.«
(Dieter Trautwein; EG 170,2)

Vorschlag zur Predigt

Ursula Thomé

Möglicher Anfang
Wenn Jesus ein Gleichnis erzählt, dann greift er dabei Alltagserfahrungen auf, auch aus dem Berufs- und Arbeitsleben. Und mit diesen Erfahrungen will er uns eine neue Erfahrung, eine Erfahrung mit Gott zuspielen. Manche Hintergründe der damaligen Alltagswelt sind für uns heute schon mal verwirrend und unklar, doch die zentralen Probleme und Grunderfahrungen sind uns vielleicht wohlbekannt:

- einer wird des Betrugs beschuldigt oder auch »angeschwärzt«, eine Art Mobbing;
- fristlose Kündigung und damit verbundene Zukunfts- und Existenzangst;
- Angst vor sozialer Ausgrenzung, wenn Arbeit und Obdach verlorengehen;
- wirtschaftliche Not durch Verschuldung;
- »Arbeiten« mit Kapital (bis hin zur Veruntreuung?);
- Abänderung von Schuldscheinen und Zinssätzen.

Aber worum geht es eigentlich? Was will uns Jesus damit von Gott erzählen? Was für ein Verwalter (griechisch: Ökonom) ist denn das? – In der Lutherbibel hat dieses Gleichnis immer noch die Überschrift: »Vom unehrlichen Verwalter«. Das hat lange Tradition, und das ist trotzdem nicht sachgemäß übersetzt. Wortwörtlich geht es um einen »Verwalter der Ungerechtigkeit«. Denn im griechischen Bibeltext steht nicht das Adjektiv ›ungerecht‹, sondern der Genitiv vom Substantiv ›Ungerechtigkeit‹. Zur Verdeutlichung: Ein Arzt der Geisteskrankheit ist kein geisteskranker Arzt; und so ist ein Verwalter der Ungerechtigkeit auch kein ungerechter Verwalter. So wurde er immer wieder verstanden, ausgelegt als Betrüger, der Gelder veruntreut und Schuldscheine fälscht (Hier kann man gut die deutende Zusammenfassung der Lehrerin oder – auf den Punkt gebracht – den Satz von Johannes aus den »Annäherungen« zitieren.).

Zum weiteren Verlauf

Dieses Gleichnis erschließt sich nicht ohne die Wahrnehmung der Hintergründe. Wir müssen viel genauer hinsehen und uns den Erfahrungshintergrund der Jünger zunutze machen (Denkbar ist auch eine narrative Predigt aus der Sicht der Jünger, die in lauten Gedanken die einzelnen Momente des Gleichnisses durchgehen.).

Der Verwalter/Ökonom ist ein »Fachmann«, dem die Verwaltung eines oder mehrerer Güter oder auch eines ganzen Besitztums mit Gütern und Betrieben übertragen war. Ein solcher Verwalter – modern gesprochen: eine Art Manager – hatte in der damaligen Zeit volle Handlungsfreiheit – Gesamtprokura, wie man heute sagt. Diese Stellung beruhte auf Vertrauen und war ohne Vertrag. Er handelte selbständig und hatte innerhalb bestimmter Wirtschaftsvorgaben etliche Handlungsspielräume.

Was ist geschehen? Was hat er also getan? Aufgrund einer nicht belegten Beschuldigung »er verschleudere ihm seinen Besitz« wird er fristlos gekündigt und soll eine Schlußabrechnung vorlegen. Er wägt ab und überlegt Alternativen: Harte, körperliche Arbeit, also auf die Stufe der bislang vom ihm »verwalteten« Pächter oder Tagelöhner will er nicht; Betteln, also noch eine Stufe tiefer will er erst recht nicht. Beides ist aus seiner Sicht gut nachvollziehbar. Dann findet er eine dritte Möglichkeit (Vers 4). Er überlegt eine Strategie, mit der er verhindern will, sozial ins Abseits zu geraten. Sie

lautet: Damit die Schuldner meines Chefs mich in ihre Häuser aufnehmen – was sowohl ökonomisch als auch sozial eine Absicherung bedeutete durch die Gemeinschaft ›Haus‹, die den einzelnen in Zeiten ohne Versicherung und Renten etc. trägt –, damit sie mich aufnehmen, verringere ich ihre Schuldenlast im Rahmen oder auch bis an die Grenzen meiner Möglichkeiten.
Seine Möglichkeiten waren nicht gering: Er ruft die Schuldner nacheinander zu sich und läßt sie die Schuldscheine auf niedrigere Summen umschreiben: von 100 auf 50 Faß Olivenöl, von 100 auf 80 Sack Weizen. Das liegt noch in seiner Vollmacht.
Was genau hat er damit getan? Die sozialgeschichtliche Bibelforschung hat herausgefunden, daß die gestrichenen Beträge genau die verdeckten Zinssätze waren, die man üblicherweise genommen hat. Um das religiöse, jüdische Zinsnahmeverbot zu umgehen, hat man keine Extra-Zinsscheine geschrieben, sondern hat auf den in Naturalien ausgestellten Schuldscheinen den Zins schon aufgeschlagen und so getan, als wären größere Summen verliehen bzw. als Pacht festgesetzt worden. Und diese »Vorabzinsen« hat der Verwalter jetzt wieder herausstreichen lassen; d. h. die Schuldner zahlen ihre Schulden, die Pacht, aber nicht die Zinsen. Das bedeutet eine große Erleichterung bei der Rückzahlung. Denn wenn die Pächter nur mit der Tilgung der Zinsen befaßt sind, ist das eine Ursache von Verschuldung und Verarmung. Um dem entgegenzuwirken, gab und gibt es nach jüdischem Recht ein Zinsnahmeverbot (Bundesbuch, 3. Mose 25,35–37 hier ganz zitieren). So erweist sich der Verwalter auch als Kenner und Befolger der Thora (Zinsverbot, periodischer Schuldenerlaßt, Jobeljahr ...), die die Armen zu ihrem Recht kommen läßt und so Gottes Recht wirksam werden lassen will. Vielleicht hat auch seine eigene Betroffenheit und Lebenskrise ihm den Blick auf die Gesetze zugunsten der Armen geöffnet. Er führt sozusagen einen teilweisen Schuldenerlaß durch und verhilft den betroffenen Schuldnern zu mehr Gerechtigkeit und Freiheit. In seiner eigenen Krise tritt er nicht nach unten, sondern nutzt seinen Handlungsspielraum für ein gerechteres Verhalten. Er tut es auch für sich, denn er erhofft sich Hilfe und Solidarität. – Ich tue etwas für andere, weil ich damit etwas für mich tue. Wir wissen, das ist nicht ungewöhnlich und muß auch nicht berechnend sein. Wir haben etwas davon, wenn wir uns für andere einsetzen: Anerkennung, Zuwendung, Hilfe ...

Möglicher Schluß
Jesus lobt das Tun des Verwalters, nennt ihn klug. Denn sein Verhalten läßt etwas durchblitzen von den Strukturen von Gottes Gerechtigkeit, von Gottes Reich. Gott will, daß wir unsere Handlungsspielräume zugunsten der Armen auslegen und nutzen. Das nennt Gott klug – weil es den Verschuldeten hilft und weil es auch für uns gut ist.

Welche Handlungsspielräume haben wir?
- Als Gemeinde nutzen wir im Moment an der ...-kirche einen Spielraum in der Asylpolitik. Wir gewähren einem von Abschiebung bedrohten Menschen Kirchenasyl: ein altes religiöses Recht, das nicht in unserer Gesetzgebung verankert ist und trotzdem handeln wir danach, nehmen wir uns dieses Recht heraus. Und es wird bislang auch nicht von den Behörden und der Polizei angetastet. Wir schützen damit unser Gemeindeglied N. N., dessen abgelehnter Asylantrag hoffentlich bald in einer neuen Verhandlung positiv entschieden wird.
- Die Kampagne »Entwicklung braucht Entschuldung/Erlaßjahr 2000« nimmt das alttestamentliche Gesetz des Jobeljahres (alle 50 Jahre soll ein weitreichender Schuldenerlaß gewährt werden) erneut ernst und fordert die Industriestaaten auf, solch ein Erlaßjahr im Jahre 2000 für die hochverschuldeten Entwicklungsländer durchzuführen, obwohl es dafür nach internationalem Recht keine Verpflichtung gibt. Auch wir können uns an dieser Kampagne beteiligen - als Gemeinde und als einzelne.
- Auch einzelne Christen, die Verantwortung tragen in Behörden und Einrichtungen, in Politik und Wirtschaft, in Kirche und Gesellschaft haben Ermessensspielräume. Es ist nicht alles völlig festgelegt. Mit diesem Gleichnis sind wir als Christen von Jesus herausgefordert, auch in unseren Bezügen nach Handlungsspielräumen zu suchen und sie für mehr Gerechtigkeit zu nutzen.
Und da, wo wir selbst schuldbeladen und unter Druck sind, verheißt uns Jesus Schuldenerlaß und Befreiung und spricht uns neue Lebensmöglichkeiten zu.

Kontexte

Die bisherige Auslegung fördert das Mißverständnis: Der Zweck heilige die Mittel. Dagegen kämpfe ich schon viele Jahre. Schlechte Mittel entheiligen den Zweck - auch politisch, rechts wie links ...
Wir müssen uns viel einfallen lassen, um dermaleinst - wenn nicht mehr vor der Geschichte, dann doch vor Gott - hier und da auf ein Zeichen hinweisen zu können, mit dem wir uns abgesetzt haben von der ach so wundervollen und für eine ganze Reihe von Menschen ach so wundervoll effektiven, allerdings umweltzerstörenden, reservenvergeudenden und gesellschaftsspaltenden Modernisierungsssucht und so herrlich geordneten wirtschaftlichen Unordnung, die zur Zeit über die leider unordentlich verwaltete Ordnung des Sozialismus triumphiert.
(Werner Sanß, Superintendent i. R. in Selm/Westfalen und 1. Preisträger des Aachener Friedenspreises vom 1. September 1988; u. a. verdanke ich ihm in seiner Auseinandersetzung mit dem Zinsthema die ersten entscheidenden Hinweise auf den »Verwalter der Ungerechtigkeit«)

Zinsen verstoßen gegen Gottes Willen, Zinsen sind *ein* herausragender Faktor der Verelendung von Menschen.

Diese Erkenntnis gilt es heute in der Schuldenentwicklung in den Ländern, die in Abhängigkeiten von den Industrieländern und den Großbanken sind, als unser theologisches Erbe zu realisieren. Es ist jedenfalls für Theologen spannend zu sehen, wie in einigen Kreisen der Wirtschaft Zinserlaß oder gar Schuldenerlaß als eine durchaus diskutable und praktizierte Lösung der Schuldenprobleme von lateinamerikanischen, afrikanischen und asiatischen Ländern angesehen wird: Das biblische Zinsverbot ist eben *auch* ökonomisch vernünftig. Hier haben wir Christen etwas in unserem Erbe, was wir als unseren Beitrag in die Diskussion um die Lösung dieses Weltproblems einbringen können.
(Jürgen Kegler, Seite 38)

PUBLIK-FORUM: Welche Spielräume gibt es?
KESSLER: Es gibt Spielräume für Reformen, nur sind sie nicht mehr so offensichtlich. Zum Beispiel gibt es in allen Gruppen der Gesellschaft jeweils große Minderheiten, die die entscheidenden Probleme zumindest wahrnehmen. Auch im Unternehmerlager existiert eine beträchtliche Minderheit, die sagt: So kann es ökologisch und sozial nicht weitergehen. Bei den Gewerkschaften gibt es den Versuch, ökologische und soziale Probleme zu sehen. Im politischen Bereich bestehen inzwischen in Hunderten von Städten breite und unkonventionelle Bündnisse zwischen Politik, Gewerkschaften, Kirchen und neuen sozialen Bewegungen wie Ökogruppen, Frauenbewegung und Eine-Welt-Szene. Es gibt eine eifrige Suche nach einem neuen und möglichst breiten Reformkonsens. Das schafft mittelfristig auch Reformspielräume.
HINKELAMMERT: Dieser Konsens wird aber sehr viele Konflikte bringen, weil er mit den herrschenden Mächten zusammenstößt. Dann geht es darum, wer diesen Konflikt gewinnt. Diesen Konflikt zu gewinnen heißt ja nicht, den anderen plattzumachen. Aber es heißt, daß man erst über diese Konflikte Reformspielräume eröffnen kann.
PUBLIK-FORUM: Welche Rolle könnten und müßten die christlichen Kirchen bei diesem Kampf um Reformen spielen?
HINKELAMMERT: In vielen totalitären Systemen sind die Kirchen oft die Nischen gewesen ... Warum sollte das im wilden Kapitalismus anders sein? Wir müssen wieder eine ganz wichtige Nische bilden in einem System, das zum Totalitärmarkt neigt. Das heißt, sie müssen Aktionsspielräume schaffen und Diskussionsräume bieten. Ich halte Kirchen für enorm wichtig. Auch und gerade in Lateinamerika bieten sie einen wichtigen Raum für Diskussionen und Aktionen. Dabei muß man natürlich bedenken: Die Kirche ist nie wirklich homogen. Oft beschränkt der Apparat die Freiräume, aber dennoch bleiben die Nischen. Es sind häufig Priester, Bischöfe, Pastoren, auch viele Basisgemeinden, die die Diskussionsräume bieten. Die Parteien, auch die linken, schaffen das heute nicht mehr. Die Parteien besitzen zwar noch Orte, wo man sich versammeln kann. Nur versammelt sich dort keiner mehr, weil sie nicht als Orte empfunden werden, an denen man frei sprechen kann.
PUBLIK-FORUM: Sind denn Reichtum, Gewinn und Zins mit christlichen Idealen vereinbar?
HINKELAMMERT: Der wichtigste Maßstab des Reichtums besteht für mich darin, daß es keine Armut gibt. Das ist nicht der Reichtum der gegenwärtigen Wachstumsgesellschaft. Da bin ich reich dadurch, daß die anderen nichts haben. Da gibt es so ein Gedicht aus dem 19. Jahrhundert. Da sind vier Fürsten zusammen und rätseln, wer am reichsten ist. Der eine sagt, ich habe Goldminen. Der andere hat Silbermi-

nen, der dritte Erzminen. Der vierte kommt dann an und sagt: Das habe ich alles nicht, aber ich kann in meinem Land in jedes Haus gehen und darum bitten, ruhig schlafen zu können, und keiner wird mir etwas tun. Und dann sagen die Fürsten, das ist wahr, du bist der Reichste. Das klingt doch gut.
(aus: Der Kapitalismus, die Revolution und die Kirchen. Streitgespräch zwischen den christlichen Wirtschaftswissenschaftlern Franz Josef Hinkelammert und Wolfgang Kessler, Publik-Forum Nr. 15, 1998, Seite 6–9)

Buß- und Bettag

Annäherungen an den Predigttext Matthäus 12,33-35

Heidi Kell

Das Gespräch fand im Konfirmationsunterricht statt. Wir lesen den Text mehrmals reihum, dann bitte ich um erste Reaktionen.

Das Bild stimmt nicht
Die Jugendlichen bleiben zunächst innerhalb des Bibelworts: Das stimmt doch gar nicht, was Jesus da sagt!
Es gibt bei Bäumen auch Insektenbefall oder Fruchterkrankungen, ohne daß der ganze Baum befallen ist. Andersherum: Es gibt gute Bäume, deren Früchte schlecht sind (Wir leben auf dem Land - die Jugendlichen wissen Bescheid). Mir scheint, daß die Unstimmigkeit des Bildes auch die Glaubwürdigkeit Jesu im Folgenden schwächt.

Die These Jesu stimmt nicht
Wen meint Jesus eigentlich mit dem Bildwort?
Die Menschen meint er; und die Früchte sind das, was einer sagt oder tut. Ich frage, wie sie selbst sich denn sehen würden - eher als schlechter oder eher als guter Baum.
Sowohl als auch, sagen die meisten. Eher gut, sagen einige und halten Jesus entgegen, daß seine Einschätzung der Menschen falsch ist: Menschen lassen sich nicht in gut und böse sortieren, die meisten befinden sich in der Mitte zwischen beiden Extremen. Menschen, die uneingeschränkt gut sind, finden sie nicht. »Mein Opa«, sagt ein Konfirmand, »der war gut.«
Auch gegen den Umkehrschluß, daß man von schlechten Worten oder Taten auf schlechte Menschen schließen kann, wehrt sich die Gruppe: Es kann doch nicht sein, daß alle schlecht sind, weil sie irgendwann mal Fehler gemacht haben.
Was macht euch denn zu dem, was ihr seid - zum tendenziell guten Baum? Vererbung, sagen einige, andere meinen, das hänge vom Elternhaus ab. Wieso, sagt eine, für mein Leben bin ich doch selbst verantwortlich. Dieser Meinung schließen sich alle an.

Stimmt Jesu Urteil am Ende doch?
Aus aktuellem Anlaß (fast jede Woche ein Kindermord oder -mißbrauch in den Medien oder in der Nachbarschaft) kommt unser Gespräch auf »böse« Lebensverläufe. Die Jugendlichen fühlen sich bedroht und ganz eindeutig ist ihr Urteil: Die sind krank, die gehören in eine Anstalt, sagen zwei, die anderen fordern unisono die Todesstrafe: »Die ändern sich nicht mehr, und selbst wenn ...«
Nun, da es so konkret geworden ist, kommt die Gruppe doch zu Urteilen, die ebenso kraß sind, wie Jesu Worte: Es gibt keine Grauzone, keine Zwischentöne mehr: Wer schlechte Früchte bringt, ist schlecht, der ändert sich nicht mehr.
Die Gruppensitzung ist zu Ende. Am Schluß Ratlosigkeit: Wo ist die Hoffnung, das Evangelium in diesem Jesuswort hörbar?
Hat der Bußtag deshalb keine Lobby mehr in unserem Land, weil die Hoffnung darauf, daß Menschen zur Umkehr in der Lage sind, so klein geworden ist?

Zum Gottesdienst

Jobst v. Stuckrad-Barre

Exegetisch-homiletische Skizze

Im gerade erschienenen »Sonn- und Festtagskalender 1998/1999«, hrsg. von der Lutherischen Liturgischen Konferenz Deutschlands wird die Auswahl für den Bußtag '99 mit »Matthäus 12,33-35 (36-37)« angegeben. Das Evangelische Gesangbuch (Ausgabe Niedersachsen/Bremen, Hannover/Göttingen 1994) gibt für die dritte Predigtreihe an »Mt 12, (33-35).36-37«. Wie denn nun? Sollten die Perikopenväter ihre wohl zu begründenden Bauchschmerzen bei der Überlieferung des Abschnitts an die Predigenden in die formkritischen Überlegungen zur literarischen Einheitlichkeit des Abschnitts umgesetzt haben? Ob aus dem Bauch oder nicht - ganz ohne Herzklopfen wird keine/r diese Verse in der Vorbereitung auf den Bußtag durchdenken. Die Lebenserfahrung, die sich darin niederschlägt, kann ja nicht einfach bestritten werden. Daß Jugendliche (siehe »Annäherungen«) dagegen zunächst protestieren, um später angesichts bedrängender Nachrichten und eigener Ängste »unisono« ebenso zu urteilen, scheint mir die Nachfragen zur Funktion solcher Sätze wie zu ihrer Überlieferung noch verstärkt nahezulegen.
Die Einfachheit dieser Gleichungen hat etwas geradlinig Einleuchtendes an sich: guter Mensch - gutes Tun, böse Menschen - böse Sätze. Du hast keine Chance, wer du auch seist. Sachkritik, die hier einsetzt, kann sich

mindestens auf zwei Argumente stützen: Die Mehrfachverwendung dieser Gleichsetzungen Baum–Früchte und ihr Vorkommen in der Johannes-der-Täufer-Überlieferung (zu den Einzelheiten siehe Ulrich Luz, EKK I/2, zur Stelle) lassen zumindest erwägen, ob die matthäische Gemeinde hier nicht Antworten aus dem Schatz der Volksüberlieferungen ernster genommen hat als die Berichte von dem, der wirklich zur Umkehr auffordert und nicht zum Verzagen. »Oder meint ihr, daß die achtzehn, auf die der Turm von Siloah fiel und sie erschlug, schuldiger gewesen sind als alle andern Menschen, die in Jerusalem wohnen?«, fragt Jesus nach Lk 13,4 zurück und fordert zur Buße auf. Die Strenge, die er dabei durchaus auch zeigt, läßt mich noch einmal überlegen: Folgen solche Einwände nicht einem zu milden Jesus-Bild, in das der zornige, ungestüme Mann nicht paßt, der die Händler und Wechsler aus dem Tempel treibt oder, wie in unserer Perikope, dem Menschen genauso schonungslos den Spiegel vorhält – an der Frucht erkennt man den Baum.
Ich versuche, diesen Impuls aufzunehmen und dennoch das einfache Verwerfen des Menschen (und die Drohung mit dem Gericht) nicht ohne die Einladung zur Buße, zur Umkehr hören. Denn daß Jesus Worte und Taten der Menschen ernstgenommen hat und daß eben darum der Gerichtsgedanke Bestandteil seiner Verkündigung bleibt, wird nicht von der Hand zu weisen sein. Wie also mit dieser Ausrichtung an einem jeden Wort umgehen? Von Martin Luther bis zu Kurt Marti, von der Rechtfertigung des Gottlosen bis zu dem Gott, der zu unserer Überraschung gerade nicht kleinkrämerisch reagiert, reichen die mich beeindruckenden Gründe, den Richter am Ende nicht zu (un-)menschlich zu predigen. Daß der, der Verantwortung für unser Reden und Tun einfordert, ein und derselbe ist, der (als Richter!) für uns eintritt, bleibt entscheidend. Alles andere hieße, Gott: Vater und Sohn auseinanderzureißen.
So bleibt sie, unsere Verantwortung für unsere Worte (die so viel anrichten können wie unsere unterlassenen Taten und all das, was wir so geschehen lassen oder machen ...). Es bleibt die Notwendigkeit der Umkehr.
Es bleibt auch die notwendige Verkündigung des Bußtages, in welche gesellschaftliche Ecke er auch gedrängt werden mag. Doch zu letzterem ist so viel gesagt und veröffentlicht, daß es besser sein wird, den 99er Menschen mit seinen aktuellen Taten und Worten in den Blick zu nehmen (»selbstkritisch, auch gegen meine eigene Person«, Andreas Möller, Borussia Dortmund). Der Bußtag als öffentliches Geschehen, als Tag der Kirche für die Menschen einer in ihrer eigenen Anonymität verschwindenden und Verantwortung erschwerenden Gesellschaft.
Die Themen der Ausländerfeindlichkeit, der Segmentierung in Arbeitsbesitzer und Arbeitslose, in reicher und reicher werdende und ärmer und ärmer gemachte Menschen werden noch genauso an der Tagesordnung sein wie im Wahljahr. Du hast keine Wahl, aber nutze sie. Kirche hat keine Konjunktur, aber so zurückgestutzt auf unselbstverständliche Notwendigkeit kannst du sie erkennen, sprich: hören, wer da zu Umkehr ruft.

Läßt sich gegen den Text mit seinem Thema so predigen, daß seine Stimme zu Wort kommt? Dann werden die Stimmen der Gemeinde ins Spiel gebracht werden müssen – mit ihrem Drängen auf Gottes Handeln, mit ihrer (meiner) Versuchung zur Schwarz-Weiß-Zeichnung, mit ihrer Kraft zum tragenden Gebet, das am Buß- und Bettag eigentlicher Ort der Sprachfindung werden kann, wenn, ja wenn die Predigt durch den Wust der vielen Wörter zum Wort Gottes gelangt.

Vorschläge zur Liturgie

Die besondere Liturgie des Buß- und Bettags mit ihrer Kargheit und Konzentration auf die Bitte um Gottes Erbarmen sollte wahrgenommen werden mit dem Kyrie und der Lesung von Psalm 51. Andere Formen sind damit nicht ausgeschlossen, zumal wenn die Friedensdekade an diesem Tag zum Abschluß gebracht wird – sie sollten allerdings die gleiche Geschlossenheit erreichen.

Lieder
EG 146 Nimm von uns, Herr, du treuer Gott; 414 Ein wahrer Glaube Gotts Zorn stillt (V. 5: Wie Gott läßt scheinen seine Sonn / und regnen über Bös und Fromm); 144 Aus tiefer Not laßt uns zu Gott von ganzem Herzen schreien; 307 Selig sind, die da geistlich arm sind; 97 Holz auf Jesu Schulter, von der Welt verflucht; 607 (Ausgabe Niedersachsen/Bremen, Hannover/Göttingen 1994) Vertrauen wagen dürfen wir getrost.

Fürbitte
»Gott,
wir danken dir, daß wir durch dich eingeladen sind,
aus unseren kleinen Verhältnissen und bedrängten Gedanken heraus
Platz zu finden in der Weite deines Geistes.
Hilf uns,
daß wir nicht durch Kleinmut und eigenwillige Klugheit
weniger Liebe verschenken, weniger Hoffnung machen,
als du uns geschenkt hast.
Nimm von uns
die falschen Zeichen, die großen Wörter,
vor allem die Härte unseres Gesichts.
Und laß es licht werden unter Bekümmerten und Verbitterten,
unter all denen,
die nach Leben sich sehen, nur nach Leben.
Sei du mit ihnen, sei du mit uns.«
(aus Michael Meyer, Nachdenkliche Gebete im Gottesdienst. Göttingen 1996, Seite 281)

Vorschlag zur Predigt

Predigtanfang

›Mehmet‹, ein türkischer Jugendlicher aus Süddeutschland, hat über 60 Straftaten begangen. Nun soll er ausgewiesen werden und mit ihm seine Eltern, die seit Jahrzehnten unbescholten in Deutschland leben und arbeiten. Ein Gericht hat solche Praxis eben für rechtens befunden. Nehmt an, ein Baum ist gut, so wird seine Frucht auch gut sein; oder nehmt an, ein Baum ist faul, so wird seine Frucht auch faul sein.

Diese Frau, die sich immer so unglaublich freundlich nach dem Ergehen erkundigt, hinterm Rücken aber klatscht und tratscht und dies nicht zum Guten. Wer kennt sie nicht aus seiner Nachbarschaft? So vertraut, als wäre sie verwandt ... Wie könnt ihr Gutes reden, die ihr böse seid? (...) ein böser Mensch bringt Böses hervor aus seinem bösen Schatz. Die Politiker, die Abbau der Arbeitslosigkeit, blühende Landschaften, weniger Staat und weniger Steuern versprechen und doch wissen, daß die strukturellen Probleme bleiben – länger als sie oder ihre Kritiker sich das wünschen können. Ich sage euch, daß die Menschen Rechenschaft geben müssen am Tage des Gerichts von einem jeden nichtsnutzigen Wort, das sie geredet haben. Selbst wenn wir uns tatsächlich einbeziehen (müssen) in die Kette der von diesen Sätzen getroffenen Menschen, wird damit Umkehr möglich und die Rechtfertigung des Gottlosen so weitergegeben, daß sie die Nähe des uns entgegenkommenden Gottes aufzeigt? Blieben wir bei unseren Worten, liebe Prediger/innen und evangelischen Frauen und Männer, blieben wir auf unsern Worten sitzen, vom Zu-uns-kommen Gottes könnte kaum geredet werden. Keine Chance!

Nein, stellen wir diese Verse in den Zusammenhang dessen, was Jesus gesagt und getan hat, dann wird die rigorose Ernsthaftigkeit unübersehbar, mit der er den Menschen vor Gott sieht. Kein Drumherumreden, kein Auflösen des kleinsten Buchstabens – was habt ihr gemacht aus dem, was meines Vaters ist?! Es bleibt aber nicht weniger wichtig, daß neben der Klärung der Verantwortlichkeit die Einladung, die Wegweisung zu Umkehr und Leben seinen Weg ausgemacht haben. Kommt her zu mir alle, die ihr mühselig und beladen seid: Ich will euch erquicken. Wäre es anders, es gäbe für uns keinen Weg.

So wird die Botschaft des Bußtages keine einfache: Wer euch einlädt, ist der, der eure Verantwortung ernstnimmt und euch zutraut, das Gerede, das Mitmachen, Verachtung und Mißtrauen, dies alles zu lassen.

Zum weiteren Verlauf:

In der Durchführung sollte die vereinfachende Behaftung bei der Bosheit des Menschen diskutiert und in ihre Lieblosigkeit verdeutlicht werden. Diese Abstützung auf den zur Umkehr einladenden Jesus hat anthropologisch Konsequenzen: Gottes Bewegung auf uns zu und die Offenheit des

Menschen, das ›nicht festgestellte Tier‹, erfordern gerade die Unterscheidung von Person und Werk, wie sie ebenso notwendig machen die Erarbeitung menschlicher Maßstäbe auf allen Ebenen persönlichen und gesellschaftlichen Handelns.
Der Buß- und Bettag erweist seine Notwendigkeit darin, daß er einer sich selbst vergessenden Gesellschaft hilft, ihre Maßstäbe neu einzuprägen und auszubilden. Ob das nun immer die der Predigenden sein werden, muß natürlich hinterfragt werden. Nichtsdestoweniger leitet der Reflexionsprozeß dieses Tages dazu an, Zukunft vor Gott neu aufzutun und eben darum Verantwortung für unser gegenwärtiges Tun ganz und gar nicht gleichgültig sein zu lassen.

Der mögliche Schluß
kann den Akzent des Redens vor Gott auf das Beten legen:
Unsere erste befreiende Möglichkeit ist es, nicht mit allen möglichen und unmöglichen modischen Strömungen mitzuschwimmen. Die Basis dazu gibt das alltägliche und das heutige besondere Reden mit Gott. Unser Beten hilft zum Aussprechen dessen, was uns quält und quersteht. Es hilft zur (Selbst-)Distanz und zu neuer Nähe, wenn es denn nicht unnützes Gerede, sondern Aussprechen ist und Erbitten der Gnade, die uns ins Leben führt.
So gewinnt der Satz, aus deinen Worten wirst du gerechtfertigt!, am Ende doch seine eigene Kraft. Denn er setzt den an uns handelnden, unsere Hoffnung begründenden Gott voraus.

Kontexte

»Bei diesem Wort überwiegen m. E. die negativen Folgen seine positiven Potenzen. Ich persönlich würde es nicht als Predigttext wählen, es sei denn für eine Predigt gegen den Text im Dienste einer Aufarbeitung seiner Folgen.« Ulrich Luz, EKK I/2, Seite 268 zu dem direkt vorhergehenden Abschnitt Matthäus 12,31–32.

Der 17. 11. (1231) ist Todestag der Elisabeth von Thüringen. 1235 heiliggesprochen durch Papst Gregor IX. auf Betreiben der Deutschherrn, die 1234 das von ihr in Marburg errichtete Franziskushospital übernahmen. Sie diente Kranken, Aussätzigen und Kindern »erfüllt von der mystischen Christusliebe des Franziskus, durchdrungen von seinem Glauben an Christi Gegenwart in den Armen und seiner ›vollkommenen Freunde‹.« (F. Heiler, RGG[3]).

»Zu spät« heißt eine der kurzen Symbolgeschichten aus dem Bändchen »Auch im Herbst blühen Bäume« von Mark Rasumny (Berlin 1979, Seite 28):
»Er stand am Rande des Bahnsteigs, preßte den Hut vor die Brust, und der Wind fuhr im kräftig durchs graue Haar. Es sah dem Zug hinterher und murmelte: Warum? ... Warum nur habe ich nichts davon gesagt? ... Warum nicht gleich erwähnt, daß ...? Nun ja, wie immer: zu spät.

Sie haben den Zug versäumt? fragte ich mitfühlend. Nein – das heißt eigentlich ja, entgegnete er.
Wissen Sie, ich habe einen mir nahen Menschen zum Zug begleitet. Und bis zum Abschied haben wir miteinander geredet. Aber jetzt fällt mir ein, daß ich nicht alles, was hätte gesagt werden müssen, gesagt habe. Ich konnte nicht mehr sagen, daß ...
Und erst nach der Abfahrt des Zuges erinnerten Sie sich?
Ja, erwiderte er still, und seine Augen schimmerten feucht. Jedesmal ist es mit mir das gleiche, jedesmal ...
Dann wandte er sich um und ging mit schweren, schleppenden Schritten zum Ausgang.
Ich sah seiner gebeugten Gestalt nach und ahnte, wie schwer es sein muß, die Last des Ungesagten zu tragen. Vor allem dann, wenn man sich seiner erinnert vor leeren Gleisen.«
(Auslassungszeichen durch M. Rasumny)

Ewigkeitssonntag

Annäherungen an den Predigtext Lukas 12,42–48

Jutta Konowalczyk-Schlüter

Einmal im Monat treffen sich die Frauen unseres Kirchenvorstands mit mir, der Pastorin, zum gemeinsamen Bibelgespräch. Unsere Gesprächsrunde ist sowohl altersmäßig als auch berufsmäßig sehr gemischt. Sie besteht aus einer Behindertenpädagogin, einer Hausfrau, einer Kindergärtnerin, einer Briefträgerin und einer Pastorin. Das Gespräch ist sehr offen, Wertungen und Belehrungen sollen vermieden werden.
Zum besseren Verständnis haben wir Lukas 12,35–48 gelesen.
Die zu behandelnde Perikope wurde sehr kontrovers diskutiert:
P 1: Na, was für einen ersten Eindruck habt ihr bekommen?
K 1: (schüttelt sich angewidert): Das ist ja schrecklich. Gott soll den Knecht in Stücke hauen. So drastisch ausgedrückt, daß man richtig Angst bekommt.
K 2: Da droht uns einer: Ihr sollt immer schön brav sein, die Zehn Gebote halten und auch sonst tun, was Gott von euch fordert – dann wird euch am Ende aller Tage nichts passieren!
K 1: Daran kann ich gar nicht glauben, daß solche schreckliche Strafen von Gott kommen ... Es heißt doch immer, daß Gott allen vergibt?!
K 3: Wenn man mal das liest, was davor steht, dann heißt es doch: Nur wer seine Mitmenschen ganz schlecht behandelt und sich dadurch auf die niedrigste Stufe menschlichen Daseins herunterbegeben hat, der soll so hart von Gott bestraft werden am Ende.
K 1: So kann Gott doch nicht reagieren. Dann würde er ja Böses mit Bösem vergelten. So denken wohl Menschen untereinander. Aber doch nicht Gott. Jedenfalls nicht der Gott, an den ich glaube!
K 3: Früher waren die Strafen doch immer so hart. Ich meine, ich weiß das auch nur aus so historischen Filmen. Mägde und Knechte waren doch damals wie Sklaven, die Untersten, auf denen alle anderen rumtrampeln durften. Für uns heute hört sich das hart an. Aber für die Leute damals waren Schläge oder auch die Todesstrafe an der Tagesordnung.
K 4: In meinem Konfirmandenunterricht habe ich mal gehört, daß Lukas der Evangelist mit dem erhobenen Zeigefinger ist. Er ermahnt immer so drastisch und hat so moralische Beispiele.

K 1 schüttelt vehement den Kopf, sie kann den Text kaum ertragen.
P 2: Das stimmt schon. Lukas hat in einer Gesellschaft gelebt, in der es sehr verschiedene Schichten gab, eben die Herren – und diejenigen, die diesen Herren unterworfen waren. Die Herren hatten eben auch das Recht, durch harte Strafen ihre Herrschaft zu festigen.
K 2: Die Sklaven früher konnten recht gut leben, wenn sie alle Anforderungen erfüllten. Wenn nicht, gab es wirklich Prügel.
K 3: Vielleicht steht die Strafandrohung so drastisch in der Bibel, weil sie sich an die Herren richtet? So nach dem Motto: Seht her, ihr werdet am Ende von Gott mit eurem eigenen brutalen Maß gemessen! Immerhin geht es doch darum, Gottes Willen zu erfüllen: Wer weiß, was Gott von ihm will, und trotzdem nicht danach handelt, wird ja härter bestraft als der, der Gottes Willen nicht kennt und genau dasselbe tut. Das ist doch gerecht!
K 4: In manchen Familien geht es ja heute noch so brutal zu: Der Vater bestimmt durch Schreien und Schlagen über die ganze Familie.
K 1: Genau, das ist menschliches Verhalten, was hier beschrieben wird. Mit Gott aber verbinde ich Liebe und Güte.
P 3: Du willst so ein Gottesbild also nicht?
K 1: Nein, das ist nicht mein Gottesbild. Gott ist gütig und nimmt alle an!
K 2: Im Alten Testament ist er auch der Strafende!
K 3: Für mich gehören die Gegensätze zu Gott: Gütig und boshaft, strafend und vergebend, eben immer ein bißchen weiser als wir.
K 2: Ich glaube, daß Leiden auch zum Leben hinzugehört. Dadurch sollen wir stark werden, unser Leben zu meistern. Das Leben ist wie eine Berg- und Talbahn: Aus dem Tal sehe ich auf den Berg und weiß: Ich muß ihn erklimmen, egal wie schwer das sein wird.
Ein längeres Gespräch über Krankheit und Behinderungen schließt sich an.
P 4: Mit welchem Schwerpunkt würdet ihr diesen Text am Ewigkeitssonntag predigen? K 1 würde sicher gegen den Text an predigen und betonen: So ist der Gott, an den ich glaube, nicht! (K 1 nickt zustimmend)
K 2: Zu jeder Tages- und Nachtzeit könnte Gott kommen. Seid wachsam!
K 3: Unser Gerechtigkeitsverständnis und Gottes Gerechtigkeit.
K 4: Ich würde den letzten Vers ausmalen: Wie ist es, wenn du weißt, wie dein Leben eigentlich aussehen müßte – und du lebst ganz anders?

Zum Gottesdienst

Ernst Walter Rohmann

Exegetisch-homiletische Skizze

Abgrenzung

Die Perikope Lukas 12,41–48 enthält als Hauptteil (Verse 42–46) ein wahrscheinlich aus Q stammendes Gleichniswort Jesu. Lukas ordnet eine Frage des Petrus vor (Vers 41) und ein Doppelwort (Verse 47 f.) nach, sodaß eine in seinen Augen sinnvolle Einheit entsteht.

Geht man aber auf den Inhalt der drei Teile ein, so wird man feststellen müssen, daß von Mal zu Mal Verbiegungen entstehen, die ein Verstehen – bei einmaligem Hören – geradezu verhindern. So entschließe ich mich, als Grundlage für die Predigt nur die Verse 42–46 zu lesen.

Inhalt

Im Gesamtzusammenhang der Reise nach Jerusalem (Lukas 9,51–13,35) nimmt das Kapitel 12 eine zentrale Stellung ein. Hier wird nach dem Verhalten der jungen Gemeinde in der Welt gefragt, nach ihrem Zeitverständnis angesichts der immer länger ausbleibenden, zugleich immer noch erwarteten Wiederkunft Christi.

Auf Christi warten heißt wach sein. Bei seinem Kommen zu schlafen bedeutet den Verlust der Gemeinschaft mit ihm. Wer wach ist, dem begegnet Christus als ein Bruder, der die Gemeinschaft stiftet, sie selbst ausfüllt. Der Kyrios wird zum Diener beim letzten, großen Mahl (Lukas 12,37). Was die Jünger von ihm, durch ihn, mit ihm erlebt haben, das dürfen sie auch von ihm zuletzt erwarten. So wird in der Nachfolge Christi die Zeit der Erwartung zur Zeit der Erinnerung, zur Mitte der Zeit (Conzelmann).

Ort des Gleichnisses

Das Gleichniswort vom klugen und vom törichten Hausverwalter führt uns in die ureigene Welt der damaligen Hörer. Ein Haus, ein wohlbestelltes vermögendes Anwesen, ein Hausherr, zwei Verwalter. Ihnen zugeordnet zwei unterschiedliche Verhaltensweisen. Der kluge Mann gibt den Leuten seines Herrn, was ihnen zusteht. Der törichte vertut das ihm Anvertraute, gibt den Knechten und Mägden nicht, was ihnen zukommen müßte. Ja, er schlägt sie sogar.

Der kluge Hausverwalter ist selig. Hier steht das gleiche Wort wie in den Seligpreisungen, nämlich ›makarios‹, im hebräischen ›aschre‹, zu übersetzen mit »Herzlichen Glückwunsch« – der Törichte wird vom wiederkehrenden Herrn in Stücke gehauen und den Ungläubigen zugerechnet, also aus der Gemeinschaft der Gläubigen ausgeschlossen.

Sogleich stellt sich, so auch in den »Annäherungen«, die Frage nach der Gerechtigkeit des wiederkehrenden Herrn. Wir stellen uns als Hörer des Evangeliums zuerst einmal auf die Seite des Gesetzes, das da sagt: Jedem das Seine, jedem so, wie er es verdient hat. Und müssen eigentlich erkennen, daß wir sub specie legis nichts vorzubringen haben. Dann endet das Gleichnis mit einem furchtbaren Richterspruch: Wer weiß, was Gott von ihm will und nicht danach handelt, der wird hart bestraft.
Und es bleibt nur als Konsequenz, aus diesem strafenden und richtenden Gott auszuziehen - und gegen den Text zu predigen.

Ort der Predigt
»Der Mensch unserer Tage lebt nicht mehr im Widerspruch gegen Gott ... der mit dem Gesetz alleingelassene Mensch hat nicht nur seine Unschuld, sondern auch seine Sünde verloren ... Der Mensch ohne Sünde ist in Wahrheit der Mensch ohne Gnade ... (ein) Mensch ohne Gott ... (Folgerichtig ist dann) die gegenwärtige Gottvergessenheit eine empfindliche Reaktion auf eine gnadenlose Predigt.« (Jüngel, Gottes umstrittene Gerechtigkeit, in: Unterwegs zur Sache, München 1988, Seite 74).
Das Gesetz sagt: Du sollst nicht! Es verneint, um das herbeizuführen, was sein soll. Das Evangelium aber bejaht und schafft herbei, bewirkt, setzt in Geltung, was es bejaht. Und zwar durch ein Ja-Wort, bei dem Gott zu sich selber und der Schöpfung Ja sagt, durch ein Wort, in dem seine eigene und die Gerechtigkeit der Menschen zuhause ist.
Höre ich das Gleichnis unter dem Aspekt des Evangeliums, dann führt es den klugen Hausverwalter vor als einen, der dem Wort seines Herrn vertraut, daß er wiederkommen wird, um das Seine wohlbehütet, bewahrt in Empfang zu nehmen. Dann ist der Glaube des klugen Hausverwalters, sein Verständnis der Zeit, sein Aushalten des Gegebenen, sein Seligsein, seine Achtsamkeit auf das Anvertraute, mehr zu predigen als die Strafe, die der törichte Hausverwalter erleidet. Zu Recht erleidet? Oder hat Gott am Kreuz nicht auch das Unvermögen dieses Mannes auf sich genommen, getragen, was uns zusteht, um uns das Seine zu geben: ein Leben in Freiheit - gebunden nur an den Christus?

Ort der Predigthörerinnen und -hörer
Der Ewigkeitssonntag ist geprägt durch die Farbe Schwarz. Zwischen Volkstrauertag, Bußtag, Advent drängt sich Depression ins Unbewußte. Gänge zu den Gräbern, Totengedenken in den Fürbitten, Erinnern und erneutes Fühlen von Abschied und Trauer legen einen schwarzen Mantel von Fatalismus über den Gottesdienst.
Nicht Warten auf einen Wiederkommenden, sondern Erinnern eines Endes, das schon war. Unabänderlich.
Jedem das Seine, das drängt sich als Zweites auf. Denn die, die beklagt werden, sind uns nur vorausgegangen.

Das andere ist aber ebenso geradezu körperlich spürbar. Das Warten auf eine Öffnung des Unabänderlichen, auf neue Hoffnung, eine Haltung, die sich erneut dem Leben zuwenden kann, ein Schimmer von Sonnenaufgang in den dunklen Tagen.
Der Gottesdienst am Ewigkeitssonntag könnte in besonderer Weise ein Ort des Evangeliums werden, in dem das Heilwerden angesichts der leidenden, in Trauer gefangenen Kreatur nicht nur angesagt, sondern auch erfahren werden kann.
Vorschläge dazu:
Ich begrüße die Gottesdienstbesucher mit einigen Presbytern -
Wir haben einen Raum vorbereitet, in dem man nach dem Gottesdienst noch einige Worte miteinander wechseln kann -
Ich feiere den Gottesdienst bewußt, unterlege das Psalmgebet und die Fürbitten mit leiser Orgelmusik -
Ich achte besonders auf die Musikauswahl der Chöre, vor allem keine »Grabgesänge« -
Ich gebe den Gottesdienstbesuchern ein Schmuckblatt mit -
Ich lade dazu ein, die kommende Woche als Gang in den Advent (Ankunft!) zu erleben -
Ich zünde auf dem Altar oder einem extra Tisch, am Beginn des Gottesdienstes für jeden Verstorbenen und jede Verstorbene eine Kerze an -
Das Abendmahl ist Prolepsis und Erfüllung der Christusgemeinschaft angesichts der aus den Fugen geratenen Welt. Es gehört in diesen Gottesdienst -
In keinem anderen Gottesdienst des Jahreskreises warten die Christen so sehr auf Zuwendung wie in diesem. Wenn wir da nur »Kirche des Wortes« sind, haben wir eine große Chance vertan, Christus wirklich zu leben.

Vorschläge zur Liturgie

Votum
Wir feiern diesen Gottesdienst in Namen Gottes.
Unsere Zuflucht für und für.
In Namen Jesu Christi.
Unser Bruder und Freund.
In Namen des Heiligen Geistes.
Der Lebenshauch und das Feuer der Liebe.

Gebet
Trost der Betrübten,
wir müssen damit leben, daß an vielen Tischen in unserer Mitte Plätze leer bleiben. Die Trauer hält uns gefangen.

Dein Wort stärke uns!
Deine Liebe wärme uns!
Dein Licht leuchte in der Finsternis!
Wir nennen noch einmal die Menschen, die in dir Ruhe gefunden haben, bis wir alle zusammen an deinen Tisch gerufen werden: ...
Namen verlesen und Kerze entzünden.
Dazu leise Orgelvorspiel zu »Jesus, meine Zuversicht« oder nach den Namen Chorsatz.

Eingangspsalm
Unterlegt mit der Melodie »Jesus, meine Zuversicht« (EG 526)
Im Wechsel gebetet mit der Gemeinde Psalm 126 (EG 750)

Zur Anbetung
Als Antwort der Gemeinde
Jesus, meine Zuversicht EG 526,1

Sündenbekenntnis - Beichtgebet - Einladung zum Kyrie
In der Welt habt ihr Angst.
Aber seid getrost, ich habe die Welt überwunden. So sagt es Jesus seinen Jüngern.
Ich aber lasse mich nicht auf den Reichtum des Lebens ein, sondern bleibe in meiner Angst gefangen.
Mein Gottvertrauen ist kleiner geworden angesichts der Übermacht des Todes.
Ich zweifle an der Macht der Liebe und zögere, den Weg ins Leben zu nehmen.
Gott, komm mir entgegen mit deiner Freiheit.
Erbarme dich!

Zum Kyrie
Als Antwort der Gemeinde
Meine engen Grenzen EG 584,1 und 4 Regionalteil Hessen/Nassau

Gnadenverkündung - Einladung zum Gloria
Gottes Reich umspannt die ganze Schöpfung. Wir bleiben über den Tod hinaus eingebunden in Gottes Liebe.
Das Haus Gottes hat viele Wohnungen, Raum für Geschlagene, Traurige, Lebende und Tote.
Am Tisch Gottes finden wir alle Platz.
Von Gott geliebt sind die, die zum Abendmahl an seinen Tisch geladen sind.
(Offenbarung 19,9)

Zum Gloria
Als Antwort der Gemeinde
Der Himmel geht über allen auf EG 594 Regionalteil Hessen/Nassau

Gebete - Kollekte
Nein, Gott,
verlieren wollen wir uns nicht, auch nicht in die Irre gehen und an unserer Seele Schaden nehmen.
Auch die ganze Welt gewinnen - wer will das schon?
Wenn wir die Erinnerungen festhalten können,
wenn wir das Unverlierbare nicht verlieren,
wenn wir das Leben wieder lernen,
wenn wir mit der Trauer leben können,
wenn das Unabwendbare uns nicht zerstört,
das wäre gut.
Darum wollen wir dich bitten.
Heile uns, dann ist uns geholfen.

Lesung
Ezechiel 34,11-12 und 15.16
Dazu als einleitender Text (Schott-Meßbuch, Lesejahr A Christkönig-Sonntag)
Die Hirten Israels, das heißt seine Könige und die ganze Führungsschicht, haben versagt. Sie haben für sich selbst gesorgt und das Volk ausgebeutet ... Darum ist über sie das Gericht gekommen: der Fall Jerusalem (587 v. Chr.) und die Verschleppung der Bevölkerung. Jetzt aber will Gott selbst für sein Volk der gute Hirte sein. Gott wird die Verirrten ... wieder sammeln und heimführen ...

Zum Hallelujah
Als Antwort der Gemeinde
In dir ist Freude in allem Leide EG 398,1

Gebet vor dem Abendmahl
Gott der Güte, wir hören deine Worte.
Sie wollen unser Leben umhüllen und uns begleiten als Stütze und Halt.
Bereite uns deinen Tisch und laß uns sehen und schmecken, wie freundlich du uns begegnest.
Mach uns in der Gemeinschaft mit deinem Sohn zu Brüdern und Schwestern, einer großen Familie, die aus deinem Geist lebt.

Gebet nach dem Abendmahl
Gott der Güte,
wir bereiten uns zu gehen.
Schritt für Schritt, gestärkt und getröstet.

Wir hoffen darauf, daß uns die Dankbarkeit für das Gewesene bestimmt,
daß deine Gabe heilmacht, was in uns verletzt ist.
Geh mit uns!

Schlußgebet – Fürbitten
Gott,
du überläßt diese Welt und das Leben nicht uns selbst, sondern du läßt uns im Blick auf dich hoffen auf eine Welt mit erfülltem Leben, angebrochen mitten unter uns.
Deine Zeit beginnt hier. Jetzt. Ewigkeit greift Raum.

Unsre Zeit liegt in deinen Händen.
Wir beten für alle, deren Lebenszeit abgelaufen ist,
für alle, die um einen lieben Menschen trauern,
für alle, die nicht mehr weiterwissen, weil Mauern sie umgeben,
für alle, deren Leben von Gewalt und Haß bedroht ist.
Wir rufen zu Dir: EG 178,9

Tausend Jahre sind vor dir wie ein Tag.
Behüte alle Menschen in der Hoffnung auf deine Zukunft.
Mach uns tapfer, damit wir standhaft bleiben bei allem, was auf uns zukommt.
Wir rufen zu dir:

So nennen wir im Gebet noch einmal die Namen der Gestorbenen, die in deiner Liebe leben werden: ...
Du hast den Tod überwunden.
Deine Kraft der Auferstehung überstrahlt unseren Tod.
Wir werden auferstehen und in deinem Licht leben.
Wir rufen zu dir:

Lieder
Zum Eingang: Sonne der Gerechtigkeit EG 262,1.2.6.7
Wochenlied: Wachet auf, ruft uns die Stimme EG 147
Predigtlied: Auf der Spur des Hirten EG 616 Regionalteil Hessen/Nassau
Schlußlied: Gib uns Frieden jeden Tag! EG 425

Vorschlag zur Predigt

Möglicher Anfang
Ich habe für Sie eine Blume mit auf die Kanzel genommen. Eine Rose. Sie steht für die vielen Blumen, die heute am Ewigkeitssonntag zu den Gräbern gebracht werden. Ein Zeichen für die Zuneigung, die Sie mit Ihren Verstorbenen nach wie vor verbindet. Ein Zeichen für die Traurigkeit, die Sie bestimmt. Ein Zeichen auch, daß Sie etwas schenken möchten, was Sie

in Worten nicht mehr sagen können, was Sie mit der Haut nicht mehr fühlen, so nahe es Ihnen auch geht. Nur noch als Erinnerung, die jetzt schmerzt, ist es da.
Sie steht auch für die Schönheit und zugleich für die Verletzlichkeit des Lebens. So durchscheinend, so dem Licht zugewandt blühen wir auf, zögerlich und zart zuerst, dann stark und voller Duft, atmen und fühlen die Wärme und das Helle, strahlend. Und wissen, dies alles vergeht. Der Herbst wird uns einholen mit der Reife und der Frucht, dem Segen der Ernte und der Ruhe der Nebeltage. Und der Frost wird den Duft erstarren lassen und die Blätter und die Blüte werden sterben.
Sie steht aber auch, die Rose, für die Kraft der Worte und der Poesie, für die Kraft der Bilder und der Hoffnung.
Hoffnungsbilder brauchen wir Menschen, Worte, die uns weiterhelfen, Poesie, die uns die Wintertage tragbar machen, damit wir das Leben neu lernen und ihm zugewandt bleiben.
Ob Jesus Christus in dieser Weise ein Poet war, wissen wir nicht. So wie wir ganz wenig von ihm selbst wissen, so auch hier. Aber seine Worte waren so voller Bilder und Hoffnung, daß selbst die Menschen, die sie überlieferten, sich ihrer Kraft nicht entziehen konnten.
Textlesung Lukas 12,42–46
Vielleicht sind Sie erstaunt, liebe Schwestern und Brüder, über diesen vermeintlichen Widerspruch: Am Beginn die Rose, Ihre Gefühle und Hoffnungen und jetzt diese Bilder von Strafe und Endzeit, voll Grausamkeit und Schrecken.
Aber das kennen Sie auch: Da schaut man etwas an, ein Bild vielleicht und sieht nur einen Aspekt. So habe ich ja vorhin bei der Rose auch ihre Dornen nicht erwähnt. Die wehrhafte, stechende Rose habe ich ausgeblendet.
Jesus Christus bietet uns den Blick aufs Ganze: Was tue ich mit dem mir anvertrauten Leben? Und blendet das nicht Gelingende mit seinen Konsequenzen nicht aus.
Zwei Haushalter also. Der eine verwaltet das Gut des Herrn mit kluger Umsicht, gibt den Knechten und Mägden, was ihnen zusteht und wird selig gepriesen. Der andere verpraßt das Vermögen seines Hausvaters, drangsaliert die Diener und wird vom Herrn des Hauses in Stück gehauen. So ist das. Schaue ich auf den törichten Haushalter, wird aus dem Bibelwort ein Lehrstück über nicht gelingendes, am Ende bestraftes Leben. »Jedem das Seine; Selbst dran schuld; Wer sich in Gefahr begibt, kommt darin um.« Sie alle kennen solche Sätze zu Genüge. Sie sind hart und treffen am Ende einen jeden von uns.« So ist das. Da ist nichts zu machen. Das Leben muß – muß! – weitergehen. Reiß dich zusammen. Mach das Beste draus. Jeder ist sich selbst der Nächste. Man muß sich durchwurschteln. Sieh, wie du tust.«
Gnadenlos redet so das Gesetz des Lebens.
Was tue ich mit dem mir anvertrauten Leben?
Das Evangelium redet anders.

Zum weiteren Verlauf
1. Gott sagt Ja zu dir und deinem Leben. Gott vertraut dir das Leben an, als ein großes Geschenk.
2. Du sagst Ja zu diesem Geschenk des Lebens. Erinnerung an das Ja, das sich Liebesleute geben. Ich erkenne im anderen die Schönheit, die sich in mir spiegelt und bricht.
3. Du achtest auf dieses Geschenk, gehst achtsam damit um. Du bewahrst und behütest, du wirst dich kümmern, du wirst nichts zerstören.
4. Du lebst im Jetzt, im Zeitverständnis Jesu, der das Gottesreich, das Leben, mitten unter uns entdeckt. In seiner, Jesu Haltung gegenüber allem Geschaffenen befindet sich auch der kluge Haushalter, in der Haltung der liebenden Zuwendung. Deshalb ist - nicht wird! - er selig.

Möglicher Schluß
Ich komme Ihnen zum Schluß noch einmal mit der Rose. Diese Blume ist unverwechselbar sie selbst. So wie jeder der beiden Haushalter unverwechselbar er selbst ist. Der eine klug, der andere töricht. Unverwechselbar.
Sie ist einzigartig, diese Blume. Keine auf dieser Welt ist wie sie. Jeder Mensch mag in bestimmten Situationen ersetzbar sein. So, wie er ist und wie er sein Leben lebt, bleibt er unauswechselbar, selbst dann, wenn er sein Leben verbracht hat wie ein Geschwätz. Du warst, du bist du selbst.
Und du wirst auch du selber sein.
Das ist so, weil du ein von Gott diesem Leben anheimgegebenes Wesen bist.
Du bist - wie die Rose - unverwechselbar.
Und du bist in Gottes Liebe unverlierbar.

Kontexte

Ich höre immer am Beginn der Woche Volkstrauertag/Ewigkeitssonntag zwei Musikstücke. Zum einen den 3. Satz aus dem Brahms-Requiem und zum andern den Schluß von Mozarts Oper »Figaros Hochzeit«. Reines Evangelium.

Stehenbleiben und sich umdrehen /
hilft nicht. Es muß /
gegangen sein. /
Nimm eine Kerze in die Hand /
wie in den Katakomben, /
das kleine Licht atmet kaum. /
Und doch, wenn du lange gegangen bist, /
bleibt das Wunder nicht aus, /
weil das Wunder immer geschieht, /
und wir ohne die Gnade /
nicht leben können: /

die Kerze wird hell vom freien Atem des Tages, /
du bläst sie lächelnd aus, /
wenn du in die Sonne trittst /
und unter den blühenden Gärten /
die Stadt vor dir liegt, /
und in deinem Hause /
dir der Tisch weiß gedeckt ist. /
Und die verlierbaren Lebenden /
und die unverlierbaren Toten /
dir das Brot /
brechen und den Wein reichen – /
und du ihre Stimmen wieder hörst /
ganz nahe /
bei deinem Herzen.

Hilde Domin, Die schwersten Wege. In: Nur eine Rose als Stütze. Vielleicht ein Text für ein Schmuckblatt.

Eberhard Jüngel, Tod, Themen der Theologie, Bd. 8, Stuttgart, Berlin 1971, besonders die Seiten 145 ff.

In Zelten wohnen

Predigt zum Thema Sterben *Hans J. Geppert*

Roswita und Erwin betreiben in einer niedersächsischen Großstadt eine Arztpraxis. Sie sind das, was man wohlhabend nennt – mit Mercedes und Haus am Stadtrand, mit zwei wohlgeratenen Kindern, die ihnen sicherlich auch Sorgen gemacht haben, aber die nun, 24 und 26 Jahre alt, aus dem Gröbsten heraus sind, mit einem kleinen Rentenanspruch noch aus Angestelltenzeiten und einem Zinshaus für die zusätzliche Altersversorgung, mit einer Wochenendwohnung in der Heide und Reputation in ihrer Stadt. Sie waren sehr zufrieden. »Wir haben alles«, stellten sie beim Wein fest, »und wir haben uns gut eingerichtet. Große Veränderungen wollen wir eigentlich nicht mehr. Wir wollen uns jetzt ganz sutsche und ruhig darauf vorbereiten, unsere nun langsam älter werdenden Tage zu genießen. Etwas brauchen wir von dem Geld, das wir verdienen, noch für die Kinder, bis die endgültig mit dem Studium fertig sind. Aber wir haben inzwischen so viel, daß wir nicht mehr jede Mark umdrehen müssen, und das wollen wir genießen. Wir wollen reisen und uns die Welt ansehen, und ab und zu ein schönes Fest feiern, treulich unsere Arbeit erledigen, gewissenhaft und anständig, und es uns dabei gut gehen lassen, denn morgen, wenn wir alt sind, ist es zu spät.«

Es war einer dieser wenigen Sommerabende, die bei uns lau sind. Auf dem Dachgiebel saß eine Amsel und sang.
Und Roswita hat gesagt: »Vor zwei Jahren ist meine Schwester an Brustkrebs gestorben, und kurz danach meine alte Mutter. Und Rüdiger hat mir auch noch Sorgen gemacht, weil er nicht wußte, was er werden will. Nun studiert er endlich, und studiert gewissenhaft, und das mit meiner Schwester, das habe ich einigermaßen verdaut und das mit meiner Mutter auch. Jetzt noch 10 oder vielleicht 15 oder sogar 20 Jahre, einigermaßen gesund, finanzielle Sorgen haben wir auch nicht mehr, und dann in Frieden ade.«
Der Abend ist mild, und die Amsel singt noch immer.
Kurz vor Weihnachten hat Roswita angerufen und gesagt, daß auch sie Brustkrebs hat. Operation, Bestrahlungen. Unsicherheit, Angst, große Angst. Düstere Gespräche, Fragen, kaum Antworten. Wie wird es weitergehen? Wie lange noch? Drei Jahre, wie bei der Schwester? Oder doch die gewünschten 20, weil die Operation früh genug war? »Werde ich noch erleben, wie Rüdiger Examen macht?« Erwin sagt: »Nun mal gemach, Roswita, du bist noch nicht tot, du stirbst auch noch nicht, und die Ärzte werden alles tun, daß du nicht stirbst. Außerdem sind wir beide selbst Mediziner, und ein wenig wissen wir auch Bescheid, und Susanne ist Mikrobiologin und promoviert bei Professor soundso in Heidelberg, und den werden wir natürlich einschalten, und du wirst schon sehen, es wird alles gut.«
Roswitas Stimmung wechselt. Mal ist sie völlig hoffnungslos, und dann wieder ganz hoffnungsvoll. Neulich sagt sie: »Es ist noch gar nicht raus, wer von uns zuerst stirbt.«
Und dann: »Es ist nicht schwer, einzusehen, daß ich sterben muß. Schwer ist die Ungewißheit. Schwer ist es, nicht zu wissen, wie es weitergeht.«
»Nichts wird so sein, wie es einmal war«, sagt sie. »Es war so schön, und nun komme ich mir vor wie in einem fremden Land und muß irgendwohin und weiß nicht, wie es dort sein wird. Diese ungewisse Zukunft, das ist schwer. Wenn ich sterbe, sagt sie, da bin ich gewiß, falle ich doch nur in Gottes Hand. Aber vorher, was ist vorher? Welche Schmerzen erwarten mich? Welche Freuden werde ich noch haben? Der liebe Gott mutet einem schon einiges zu, einen so in die Wüste zu schicken.«
Durch den Glauben wurde Abraham gehorsam, als er berufen wurde, in ein Land zu ziehen, das er erben sollte. Und er zog aus und wußte nicht, wo er hinkäme. Durch den Glauben ist er ein Fremdling gewesen in dem verheißenen Lande wie in einem fremden Land und wohnte in Zelten mit Isaak und Jakob, den Miterben derselben Verheißung. Denn er wartete auf die Stadt, die einen festen Grund hat, deren Baumeister und Schöpfer Gott ist.
Roswita geht wie Abraham, wohin sie nicht will. Sie geht nicht freiwillig, wie Abraham nicht freiwillig gegangen ist. Aber wie er vertraut sie darauf, daß Gott es gut mit ihr meint. Er macht ihr Mut, obwohl er im Moment eine einzige Zumutung ist. Obwohl er sie im Moment in der Wüste der Angst und der Ungewißheit läßt, obwohl er kein festes Haus mit sicherer Zukunft

gibt, sondern nur ein windiges Zelt, in dem sie nicht mehr heimisch werden kann.
Verständlich, wenn Roswita gesagt hätte: »Warum ich? Erst meine Schwester, warum nun ich auch?« Wenn sie mit Gott gehadert hätte und ihn verflucht und geschrien hätte: »Mit einem solchen Gott will ich nichts zu tun haben, der mir alle Sicherheit meines Lebens nimmt.« Solche Haltung ist verständlich.
Aber sie akzeptiert die jähe Vorläufigkeit ihres Lebens und sagt: »Ich falle doch nur in Gottes gnädige Hand.« Roswita ist ein Vorbild des Glaubens. Menschen sehnen sich nach Sicherheit, nach Ruhe und Geborgenheit, danach, daß alles so bleibt, wie wir es gewohnt sind. Aber schon morgen kann alles anders sein. Roswita ist ein Beispiel des Lebens. Alle Versicherungen, die Menschen abgeschlossen haben, können ihr Papier nicht wert sein, und viele traute Heime sind auf Sand gebaut.
Da bleibt nur Abrahams Traum. Abraham trug ein Traumbild in seiner Seele - das von der Stadt Gottes, der Stadt auf dem Berge, dem himmlischen Jerusalem, das Symbol für eine gute Zukunft in der guten Gegenwart Gottes. Und für manche der Traum von einer ein klein wenig besseren Welt.
Miriam studiert Landwirtschaft und möchte einmal in der Entwicklungshilfe arbeiten. Sie sagt, sie wolle dabei mithelfen, neue Dörfer und neue Städte zu bauen, ganz konkret in den Ländern der sogenannten Dritten Welt, damit die Menschen dort bessere Lebensbedingungen hätten. Und als einer fragt: »Warum wollen Sie das tun?«, schaut sie groß und fragt: »Wieso: warum? Irgendwer muß das doch tun.« Der ist hartnäckig und bohrt nach: »Wie sind Sie denn dazu gekommen, sich so etwas vorzunehmen?« Da schaut sie wieder groß, denkt einen Moment nach und sagt dann: »Weiß ich eigentlich nicht so genau. Das hat sich so in meinem Leben ergeben. Ein Lehrer hat mich da herangeführt.« Und der fragt: »Freuen Sie sich darauf, irgendwann in Harare oder in einem gottverlassenen Kaff in den Anden das neue, das bessere Dorf auszubauen oder die schönere Stadt?« Und wieder schaut sie verständnislos: »Freuen? Na ja, weiß ich nicht. Aber irgendwer muß es doch machen.«
Vielleicht wird diese junge Frau auch geführt, wohin sie nicht will, und wohin sie doch gehen muß, - ohne gesicherte Zukunft, aber mit Abrahams Traum. Wie Roswita.

Gedenktag der Entschlafenen

Annäherungen an den Predigttext Daniel 12,1 b–3

Christian Kollath

Wahrscheinlich sind wir auf der falschen Seite!
Ich habe den Predigttext in 2 Gruppen vorgestellt. Zum einen in einer Besuchsdienstgruppe ehrenamtlicher Mitarbeiterinnen, die auch regelmäßig Kirchgängerinnen sind. Zum anderen in einer kirchlichen Begegnungsstätte in einem großen, offenen Gesprächskreis über »Gott und die Welt«. Die Bindung an die Kirche ist hier sehr unterschiedlich, regelmäßige KirchgängerInnen gibt es kaum.
Als Fazit läßt sich sagen: Der Abschnitt weckt vorwiegend negative Gefühle, einige waren richtig bedrückt und erst einmal sprachlos. Der Text macht bei den meisten Angst und (moralischen) Durck, er macht ärgerlich und wütend, schließlich nachdenklich - jedenfalls die, die sich noch nicht abgewandt haben. In der Phase kam auch die Frage auf, ob es nicht vielleicht sogar ein Hoffnungstext sei. Aber zu einem echten, positiven Verständnis des Textes reichte es nicht. Dennoch folgte ein sehr sinnierlicher Austausch über die unterschiedlichen Vorstellungen von Auferstehung und (ewigem) Leben nach dem Tod.
Die Zitate der Befragten möchte ich unter folgenden Überschriften zusammenfassen:

Der Abschnitt macht Angst, übt moralischen Druck aus.
»Sekten fallen mir dazu ein. Ich jedenfalls spüre aus diesem Abschnitt eine Weltuntergangsstimmung, wie ich sie von Sekten kenne.« - »Welche Trübsal gemeint ist, bleibt der Phantasie überlassen. « - »Neues Leben aus Ruinen.« - »Schmach und Schande, was für Begriffe! Ich hatte gehofft, daß wir über so etwas hinweg sind.« - »Mir fällt dazu ein: Lieber Gott mach' mich fromm, daß ich in den Himmel komm'« - »Mir klingt das nach einem großen Buch, in dem Soll und Haben notiert sind.« - »Ja, so ist es, die Menschen kommen eben erst zur Einsicht, wenn alles zusammenbricht.«

Die Einteilung in »die einen« und »die anderen« macht ärgerlich.
»Der Abschnitt ist überhaupt nicht tröstlich.« - »Nach wie vor wird von der Hölle geredet, hier auch wieder, das ärgert mich schon mein Leben lang.« - »Mich macht der Abschnitt ganz hilflos, da scheint etwas zu pas-

sieren, ohne daß ich irgendetwas daran tun kann.« – »Viele werden aufstehen, also nicht alle?« – »Woher will der Kerl das denn wissen? Mich macht das wirklich wütend. Und dabei suche ich Totensonntag nun wirklich Trost, und nicht so etwas.« – »Ich bin richtig empört, daß dieses überholte Gedankengut noch gepredigt wird. Immer wieder: Hölle, Satan, Jüngstes Gericht, du kommst nicht in den Himmel, wenn du nicht ... Hier ist nicht von einem gütigen Gott, sondern von einem strafenden Gott die Rede, der mich klein macht. Ich hasse das.« – »Nach welchen Kriterien die Aufteilung wohl konkret geht?« – »Ich möchte auch auferstehen, ich, eine ganz normale Frau.«

Vielleicht ist es ein Hoffnungstext?
»Wenn ich mir das so recht überlege, kommt diese negative Stimmung doch daher, daß wir alle befürchten, natürlich 'mal wieder auf der falschen Seite zu stehen. Wie sich der Abschnitt wohl anhört für jemanden, der sich zum ewigen Leben berufen fühlt?« – »Es kann tatsächlich genau umgekehrt sein: Es soll für uns eine frohe Botschaft sein – aber wir fühlen uns tragischer Weise überhaupt nicht gemeint!« – »Eigentlich wird ja neues, glanzvolles Leben, also eine neue Hoffnung angesagt. Im Nachdenken ist es dann doch tröstlich, aber auf den ersten Blick überhaupt nicht.« – »Vielleicht ist Hoffnung das eigentliche Thema dieses Abschnittes.«

Der Abschnitt ist fremd, kommt von sehr weit her.
»Können Sie bitte noch einmal vorlesen.« – »Ein schwieriger Text. Was will der Autor uns damit bloß sagen?« – »Ne, wirklich, man sollte so einen Text nicht nehmen, der ist überholt. Und auch wenn er vielleicht anders zu verstehen ist, muß man einen so weiten Weg der Erklärungen gehen, daß das in einer Predigt gar nicht zu schaffen ist.«

Mit der Auferstehung der Toten und dem Ewigen Leben ist es schwierig.
»Ich möchte gar nicht weiterleben.« – »Ich will nicht weiterleben oder sogar noch einmal, dieses hat mir gereicht, das war schon schlimm genug.« – »Ich glaube, die Seele lebt weiter.« – »Ich stelle es mir in einem ganz anderen Zustand ohne menschliche Hülle vor.« – »Für mich wäre Himmel, wenn die Seele Ruhe findet, und Hölle, wenn die Seele auch über den Tod hinaus unruhig bleibt.« – »Ich stelle es mir so vor, daß mein Leben zurück in einen gemeinsamen Pott geht, aus dem neues Leben entsteht.« – »Ich glaube an die Wiedergeburt, aber auf der anderen Seite, also z. B. in Armut, wo ich jetzt ja in Wohlstand lebe.« – »Ich glaube, daß ich nach meinem Tod weiter lebe, und wenn nur als ein Gedanke.« – »Ich stelle es mir vor wie Schlafen, schöne, ewige Ruhe.«

Zum Gottesdienst

Reinhard Kirste

Texte und Themen

Tod, Auferstehung und Hoffnung auf Leben im Totengedenken sind der Hintergrund, katholisch zusammengefaßt im Doppeltag von Allerheiligen und Allerseelen: Der Heiligen, der herausragenden Gläubigen (im Sinne des Textes wären es die Lehrer und Lehrerinnen) gedenken, um Hoffnung für alle zu gewinnen, derer die schon »entschlafen« sind und derer, die derzeit noch der Toten gedenken, dann aber auch noch zu diesem »Schlaf« kommen werden.
Ich finde es einigermaßen schwierig, zum einen, den Text wegen seiner apokalypisch-einseitigen Aussagen »predigtfähig« zu machen und zum andern, die damit verknüpften Intentionen festzuhalten. In den »Annäherungen« steht zu Recht, daß dieser Abschnitt moralischen Druck ausübt, daß die Einteilung in »Gute« und »Böse« ärgerlich macht, daß das offensichtlich alles von weit her kommt und man/frau nur mit Mühen in diesen Versen einen Hoffnungstext entdecken kann. Thematisch scheint die exegetische Nachfrage höchstens historisch Erhellendes zu bringen.

Exegetisch-homiletische Skizze

Das Buch Daniel gehört zu den apokalyptischen Büchern. Damit taucht eine Geschichtstheologie auf, die längst nicht mehr vom Auszug aus Ägypten her denkt, sondern von einer entscheidenden weltweiten Veränderung in der Zukunft, die eingeleitet wurde durch Nebukadnezar (darum läßt der Verfasser das Danielbuch ca. zweihundert Jahre früher spielen, als es entstanden ist), dann gefolgt von Kyros, Xerxes bzw. den Medern, Persern, von Alexander d. Gr. und seinen Epigonenreichen (hier die Seleukiden als Herrscher auch in der Levante).
Stark hellenistisch beeinflußt, fällt das Tetragramm des Gottesnamens, JHWH, fast vollständig zugunsten des »Himmelsgottes« oder des »Gottes des Himmels« aus, der damit eigentlich seine bisher auf Israel bezogene Enge sprengt und ein universaler Gott wird (in der nachexilischen Bibelliteratur gibt es dazu Ansätze, die allerdings immer wieder eingeschränkt werden). So wird Gott zum Weltenherrscher kosmischer Qualität mit Engel-Hierarchien (zu denen eben auch Michael gehört) und anderen Gott unterstellten Herrschern, ebenfalls wieder in hierarchischer bzw. universaler und regionaler Ordnung. Man darf davon ausgehen, daß auch in Palästina und in Jerusalem die Folgen dieses Umdenkens erheblich waren und

toratreue Juden in dieser Hellenisierung bis hin zu den neuen Symbolen im Tempel einen Abfall vom Glauben konstatierten. Von daher ist dann auch der Makkabäeraufstand zu verstehen. Obwohl das Danielbuch in seinen hebräischen Teilen (also auch Kap 12) gegen diesen »Gott des Himmels« polemisiert, dessen Anbetung ursächlich mit den Nöten des Volkes zusammenhängen (sollen), bleiben doch die Anleihen an den Hellenisierungsprozess des Judentums erhalten (Auferstehung, persische Engel-Hierarchien, geographische - nicht immer korrekte Details in Kap 11+12). Hier weitet sich die Vorstellung zwar wieder universal aus, aber nur zugunsten Israels. Was Daniel selbst betrifft, wundert es natürlich nicht, daß er bei der göttlichen Schlußabrechnung auf der richtigen Seite steht und die entsprechende (ewige) Belohnung erhält.
Da ich es faktisch für unmöglich halte, auf diese komplizierten geschichtlichen Zusammenhänge im Rahmen einer Predigt verständlich einzugehen, ziehe ich eine Art Focussierung vor, die ich durch den Bezug mit anderen apokalyptischen Vorstellungen im Neuen Testament erreiche. Ich errinnere mich darum an den Apokalyptiker Jesus mit seinem Gleichnis vom Weltgericht (Matthäus 25,31–46) und an die Johannesapokalypse und besonders an die sachliche Nähe zu Offbg 3,1–5 (Brief an die Gemeinde in Sardes). Ich nutze aber auch die Anklänge an den Hebräerbrief 13,7–17, um das hier wichtig werdende Verständnis des Lehrers im Sinne eines von Gott geleiteten aufzunehmen. Er ist sozusagen das irdische Pendant des Engels.
a) Der Erzengel Michael (= wer ist wie Gott?) gilt in der christlichen Tradition als der größte Engel überhaupt. Nur Gabriel steht noch einigermaßen auf derselben Ebene. Im Buch Tobias wird noch Raphael namentlich erwähnt.
Michael war ursprünglich eine chaldäische Gottheit, die mit kühnsten Taten das Beste für die an ihn Glaubenden herausholte. Von daher wundert es nicht, daß er auch in Israel »inkulturiert« wurde. Von ihm wird beispielsweise erzählt, daß er in einer einzigen Nacht 185 000 Mann der assyrischen Armee des Königs Sanherib vernichtet habe, des Königs der 701 v. Chr. Jerusalem belagerte. Michael hat damit seinen (martialischen) Ruf als unbesiegbarer Gottesbote gefestigt. Seine Beliebtheit läßt sich wohl nur so erklären, daß in der Erfahrung von Unterdrückung und Bedrohung die Bilder solch göttlicher Gewalt ermutigend wirken. Allerdings ist durch dieses spirituelle Voyeurtum (zusehen wie Gottes Feinde vernichtet werden) ein gefährliches Klischee installiert, das den jüdischen persisch-vorislamischen und den christlichen Glauben belastet: Immer kämpfen die Söhne des Lichts gegen die Söhne der Finsternis. Im Islam dagegen hat Michael einiges von diesen kriegerischen Charakterzügen verloren und weint vielmehr über die Sünden der Gläubigen. Daraus bilden sich neue Engelscharen (die Cherubim). Vgl. Malcolm Goodwin: Engel. Eine bedrohte Art. Frankfurt/M.: Zweitausendeins 1990, Seite 36–43 und Gustav Davidson: A Dictionary of Angels. New York/London: Macmillan 1971, Seite 193–195)

Im Buch Daniel bleibt Michael der himmlische Abgeordnete Israels (12,1), der die Nöte zugunsten Israels wendet – auch mit der entsprechenden Härte. Damit geht der Weg zurück von einer universalen zu einer partikularen Vision (vgl. auch Jesaja 65). Diese Nöte scheinen mit dem Hellenisierungsschub des israelischen Tempelkultus unter den Seleukiden-Herrschern (Kap 11) zu tun zu haben. Diese Bedrängnis ist als Krise zugleich der Beginn des Umschwungs, in dem nach zoroastrischer Manier in einen guten und schlechten Teil der Welt eingeteilt wird und der ursprünglich chaldäische Gott, nun leicht degradiert als Gottesbote das Gericht einleitet und die »Entschlafenen« zum Heil oder zur Hölle auferstehen.
b) Die Lehrer = Menschen, die die Weisheit Gottes bewahrt haben (12,3): Diese Lehrer verfügen über zweierlei Wissen, jenes, das für alle im Sinne von Unterrichtung, Predigt, Ermahnung und Bußruf gedacht ist und jenes, das als Geheimwissen diese Lehrer als Vermittler des Göttlichen ins Irdische auszeichnet. Sie stehen in der hierarchischen Position zwischen den Engeln und den übrigen (auch klugen) und guten Menschen, mögen diese noch leben oder schon entschlafen sein. In ihren Visionen verbindet sich das Himmlische mit dem Irdischen und Unterirdischen (über der Erde, auf der Erde, unter der Erde = die klassische Dreigestalt des antiken Weltbildes). Vom Himmlischen beleuchtet, leuchten sie nicht nur wie Sterne am Himmel (was ihre Transzendenzbezogenheit wiederum zeigt), sondern führen die Menschen auch den Weg zum Leben. Ähnliches sieht der Hebräerbrief und ähnliches vermißt der Schreiber der Johannesoffenbarung (bis auf ganz wenige Ausnahmen in Sardes).
Eine Ergänzung aus dem Kontext (die auch für die Predigt geeignet ist).
Im Kontext des Predigttextes fällt auf, daß das Buch Daniel die Andeutungen und die geheimnisvollen Zeichen liebt. Esoterisch bestens bewandert, erklärt Daniel, daß Zahl nicht einfach Nummer ist, sondern jede Zahl beinhaltet ein Geheimnis. Wer die Zahlen aufgrund ihrer Bedeutungsschwere richtig miteinander koppeln kann, eröffnet Blicke in die Zukunft, die sich sogar auf menschliche Zeit umrechnen lassen (vgl. Annemarie Schimmel/Franz Endres: Das Mysterium der Zahl. Zahlensymbolik im Kulturenvergleich. DG 52. München: Diederichs 1990^{6}).
In der Geschichte des Glaubens sind bei solchen Versuchen zwar schon genügend Irrtümer passiert, dennoch fasziniert das Spiel mit der Zahlensymbolik immer wieder, z. B. Sieben als Zahl der Vollendung, die sich aus der männlichen Drei (wichtig für die Trinität) und der weiblichen Vier (= die Welt/Erde als Quadrat gedacht) zusammensetzt, oder die Zwölf (man denke nur an die 12 Jünger Jesu) und die Multiplikation von 3 und 4 darstellt. Von 12 Perlen sind denn auch die Tore des endzeitlichen Jerusalems in der Offenbarung des Johannes, auch so eines geheimnisvollen Buches, was die Zeitrechnung auf das Ende der Welt hin betrifft.
Was aber die »Versiegelung« trotz allem nicht völlig abstrus erscheinen läßt, ist die Tatsache, daß manche Dinge wirklich schwer erkennbar sind

und die Zukunft trotz aller Weissager weitgehend im Dunkel liegt. Man wird z. B. den Verdacht nicht los, als hätte es ein Teil der Medienmacher, besonders des Fernsehens, in unserer Gesellschaft darauf abgesehen, die Zuschauerinnen und Zuschauer verblöden zu lassen, damit die alles goutieren, was über die Mattscheibe flimmert und mit einem Minimum an Aufwand einen Maximums-Effekt an Staunen billig erzeugt wird: Das wäre dann die Kehrseite der »Versiegelung«.
Nun gehört der Spruch »Wissen ist Macht« zu den Binsenweisheiten, dennoch wünschen wir imgrunde alle, nicht einer zunehmenden Verblödungsmaschinerie anheim zu fallen, sondern Erkenntnis und Wissen zu gewinnen, die über die Krisen des Lebens hinaustragen. Da sind wir natürlich wieder ganz dicht bei Daniel. Ich werde nachdenklich, wenn ich noch einmal die Endzeitberechnungen, die Sache mit dem geheimen Wissen und von der Versiegelung nachlese, ohne wirklich eine Antwort zu wissen.

Vorschläge zur Liturgie

Besinnung

Wer keinem Wesen feindlich ist,
freundlich gesinnt und mitleidsvoll,
von Selbstsucht und von Dünkel frei
geduldig gleich in Leid und Lust
zufrieden immer andachtsvoll,
sich zügelnd dem Entschlusse treu,
mit Sinn und Geist in Mich versenkt,
wer so Mich ehrt, der ist Mir lieb,
vor dem die Welt nicht zittern muß,
der auch nicht zittert vor der Welt,
wer frei von fremden Unmut, Furcht und Erregung,
der ist Mir lieb.
(Bhagavad Gita, Iserlohner Con-Texte Nr. 13/1995, Seite 52 f.)

Psalmgebet nach Psalm 40

Ich wartete auf Gott,
voller Ungeduld wartete ich,
bis er mich aus der Grube zog,
bis er meine Füße auf festen Grund stellte
und mir ein neues Lied in meinen Mund gab.

Wohl dem, der seine Hoffnung auf Gott setzt,
der sich nicht den sogenannten Zwängen
der Gesellschaft anpaßt,
der sich vom Druck da oben
nicht den Blick nach unten verstellen läßt.

Mein Gott, groß sind deine Gedanken,
deine Ideen, die du ins Werk setzt
und an uns beweisest.
Ich will sie erzählen
und davon sagen,
was eigentlich unsabbar ist.

> Vorwärtskommen auf Kosten anderer gefällt dir nicht,
> Deine Signatur heißt nicht
> eiserne Faust, sondern die zarte Hand,
> nicht Endabrechnung, sondern versöhntes Leben.

Darum wolltest du, Gott, deine Barmherzigkeit
nicht von mir wenden,
nachdem viele schon ihre eigenen Tempel errichtet haben
und anbeten, was ihnen Profit und Fortschritt bringt.

> Es haben mich zwar nicht Leiden ohne Zahl umgeben,
> aber das Leiden in dieser Welt spricht Hohn jeder Zahl.
> Und selbst,
> was mir täglich an Mißtrauen, Haß und Angst begegnet,
> bringt mich in die Gefahr,
> den Schlamm von Unmenschlichkeit aufzunehmen,
> vergelten zu wollen, dreinschlagen zu wollen.

Doch habe ich lernen müssen, mein Gott,
Gerechtigkeit kommt nie durch Gewalt,
Liebe entäußert sich nie auf Befehl.
Grober Keil auf groben Klotz
befriedigt nur die Rachegelüste
und schädigt die Liebe.

> Mein Gott, ich weiß, daß ich teilhabe am Unrecht,
> das allenthalben geschieht,
> meine Hände nicht in Unschuld waschen kann,
> keine Reservierung im Buch des Lebens schon habe.
> So ist mein Herz verzagt.

Ich weiß zwar,
daß ich als einzelner wenig tun kann,
aber das Wenige kann ich tun.
Unter dem Anhauch deiner Liebe wächst neue Kraft.
Darum sorge ich nicht,
weil du für mich sorgst,
bist du doch meine Gott, mein Erlöser.
Um der Liebe willen, mein Gott,
zögere nicht.

Segen
Es segne uns Gott, nicht der Übermächtige, sondern der Liebesmächtige, es segne uns Gott, nicht der Herr-liche, sondern der Menschliche, es segne uns Gott, nicht im Geist der Abrechung, sondern im Geist der Versöhnung, so segne uns der Vater, der Sohn und der Heilige Geist. Amen.

Liedvorschläge
EG 153
EG 149 (vor oder nach dem Singen müßte das Lied mit einigen kritischen Anmerkungen im Sinne der Predigtintentionen versehen werden)
EG 570: Du Herr, gabst uns dein festes Wort (westfälischer Regionalteil)
EG 372, EG 378

Predigtvorschlag

1. Wer kennt schon Daniel?
Hand auf Herz, liebe Gemeinde, wer von Ihnen könnte aus dem Stand erzählen, was im Buche Daniel steht, oder anders gefragt: Wer hat denn wann zum letzten Male im Buch Daniel gelesen?
Wir reden zwar von der Bibel als Richtschnur unseres Glaubens, aber offensichtlich haben wir doch unsere Auswahl schon längst getroffen. Mit den Predigttexten ist es auch nicht besser. Und wenn irgendwelche Kommissionen nicht auf die Idee gekommen wären, die dunkle Jahreszeit, in der man über Leben und Tod bis in die Zeitungen und durch Friedhofsbilder nachdenkt, mit einem Danieltext zu schmücken, wer weiß, ob wir ihn je zur Kenntnis genommen hätten. In minutiöser Kleinarbeit nachgeforscht, entdecken dann die Kundigen, daß neben einigen Hinweisen im Jesajabuch und bei Ezechiel (Hesekiel) hier von Auferstehung geredet wird. Das ist im Alten Testament anerkanntermaßen selten. Die Ursachen dafür liegen sicher auch in der späten Entstehungszeit des Buches Daniel, das man ins zweite Jahrhundert vor Christus datiert, eine Zeit, in der moderne Modeströmungen und griechisch eingefärbte Mischkulturen den gesamten Mittelmeerraum wie einen Moosteppich überzogen. Und zu diesen Strömungen gehörte auch der Gedanke an eine Auferstehung der Toten, eines endgültigen Gerichtes am Ende der Tage, während auf der anderen Seite »stoische« Gelassenheit angesichts der unruhigen Zeitläufe nach dem Tode Alexanders d. Gr. angesagt war.
Diese ganze sich mehr und mehr ausbreitende Strömung nennt man Apokalyptik: Angesichts der Zerrüttung der Verhältnisse, des maßlosen Anwachsens von Unrecht und Gewalt, wird Gott diese Erde vernichten und ein furchtbares Aufräumen am Ende der Tage veranstalten, ehe die neue Erde und das neue göttliche Zeitalter entsteht.

Das ist natürlich alles sehr weit weg von uns, aber doch nicht so ganz. Filme apokalyptischen Charakters wie der Film »Titanic« spielen mit der Angst und dem Grauen vor dem Ende, wie auch immer dieses aussehen mag, jedenfalls schlimm genug. Ich finde es offen gesagt einigermaßen schwierig, in das apokalyptische Geschrei einzustimmen, auch wenn auf der Welt wahrhaftig nicht alles zum Besten steht. Mich haben aber noch einige andere Begriffe stutzig gemacht. Engel, besonders der ziemlich kriegerische Erzengel Michael, das Buch des Lebens, die Lehrer und das Fest des Lebens mit den weißen Kleidern. Ich gebe gern zu, daß ich Anklänge im Neuen Testament gesucht und natürlich auch gefunden habe (wie es sich für einen gehört, der versucht, seine Predigt anständig vorzubereiten).
Allerdings kann ich mich meines Ärgers kaum enthalten, wenn ich lese, wie hier im Buche Daniel mit dem Gut-Böse-Klischee umgegangen wird, immer natürlich in der Hoffnung, daß die Leserinnen und Leser des Buches auf der richtigen Seite stehen, wo am Schluß denn alles gut wird und die Bösen in die Hölle fahren.

2. Eine »helle« Nachricht, eine »dunkle« Nachricht und die Gefährlichkeit der Schwarz-Weiß-Malerei

(Dies könnte eine Variation zum 1. Abschnitt sein oder auch der eigentliche Predigteinstieg, wenn man/frau nicht oder nur kaum auf die historischen Umstände von Kap 12 eingehen will).
Zwar sind in den Medien »bad news« »good news«, das Negative ist schlagzeilenkräftiger als die positiven Dinge, dennoch könnten aktuelle Einstiege diese Spannung von Position und Negation zum Ausdruck bringen (bei meinem »Testlauf« der Predigt habe ich die Ermordung dreier Kinder und die damit verbundene Gewalt in Nordirland der »Love Parade« in Berlin gegenübergestellt).
Im weiteren Verlauf sollte klarwerden, daß dieser Text offensichtlich aufgrund vieler bedrückender Erfahrungen entstanden ist (Daniel 11 und mit der Folge 12,1+2). Es läßt sich durchaus nachvollziehen, daß in den Frustierten und Ausgegrenzten »Rachegefühle« aufkommen. Nicht umsonst sagt das Sprichwort »Rache ist süß«. Beunruhigend wird es jedoch, wenn die Bibel offensichtlich solchen Rachegelüsten noch zusätzlich Nahrung gibt (auch mit Hilfe des Erzengels Michael). Gegen den Text muß der Gedanke der Versöhnung gesetzt werden (vgl. auch die Variante zu Psalm 40 oben).

3. Der Gott des Himmels und sein martialischer Erzengel

Im Danielbuch erleben wir, daß durch die multikulturellen Einflüsse im Mittelmeerraum der Glaube an den Gott Israels Veränderungen erfährt. Besonders beliebt war damals die Formulierung »Gott des Himmels«, eine Formulierung, in denen die besonders Frommen, wir würden vielleicht sagen, die Fundamentalisten, schon wieder Ketzerei witterten, stammt doch dieser Begriff aus den Schöpfungserzählungen des Mittleren Ostens. Da wird auf einmal die Theologie zur Kosmologie und das vertraute Fundament der heimischen Glaubenssprache verlassen. Mit Fremden umgehen, das Eigene dabei nicht als bedroht sehen, sondern als Chance für Bereicherung aufnehmen, das hat Daniel wohl auch nicht sehen wollen, vielleicht unter den damaligen politischen Bedingungen auch nicht sehen können. So sieht er im Auftrage Gottes den Erzengel Michael handeln, der ja als der unbesiegbare Held gegen alle widergöttlichen Kräfte gilt. Mit blankem gezückten Schwert verkörpert er die Gerechtigkeit Gottes gegen seine Feinde, währenddessen die Frommen befriedigt zuschauen. Michael ist wahrhaftig kein guter Partner für die Versöhnungskraft Gottes. Auch im Religiösen sind also »bad news« für andere »good news«.

4. Im Buch des Lebens stehen

Und in diesem Stile geht es weiter: Auf der richtigen Seite sein, d. h. im Buch des Lebens stehen, während die anderen der ewigen Verdammnis anheimfallen. Durch die Anklänge bei Daniel auf die Offenbarung des Johannes aufmerksam gemacht, sehe ich, wie es in Offenbarung 3,1–6 um die Zukunft der kleinasiatischen Christengemeinde in Sardes geht. Da fallen die Parallelen auch zur heutigen Kirche nicht so schwer: Langeweile, Lauheit, Borniertheit, auf der anderen Seite angestachelter Geschäftssinn, der sich in Gemeindeverwaltung statt in Gemeindeleben ergeht. Gerade dieser Vergleich aber macht die Siegesgewissen unsicher: Wer steht denn nun wirklich im Buch des Lebens?

Am Ende des 1. nachchristlichen Jahrhunderts hat diese Gemeinde (noch) den Ruf, sie lebe, aber in Wirklichkeit ist sie tot, und das deckt sich durchaus mit heutigen Erfahrungen, in denen die kirchlichen Angebote oft als spirituelles Konsumangebot gesehen werden. Diese allerdings locken die wenigsten noch in die Gottesdienste und kirchlichen Veranstaltungen, sondern mehr in die Fernsehgärten und Freizeitparks. Natürlich gibt es auch andere Erfahrungen, aber die Krise, in die die Kirche am Ende dieses Jahrtausend geraten ist, läßt sich beim besten Willen nicht schönreden.

Darum trifft der Aufruf an die Gemeinde in Sardes auch heute, mit genau derselben Absicht: Gedenke, wie du empfangen hast! Das heißt doch nichts anderes als: Mach dir klar: Wie ist das damals gewesen, als ihr als Gemeinde euch auf diesen Jesus Christus eingelassen habt, indem ihr eine christliche Gemeinde wurdet, also: Macht euch euren Ursprung klar, woher kommt ihr eigentlich? Und: Macht euch euere Ziele klar: Wohin geht ihr eigentlich? Habt ihr überhaupt noch Visionen (so wie Daniel und der Schreiber der Johannesoffenbarung trotz all ihrer Gerichtsreden)?

Die Vision des Johannes läßt an der Gemeinde kein gutes Haar, besonders weil offensichtlich die Gemeinschaft stiftende Kraft des Christentums unter dem Druck der politischen Verhältnisse total zu Bruch gegangen ist. Wenn der Wind der Kirche ins Gesicht bläßt, entwickelt sie allzuleicht eine

Bunkermentalität nach der Devise: Diesen Sturm am besten in Deckung überstehen (dies läßt sich noch weiter an einigen Beispielen ausführen).

5. Der Meister/die Meisterin, der Lehrer, die Lehrerin, die zur Gerechtigkeit führen

Mir sind weitere Anklänge wichtig: Im Predigttext wie im Hebräerbrief 13,7.14–17 spielen die Lehrer und ich füge hinzu - auch die Lehrerinnen - eine beachtliche Rolle. Authentisches Lehren hat mit Weisheit zu tun, beschränkt sich nicht auf die richtige Vermittlung von Unterrichtsinhalten, sondern eröffnet Gerechtigkeit. Ich meine allerdings eine Gerechtigkeit, die nicht auf dem Schlachtfeld erkämpft wird. Lehrerinnen sind Meisterinnen, und Lehrer sind Meister, Führungs-, aber keine Verführerpersönlichkeiten, auch keine wilden Krieger und Kriegerinnen, obwohl zugestandenermaßen manchmal die Grenze nicht so klar verläuft, wie wir das im Spiegel der Bergpredigt gern sehen würden.

Entscheidend ist jedoch, daß Wissen nicht zur Machtanhäufung benutzt wird, sondern zum Erwerb von Weisheit. Das heißt dann nichts anderes, als daß Menschen in der Krise ohne Angst in die Zukunft blicken können, weil sie sich eingebunden wissen in eine versöhnte Harmonie, die die Welt umspannt, göttliche Harmonie, die Kraft für die Schwierigkeiten des Alltags gibt, weil die Vision von Gottes Zukunft zuerst die Stimmungslage hebt und dann Mut zu verantwortlichem Handeln freisetzt.

Von daher hätte ich mir gewünscht, daß sich das Buch Daniel nicht im Nebulösen ergeht (s. o.), sondern wenigstens wie die Johannesoffenbarung sagt, daß einige eine weiße Weste behalten haben (das sind die, die auch die weißen Kleider bekommen). Ich würde mir allerdings erlauben zu sagen, daß sie es versucht haben, sich nicht die Hände schmutzig zu machen, sonst klingt das wieder so moralisch arrogant gegenüber all den Sudelkindern von Sardes (Offenbarung 3,4) und anderswo.

6. Die weißen Kleider

Die weißen Kleider aus der Offenbarung erinnern uns daran, daß wir feiern dürfen, fröhlich sein, weil wir mit unserem Leben bezeugen, daß wir der Weisheit Gottes etwas zutrauen, und daß wir vertrauen, daß diese Weisheit auch uns erfüllt. Das läßt uns nicht die Augen vor der Zukunft verschließen, das öffnet den Blick ins 21. Jahrhundert, ins neue Jahrtausend, aber dieser Blick geht noch höher, keineswegs der Blick der leicht irren Fantasten, sondern derjenigen, die im Wissen um den »Gott des Himmels« die Erde in seinem Sinne zu gestalten versuchen. Das tut allen denen gut, die mit diesen Visionären zusammenkommen. Das tut auch deshalb gut, weil diese Visionäre die anderen nicht in die Hölle wünschen, sondern ein großes Fest anrichten wollen, an dem alle Platz haben, die sich der Liebe Gottes freuen möchten. Und sie können sich ihrer nur freuen, wenn sie die Menschlichkeit spüren.

Die Autorinnen und Autoren

Pfarrer Bernd Ahrens, Oberhonnefeld; Pfarrer Heinz Behrends, Göttingen; Pfarrer Günter Berndt, Friedersdorf; Pfarrer Hans Hermann Blettgen, Essen; Pfarrerin Birgit Brügge-Lauterjung, Duisburg; Pfarrer Dr. Albert Damblon, Korschenbroich-Herrenshoff; Superintendent Christian Fuhrmann, Aschersleben; Pfarrer Hans J. Geppert, Hamburg; Pfarrer Klaus Guhl, Flensburg; Pfarrer Ralf Handelsmann, Kutenholz; Pfarrer Reiner Jansen, CH Frenkendorf; Pfarrer Dr. Klaus Johanning, Schwerte; Pfarrer Reinhard Kalker, Jockgrim; Pfarrerin Heidi Kell, Tangstedt; Pfarrerin Ingrid Keßler-Woertel, Moormerland-Veenhusen; Pfarrer Dr. Reinhard Kirste, Nachrodt; Pfarrer Christian Kollath, Glinde; Pfarrerin Jutta Konowalczyk-Schlüter, Bremen; Pfarrerin i. R. Sigrid Lunde, Bad Kreuznach; Pfarrer Helmut Marschall, Dorum; Pfarrerin Elisabeth Müller, Mülheim/Ruhr; Pfarrer Ernst Walter Rohmann, Stadecken-Elsheim; Pfarrerin Ulrike Schilling, Kiel; Pfarrer Christoph Schmidt-Ehmcke, Münster; Pfarrer Arno Schmitt, Mannheim; Pfarrer Dieter Schupp, Kaiserslautern; Pfarrer Dr. Gunnar Sinn, Nürnberg; Pfarrer Jobst v. Stuckrad-Barre, Göttingen; Pfarrer Günter Thomé, Essen; Pfarrerin Ursula Thomé, Essen; Pröpstin Helga Trösken, Frankfurt/Main; Pfarrerin Mechthild Werner, Landau/Pfalz